判例から学ぶ、
健康に配慮する
企業が
生き残る理由

なぜ「健康経営」で会社が変わるのか

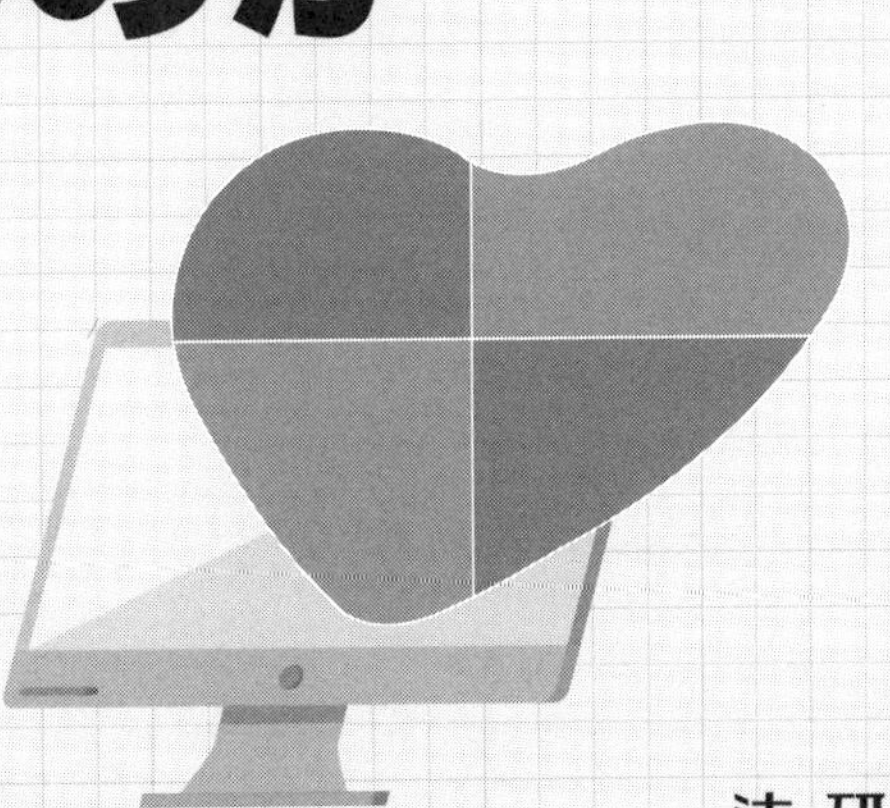

健康経営研究会
理事長
岡田邦夫
副理事長・弁護士
山田長伸
編著

法研

はじめに

働く人の健康問題が大きな社会問題となり、また労働災害として認定され、さらには訴訟となって経営者に多額の賠償が請求されるようになっている。本来、働くことは私たちの生活や人生に生きがいや充実をもたらすものであるが、一方では、不幸にも長時間労働などによって健康障害の原因となっているのが現状である。

『女工哀史』に記述されている過酷な労働は、多くの若い人の命を奪うことになった。その轍を踏まないために工場法が制定され、現在では労働法によって働く人の安全と健康を確保することが事業者の責務となっている。労働契約法第5条は、「使用者は、労働契約に伴い、労働者がその生命、身体等の安全を確保しつつ労働することができるよう、必要な配慮をするものとする」と規定し、「生命、身体等の安全」には、心身の健康も含まれるものであること、と通達に記載されている。従来、判例法理であった「安全配慮義務」が、ようやく法律として明文化されることになったのである。

さらに昨今では、従業員の健康障害にかかわる損害賠償の根拠法律として、民法のみならず会社法も適用されるという現状がある。また、パワーハラスメントに基づく従業員の心身の不調については、刑法上の違法性についても言及されるようになってきた。企業の根幹を揺るがしかねない従業員の健康問題が、社会的にも大きな課題であることはいうまでもない。

わが国の急速な少子高齢化により、今後、生産年齢人口はさらに減少し、企業が労働者を確保することはますます難しくなり、これを経営課題としてとらえなければならない時代になってきた。人材を確保するためには、多くの人が働きたいと感じるような職場環境の醸成が重要であり、喫緊の課題でもある。それを実現するためのひとつの方策が、「健康経営」として浮上してきた感がある。経営と健康の両立は果たして経営戦略として結果を出すことができるのか、は企業未来を予測することにもつながる。

企業の未来を考えたとき、経営上のリスクとして、従業員の健康問題は避けることのできないものである。しかし、そのリスクを回避するための手立てとして、従業員の健康づくりを事業として位置づけ、経営戦略として投資を行い、利益を創出することは、すなわち、労働生産性の確保と従業員の健康の保持増進の両立を促すことになる。

「健康経営」は、企業が従業員の健康に配慮することによって、経営面でも大きな効果が期待できるとの基盤に立って、健康管理を経営的視点から考え、戦略的に実践することである。従業員の健康管理・健康づくりの推進は、単に医療費というコスト面の節減のみならず、生産性の向上、創造性の向上、企業イメージの向上など、さまざまな効果が得られ、かつ、企業におけるリスクマネジメントとしても有効である。従業員の健康管理者は経営者であり、その指導力のもと、健康管理を組織戦略に則って展開することが、これからの企業経営にとってますます重要となっている。

「健康経営」は、単に従業員の健康の保持増進を事業として推進することだけではない。企業ブランドを創造するためには、経営者の「雇い方」、管理監督者の「働かせ方」、そして従業員自らの「働き方」を踏まえて、働きがいのある職場や職務を創造することが不可欠となる。人事労務管理による企業リスクの回避、少子高齢社会における労働生産性の向上、高齢化する従業員の健康増進対策と豊かなセカンドライフの基盤づくりなど、社会的存在としての企業の果たすべき役割が求められている。

「健康経営」の基盤には法令遵守があるが、会社法に基づいて起業した会社が、今、会社法によって、経営者に対する損害賠償請求がなされるようになった。まさしく、従業員の健康問題は経営責任であるとの司法判断がなされ、経営者としても健康管理担当者に一任するだけではその責務を果たしていないことになったのである。現在、ＣＨＯ（Chief Health Officer）を選任する動きも加速しており、経営者は、経営責任として働く人すべての健康問題に取り組まなければならない。

働き方改革は、このような現状から、労働生産性の向上と健康の保持増進の両立をひとつの目的として提案されたものである。正規・非正規それぞれの雇用のあり方、高齢者の雇用と健康問題、低迷する労働生産性など、山積する課題を抱えるわが国の企業の行く末をいかに乗り切っていくのか。経営者が、多くの人々や組織等とスクラムを組んで実践していかなければならない。

本書は、このような社会的状況において経営者が「健康経営」に取り組み、企業価値を高めることの重要性について理解を深め、同時に、過去の労働者の健康問題に関する判例から企業における健康問題の発生防止対策と解決法を学ぶことを目的としたものである。働くことは、従業員の健康の保持増進に直結するとともに、従業員を支える家族の健康にも多大な影響を及ぼす。経営者自らが推進する「健康経営」の積み重ねが、社会の健康にも寄与するものであると確信している。

なお、本書には、経営学の立場から神戸大学大学院経営学研究科・金井壽宏教授、行政の立場から経済産業省商務・サービスグループ ヘルスケア産業課長・西川和見氏に原稿をお寄せいただいた。ご多忙の折、また限られた時間のなかでご執筆を賜ったことに厚く御礼申し上げる。

健康経営研究会理事長　**岡田邦夫**

なぜ「健康経営」で会社が変わるのか　目次

第5章　多様化する雇用形態と多様な人材活用

第6章　これからの健康経営のあり方

【特別寄稿】

【健康経営ミニ知識】

巻末資料

【第1章】

「健康経営」とは何か

健康経営という新たな潮流

「経営」と「健康」の歴史

「労働」は英語でいうと「Labour」であり、苦役、陣痛など、とても痛ましい意味合いをもっている。しかし、ドイツ語では「Beruf」といい、神から与えられた使命、天職という意味合いがある。まさしくドイツのマイスター制度は、親方がマイスターとして自分の仕事に誇りをもって働くことであり、そこには大きな苦痛があるとは考えられない。

アダム・スミスは『国富論』（1776年）のなかで、「もし親方たちがつねに理性と人間性の命じるところに耳を傾けるならば、自分たちの職人たちの多くの熱意をかきたてるよりは、むしろそれを緩和することがしばしば必要になるだろう。継続して働くことができるように適度に働く人が自分の健康をもっと長く保持するばかりでなく、年間をつうじて最大量の仕事を遂行するということが、すべての種類の職業でみられるだろうと私は信じる」と記している。また、「ほとんどの種類の工匠たちも、彼らの特有の種類の仕事に過度に励むことによって生じるある特有な病気にかかりやすい。イタリアの高名な医師ラマツィーニはそうした病気について専門書を書いている」と記載し、現代でいう〝職業病〟に対する医学的な見地の必要性も認めているように思える。

特に長時間労働については、「心身どちらかにせよ、数日間ひきつづいての激しい労働は、たいていの人の場合、そのあとに休養にたいするつよい願望が自然に生じ、これは強制かあるいは何か強い必要によって抑制されないかぎり、ほとんど抗しがたいものである。それは、自然の要求であって、この要求は、あるときはただ気楽に過ごすことによって、あるときはまた気晴らしや娯楽にふけることによって、休息することを必要とする。もしそれがかなえられなければ、結果はしばしば危険なものであり、ときには致命的なものであって、ほとんどつねに、おそかれはやかれ、その職業に特有の病気をもたらすものである」と警告を発している。

また、カール・マルクスは『資本論』（１８６７年）のなかで、26時間30分にわたって働きつづけた20歳の婦人服製造女工の死について記し、その原因として、「メリ・アン・ウォークリは、詰め込みすぎた作業室における長い労働時間と、狭すぎる換気の悪い寝室とのために死んだ」との医師の証言にもふれつつ、労働者の健康管理がなおざりにされていた当時の状況を明らかにしている。

わが国における労働者の健康問題は、近代では『女工哀史』（１９２５年）に描かれた紡績業での過酷な実態が有名である。同書の結びの文章には「工場とはいかに衛生設備をよくしたとて、時間を短くしたとて、結局非衛生で生命の消耗所であることを免れない。したがって、そこで働くことは決して面白かろうはずがない。労働とは永遠に苦痛と嫌厭の連鎖である」と記述されている。

労働者が働くことによって健康を害し、生命の危険にさえさらされていたかつての歴史は、いまだ過去のものではない。少子高齢化が急速に進むわが国で、働く人々の健康問題はきわめて重大な、かつ本来であればただちに解決しなければならない課題である。ＷＨＯ（世界保健機関）はそのレポートのなかで、「働くことと健康の相互作用」として、**図表１**（次ページ参照）のように労働の重要性と失業に対するリスクを報告している。

図表１　労働者の健康増進――働くことと健康の相互作用

労働は重要であり、また、自尊心（self-esteem）および秩序観念（sense of order）形成の上で大きな心理的役割を演じると指摘されている。そして、それは生存に活力を与え、日・週・月・年の周期的パターンを形成する。 失業は、それ自体健康に対して悪い影響を与える。雇用されたことのない人々は、身体的・社会的健康に必要な自立性（identity）や帰属意識（sense of belonging）を労働を通して向上させる機会が全くない。そのような人々は、職場での健康情報を利用できず、労働と健康が相互によりよい方向に影響し合うことに関しても気がつかないであろう。さらに、彼らは自由時間が多いので、時に不安と抑うつが結びついて、就業者よりも酒、タバコ、薬物に溺れやすい。

出典：WHO Technical Report Series 765: Health promotion for working promotion.1988
高田勗監訳、中央労働災害防止協会

図表２　健康経営とは

健康経営とは、企業が従業員の健康に配慮することによって、経営面においても大きな効果が期待できる、との基盤に立って、健康管理を経営的視点から考え、戦略的に実践することを意味している。 従業員の健康管理・健康づくりの推進は、単に医療費という経費の節減のみならず、生産性の向上、従業員の創造性の向上、企業イメージの向上等の効果が得られ、かつ、企業におけるリスクマネジメントとしても重要である。 従業員の健康管理者は経営者であり、その指導力の下、健康管理を組織戦略に則って展開することがこれからの企業経営にとってますます重要になっていくものと考えられる。

出典：特定非営利活動法人健康経営研究会、2006年

図表３　経営者等に対するインセンティブ

経営者等に対するインセンティブとして、以下のような取組を通じ、健康経営に取り組む企業が、自らの取組を評価し、優れた企業が社会で評価される枠組み等を構築することにより、健康投資の促進が図られるよう、関係省庁において年度内に所要の措置を講ずる。 ・健康経営を普及させるため、健康増進に係る取組が企業間で比較できるよう評価指標を構築するとともに、評価指標が今後、保険者が策定・実施するデータヘルス計画の取組に活用されるよう、具体策を検討 ・東京証券取引所において、新たなテーマ銘柄（健康経営銘柄（仮称））の設定を検討 ・「コーポレート・ガバナンスに関する報告書」やCSR報告書等に「従業員等の健康管理や疾病予防等に関する取組」を記載 ・企業の従業員の健康増進に向けた優良取組事例の選定・表彰　等

出典：「日本再興戦略」改訂2014―未来への挑戦―、2014年６月24日

「健康経営」という考え方

「企業が従業員の健康に配慮することによって、経営面においても大きな効果が期待できる」との基盤に立ち、その基盤を構築することが企業の未来と従業員の健康を創造するとの考え方を広く啓発する目的で、２００６年、特定非営利活動法人健康経営研究会を設立した。当初、企業の関心は低く、賛同する企業もほとんどなかった。

健康経営とは、従業員の健康づくりを経営戦略上の収益事業（内部収益）として位置づけ、経営者の強い推進力のもとに実践することを意味する（図表２）。つまり、まずはトップダウンで従業員の健康を経営の視点からとらえてみることが必要である。

わが国では急速な少子高齢化の進展により、生産年齢人口の減少や医療費の増大など山積する社会的問題への対応が喫緊の課題となっている。１９９５年の「高齢社会対策基本法」以来、高齢化対策が講じられていたが、団塊世代の退職後、さらなる対応が求められるようになった。

こうした状況を背景に策定された「日本再興戦略」改訂２０１４では、経営者等に対するインセンティブ（動機づけ）として、健康経営に取り組む企業が社会で評価される枠組みを構築することにより健康投資の促進が図られるよう所要の措置を講じると明記され、東京証券取引所において健康経営銘柄の設定を検討することになった（図表３）。

現在では、日本健康会議とともに「健康経営優良法人」（図表４～６、次ページ参照）も加わり、企業ブランドとして「健康経営」が社会に認知されるようになったが、全国的にみればいまだ十分とはいえない状況である。今後、わが国のすべての企業が、従業員の健康と企業価値の創造を両立させるために健康経営に取り組むことが、高齢社会対策として重要であることはいうまでもない。

図表4　健康経営に取り組む企業への顕彰制度

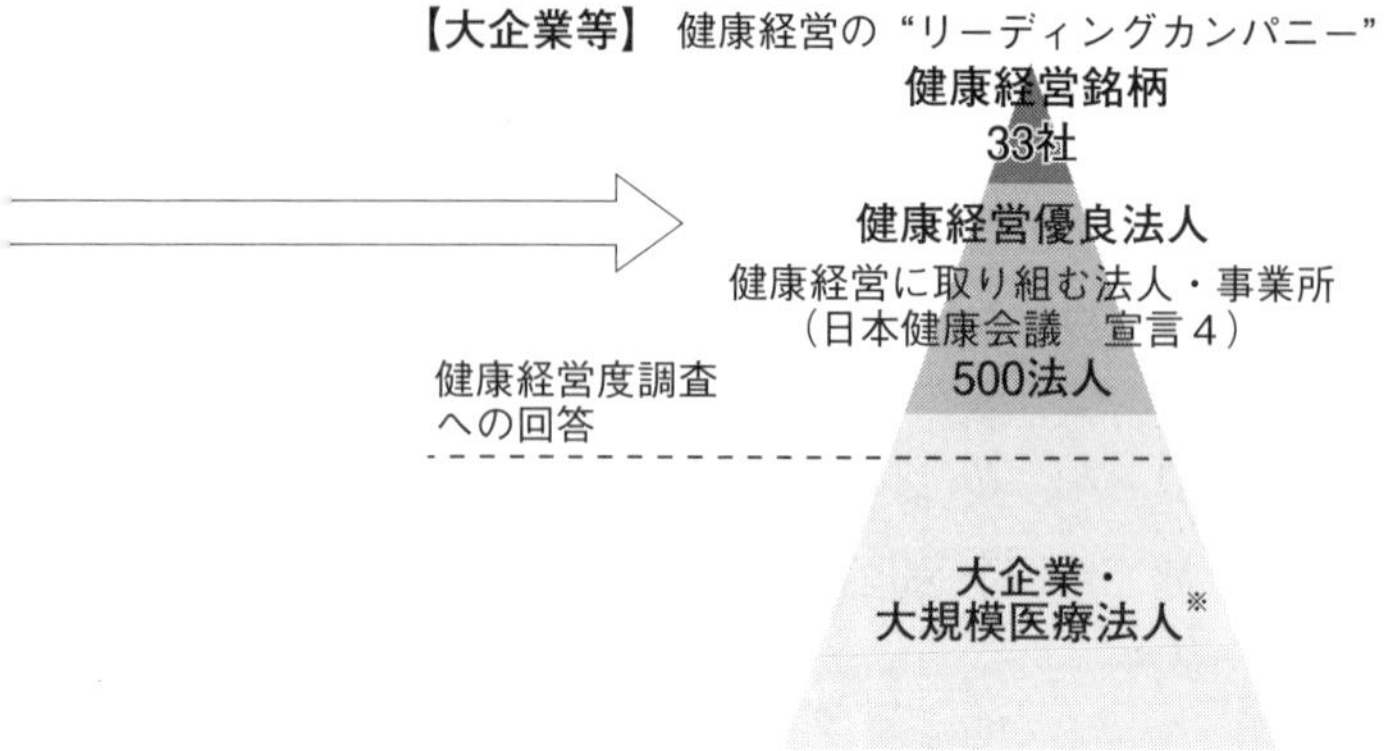

図表5　健康経営優良法人2018（大規模法人部門）の認定基準（案）

認定要件①：健康経営度調査の結果が、回答法人全体の上位50%以内であること				
大項目	中項目	小項目	評価項目	認定要件②
1．経営理念（経営者の自覚）			健康宣言の社内外への発信（アニュアルレポートや統合報告書等での発信）	必須
2．組織体制		経営層の体制	健康づくり責任者が役員以上	必須
		保険者との連携	健保等保険者と連携	
3．制度・施策実行	従業員の健康課題の把握と必要な対策の検討	健康課題の把握	①定期健診受診率（実質100%）	左記①～⑮のうち12項目以上
			②受診勧奨の取り組み	
			③50人未満の事業場におけるストレスチェックの実施	
		対策の検討	④健康増進・過重労働防止に向けた具体的目標（計画）の設定	
	健康経営の実践に向けた基礎的な土台づくりとワークエンゲイジメント	ヘルスリテラシーの向上	⑤管理職又は一般社員に対する教育機会の設定	
		ワークライフバランスの推進	⑥適切な働き方実現に向けた取り組み	
		職場の活性化	⑦コミュニケーションの促進に向けた取り組み	
		病気の治療と仕事の両立支援	⑧病気の治療と仕事の両立の促進に向けた取り組み（⑮以外）	
	従業員の心と身体の健康づくりに向けた具体的対策	保健指導	⑨保健指導の実施及び特定保健指導実施機会の提供に関する取り組み	
		健康増進・生活習慣病予防対策	⑩食生活の改善に向けた取り組み	
			⑪運動機会の増進に向けた取り組み	
			⑫受動喫煙対策に関する取り組み（※「健康経営優良法人2019」の認定基準では必須項目とする）	
		感染症予防対策	⑬従業員の感染症予防に向けた取り組み	
		過重労働対策	⑭長時間労働者への対応に関する取り組み	
		メンタルヘルス対策	⑮不調者への対応に関する取り組み	
	取組の質の確保	専門資格者の関与	産業医又は保健師が健康保持・増進の立案・検討に関与	必須
4．評価・改善		取組の効果検証	健康保持・増進を目的とした導入施策への効果検証を実施	必須
5．法令遵守・リスクマネジメント			・定期健診を実施していること（自己申告） ・健保等保険者による特定健康診査・特定保健指導の実施（自己申告） ・50人以上の事業場におけるストレスチェックを実施していること（自己申告） ・その他、従業員の健康管理に関連する法令について重大な違反をしていないこと（自主申告）	必須

【中小企業等】

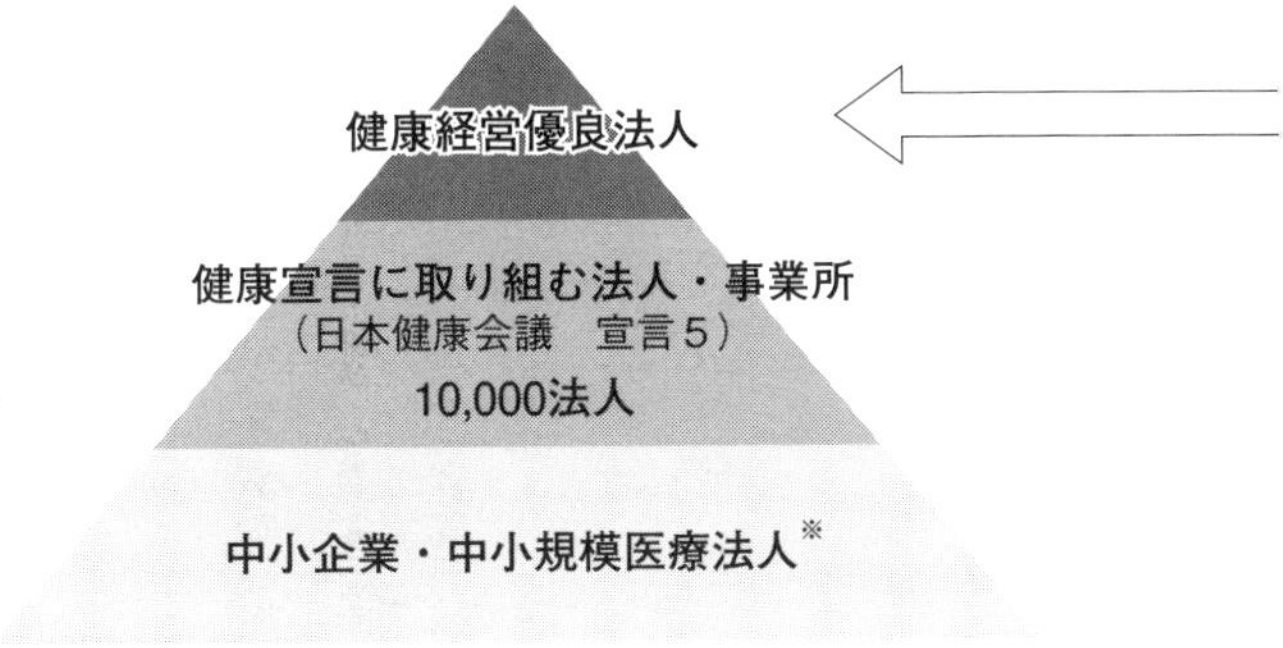

※「中小企業・中小規模医療法人」とは、
①製造業その他：300人以下、
②卸売業：100人以下
③小売業：50人以下、
④医療法人・サービス業：100人以下
とし、「大企業・大規模医療法人」とは、
「中小企業・中小規模医療法人」以外の
法人。

出典：第15回健康投資WG
　　　事務局説明資料

図表６　健康経営優良法人2018（中小規模法人部門）の認定基準（案）

大項目	中項目	小項目	評価項目	認定要件
1.経営理念（経営者の自覚）			健康宣言の社内外への発信及び経営者自身の健診受診	必須
2.組織体制			健康づくり担当者の設置	必須
3.制度・施策実行	従業員の健康課題の把握と必要な対策の検討	健康課題の把握	①定期健診受診率（実質100%）	左記①～④のうち2項目以上
			②受診勧奨の取り組み	
			③50人未満の事業場におけるストレスチェックの実施	
		対策の検討	④健康増進・過重労働防止に向けた具体的目標（計画）の設定	
	健康経営の実践に向けた基礎的な土台づくりとワークエンゲイジメント	ヘルスリテラシーの向上	⑤管理職又は一般社員に対する教育機会の設定	左記⑤～⑧のうち少なくとも1項目
		ワークライフバランスの推進	⑥適切な働き方実現に向けた取り組み	
		職場の活性化	⑦コミュニケーションの促進に向けた取り組み	
		病気の治療と仕事の両立支援	⑧病気の治療と仕事の両立の促進に向けた取り組み（⑮以外）	
	従業員の心と身体の健康づくりに向けた具体的対策	保健指導	⑨保健指導の実施又は特定保健指導実施機会の提供に関する取り組み	左記⑨～⑮のうち3項目以上
		健康増進・生活習慣病予防対策	⑩食生活の改善に向けた取り組み	
			⑪運動機会の増進に向けた取り組み	
			⑫受動喫煙対策に関する取り組み（※「健康経営優良法人2019」の認定基準では必須項目とする）	
		感染症予防対策	⑬従業員の感染症予防に向けた取り組み	
		過重労働対策	⑭長時間労働者への対応に関する取り組み	
		メンタルヘルス対策	⑮不調者への対応に関する取り組み	
4.評価・改善		保険者へのデータ提供（保険者との連携）	（求めに応じて）40歳以上の従業員の健診データの提供	必須
5.法令遵守・リスクマネジメント			・定期健診を実施していること（自己申告） ・保険者による特定健康診査・特定保健指導の実施（自己申告） ・50人以上の事業場におけるストレスチェックを実施していること（自己申告） ・その他、従業員の健康管理に関連する法令について重大な違反をしていないこと（自主申告）	必須

健康経営銘柄とは

経済産業省 商務・サービスグループ ヘルスケア産業課長　西川和見

経済産業省では、幅広い業種の企業に健康経営に取り組んでいただくため、健康経営の顕彰制度を進めています。優れた健康経営を進めている企業を認定し、公表することで、社内外に対しての効果を高めることができます。東京証券取引所と連携し、各業種で最も優れた取り組みを進めている企業を1社指定しています。2014年度から、毎年指定を行っており、最新の銘柄（健康経営銘柄2018）では26業種26社を指定しています。

＊

健康経営銘柄の指定を受けようとする企業には、まず毎年夏～秋に行われる任意の調査（健康経営度調査）に回答いただきます。これは、健康経営の5本柱として、①健康経営を経営方針として掲げること、②これを支える組織内の体制の整備、③従業員の健康を改善し、組織の活性化を図るための具体的な行動計画、④PDCAを回す仕組み、さらに、⑤法令遵守等のコンプライアンスの徹底、を掲げ、項目ごとに詳細な調査項目が整理されています。したがって、健康経営を進めるための準備がなければ回答できないものであるほか、各企業の取り組みが、全業種や同業他社、または健康経営のトップ層に比べてどの程度のレベルにあるのか、偏差値のかたちで示されるので、自社の進捗度を測るための指標にもなります。調査に答えるだけでも健康経営を進めるうえで助けになるよう、産業医や保健師など、健康や医療の専門家に入っていただいて調査票が策定されています。この健康経営度調査で上位20％に入るなど、一定の要件を満たす企業群のなかから、財務指標なども加味し、経済産業省と東京証券取引所において、健康経営銘柄の選定を行っています。

健康経営度調査に回答する上場企業数は第１回目の４９３社から順次拡大し、最新の調査では７１８の上場企業が回答しています。開始間もない制度ですが、上場企業の5社に1社が参加する、大きな取り組みとなっています。健康経営銘柄に選定された企業では、従業員や組織の健康意識が高まった、取引先からの評価が高まった、ＩＲ（Investor Relations）やメディア戦略上有用であった、多くの採用希望者が集まるようになった、という声が寄せられています。

＊

投資分野においても、近年世界的に機関投資家がＥＳＧ（環境・社会・ガバナンス）を投資判断に組み入れる動きが浸透しているなか、健康経営は従業員の健康や活力を向上させる中長期的な取り組みであり、ＥＳＧにおける〝Ｓ〟や〝Ｇ〟に位置づけられるとされています。

米国のＡＣＯＥＭ（American College of Occupational and Environmental Medicine〔産業医学と環境医学の委員会〕）では、企業のマネジメントや健康施策を総合的に評価する表彰制度において受賞した企業のうち「健康」と「安全」の指標で高得点を得た企業を２００１～２０１４年の伸び率についてＳ＆Ｐ株価指数と比較し分析を行ったところ、「健康」「安全」で高得点を得た企業群は、Ｓ＆Ｐが１０５％であるのに対し、アクティブリターンが約２５０～３３０％であり、優れていたという結果を出しています。

日本の健康経営銘柄についても、三菱ＵＦＪモルガンスタンレー証券の波多野アナリストによる過去4回分の銘柄選定企業分析によると、まず健康経営銘柄選定企業は、ブルームバーグ社提供のＥＳＧデータの〝Ｓ〟指標において、ＴＯＰＩＸ指数構成銘柄に比べて情報開示や施策に取り組む企業の比率が高いことが確認されており、健康経営銘柄はESG投資の〝S〟の視点として評価されるとしています。また、健康経営銘柄を経年分析したところ、株価変動リスクが低く、また投資収益率が期待収益率を上回る数値が年々高くなっており、今後期待されるとしています。

「健康経営」を統合レポートに記載する動きも起きています。丸井グループではステークホルダーとの対話を促進するためのツールとして、統合レポート「共創経営レポート」を発刊していますが、「健康経営」を含めた「グループ一体経営」を共創経営のビジネスモデルのひとつとして位置づけており、「健康経営」については「従業員一人一人が健康を切り口に意識や行動を変えることにより、組織全体の活力を高めることで企業価値向上につなげていくことを目指している」ということを明示しています。同社の「共創経営レポート」等、株主・投資家向けの取り組みは海外でも評価され、アメリカの金融専門誌「Institutional Investor 誌」が発表した「The 2017 All-Japan Executive Team rankings（日本のベストIRカンパニーランキング）」の小売セクターにおいても、Best IR Companies 部門の総合1位となっています。

＊

人材（人財）は、企業の競争力を支える重要な経営資源であることはいうまでもありません。今後の国内人口の減少にともない、その重要性はいっそう増していくでしょう。そして個々の従業員の活力の基盤となるのが〝健康〟です。したがって、健康経営は企業経営者からみても重要な投資対象となるべきであり、先進的な企業を中心にその理念は幅広く普及してきています。健康経営を一過性のトレンドで終わらせることなくわが国の誇るべき〝企業文化〟として定着させるよう、またこの概念がグローバルスタンダードになっていくよう、取り組むことが重要です。

健康経営を構成する3つの軸

わが国は、労働安全衛生法によって事業者に従業員の健康診断を義務づけ、また、健康診断の事後措置として就業上の措置を講じることで従業員が業務に従事することにより健康を損なうことがないよう規定している。また、経営者は、従業員の疾病（私傷病）に対する医療費の一部負担を担うべく、健康保険組合に出資している。つまり、経営者は従業員の健康に対して相当な出資をしており、単なる福利厚生としてではなく、その投資に対するリターンを得るための対応が必要になってくる。

健康経営を推進するうえで、その基本的な考え方として3つの視点がある。すなわち、心身の健康を確保するための「**コスト軸**」、従業員のストレスと企業のリスクを回避するための「**マネジメント軸**」、職場環境の改善とコミュニケーション向上のための「**投資軸**」である。以下、**図表7**（次ページ参照）に示したこの3つの軸について解説する。

第1軸：コスト軸　体と心の健康――コンプライアンス軸

企業が健全な経営を営むには、経営者と従業員の健康が不可欠である。健康経営では、疾病対策より健康対策（健康維持のための対応）を第一と考える。つまり、健康づくりと疾病予防の視点である。そこで健康経営の第1軸が「コスト軸」（**図表8**、次ページ参照）であり、この軸を安定させるためのコストが必要となる。これは法令遵守のためのコストであり、企業が社会的にその存在を許容されるための費用といえる。

図表7　健康経営の３つの軸

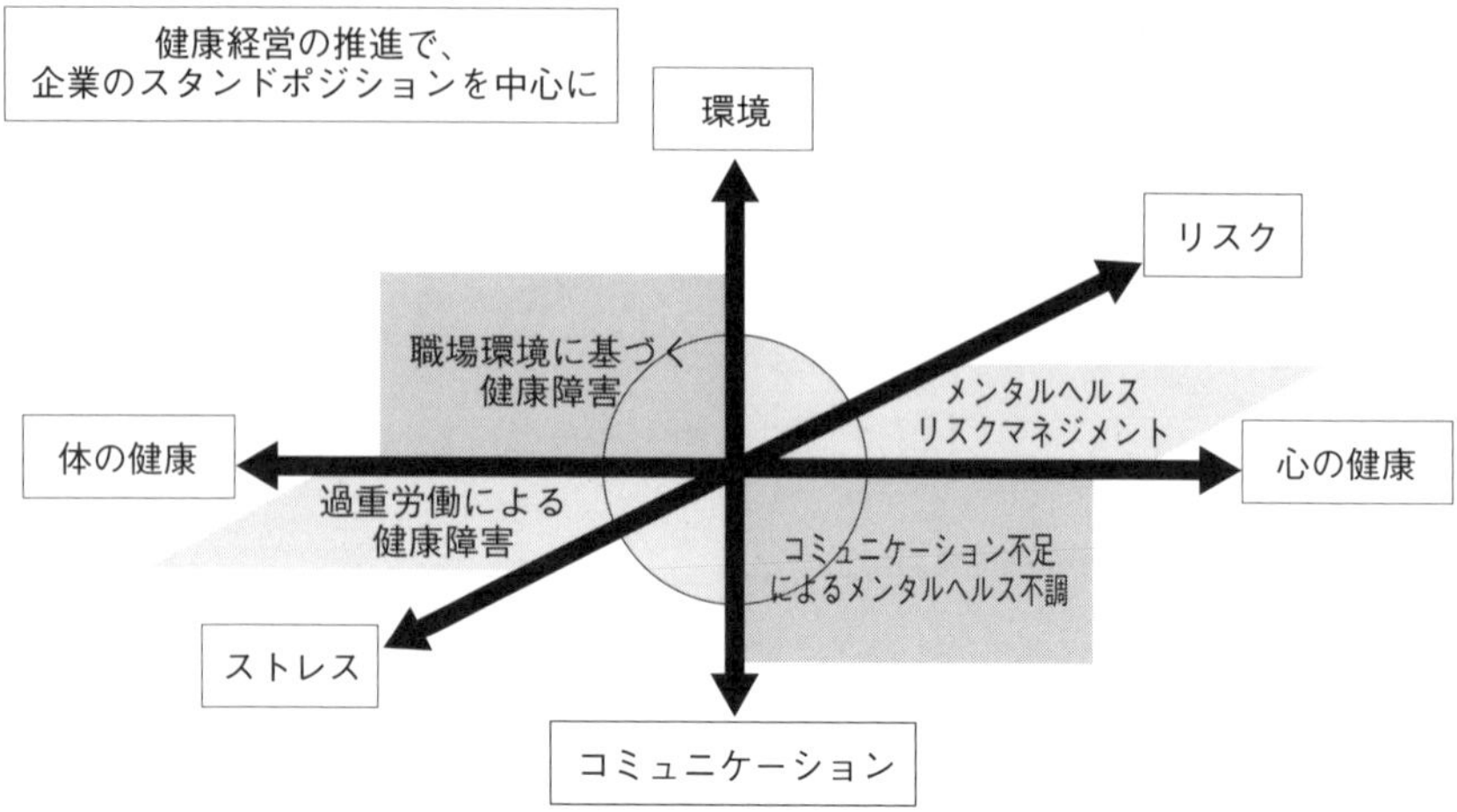

コスト軸	体の健康→心の健康	⇨　従来の健康管理	法令遵守
マネジメント軸	ストレス→リスク	⇨　ストレスケア、リスクマネジメント	安全配慮義務
投資軸	環境→コミュニケーション	⇨　環境改善とコミュニケーション構築	組織環境

図表8　健康経営の第１軸：コスト軸（体⟷心）

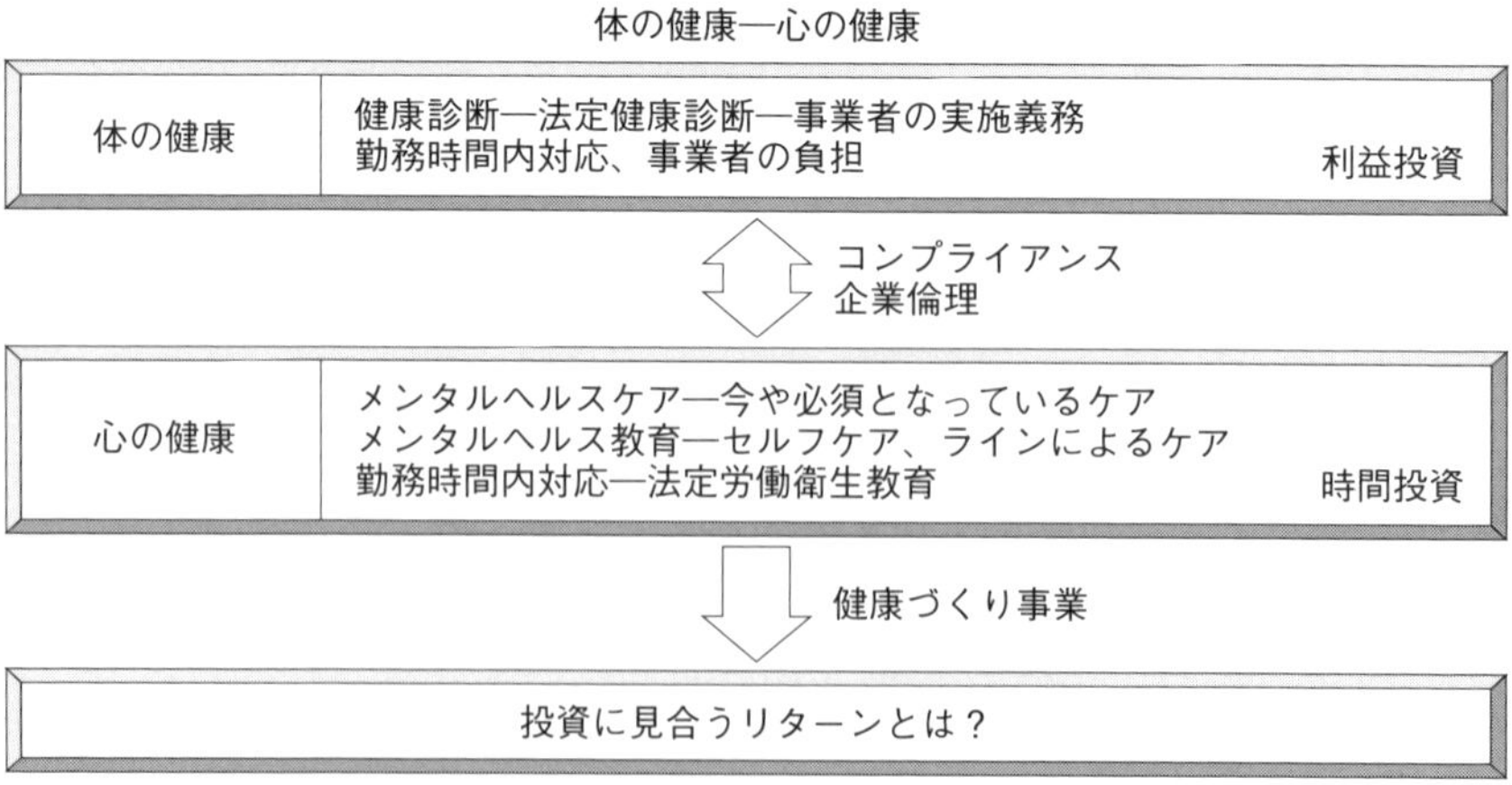

基本となるのは、健康診断などに代表される健康管理対策費用である。もちろん、健康管理以外にも労働基準法上の多くの遵守すべきことがあるが、従業員の健康は経営の基盤であるから、その基盤が崩れることは企業そのものの脆弱性となり、企業の存続、事業の継続性が危ぶまれることになる。

また、昨今はメンタルヘルスケアが従業員の健康管理に必須であることから、労働衛生教育としての管理監督者へのメンタルヘルスケア教育も人事研修として実施しなければならない。これを怠ると、従業員に健康問題が生じた場合に企業の健康管理対策の不備となりかねず、損害賠償、労働災害の認定など企業にとって大きなリスクを招くことになる。

●判例にみる健康診断の重要性

健康診断の重要性については、昼休み時間、生徒を指導中に昏倒し、脳内出血で死亡した教員の事案について、健康管理にかかわる安全配慮義務違反とした**真備学園事件**（岡山地裁1994年12月20日判決）で次のように判示されている。

「健康診断の一項目として血圧検査が実施されたことはなかったほか、…当該医師が職員の健康診断や健康に関する指導相談を講じていた形跡もないこと…。定期の健康診断の項目に血圧検査があれば、A（死亡した教員）の悪性の高血圧は容易に判明したものということができ、…そうなれば、それ相応の仕事量の調整や勤務形態の変更などの抜本的対策をとることが期待できたものと推認できるところ、これらの健康管理に関する措置や体制の整備を漫然と怠っていた当時の学校の態度は、前記諸法規の要求する労働安全衛生保持のための公的な責務を果たさない不十分なものであったと同時に、職員らに対する雇用契約関係上の付帯義務として信義則上要求される健康管理に関する安全配慮義務にも反していたものと認めるのが相当である」

判決では、このように学校側の健康管理責任について落ち度があるとしつつ、死亡した教員についても「B医師から病状悪化により入院治療を勧告され、入院しない場合は仕事量を六割方に減らすよう勧告を受けるまでに至ったにもかかわらず、…学校に申告せず、…Aの自己の健康管理についての落ち度は大きいものと言わざるを得ない」と本人の責任を認め、「過失の割合は、被告（学校）を一とすれば、Aを三とするのが相当であり、過失相殺の割合四分の三とすべきである」とされた。

また、業務中に脳梗塞を発症し死亡した従業員の事案について、健康診断で心房細動を指摘されていたにもかかわらず十分な健康配慮がなされていなかったとして、健康管理体制の不備について会社側の責任を認定した**榎並工務店事件**（大阪地裁2002年3月15日判決）がある。

判決では、「B（会社）は…産業医を選任せず、医師の意見も聴取しなかったことが認められる。その上、…安全衛生委員会及び安全・衛生管理者が設置されていたものの、…全く機能していなかったことが認められる。さらに、…健康診断の結果をそのまま本人へ渡すだけで、…要治療や要二次検査の所見が出た労働者が病院に行くことができるよう、作業の日程を調整したことがなく、Bから…直属の上司に…対してA（死亡した従業員）の健康状態に関する情報は何ら伝えられておらず、…Aの作業配分を特に考慮したこともなかった」として会社側の責任を認め、「これらのことからすると、Bは上記労働者の健康管理を適切に講じるための適切な措置をとることができるような体制を整えていなかったというべきである」との判断を示した。

過重労働や高ストレス者に対する事後措置として医師による面接指導があるが、産業医が実施するのが最も効果的であるといえる。なぜなら、職場環境や職務に精通した産業医が現場を踏まえて面接対応することは職場環境の改善につながり、対象者とのコミュニケーションをも深めることから、予防的な

図表９　産業医制度の在り方に関する検討会報告書の概要

産業医活動をめぐる状況

■過労死対策、メンタルヘルス対策、疾病・障害がある等の多様化する労働者の健康確保対策などが重要。
■産業医が対応すべき業務が増加。
■産業医選任義務のない50人未満の事業場における医師による「健診・面接指導」の充実も課題。

⇩

産業医制度等の見直し

■長時間労働者の健康管理が的確に行われるよう、長時間労働者に関する情報を産業医に提供することを義務づけることが必要。
■健診の異常所見者について、就業上の措置等に関する意見具申が適切に行われるよう、労働者の業務内容に関する情報を医師等に提供することを義務づけることが必要。
■健康診断や面接指導に加え、治療と職業生活の両立支援対策も産業医の重要な職務として明確に位置づけるべき。
■事業者から産業医へ一定の情報が提供される場合について、産業医による職場巡視の頻度を見直しすることが適当。
■事業場の状況（規模、業種、業務内容等）に応じて、産業医、看護職、衛生管理者等の産業保健チームにより対応することが重要であり、具体的に取組方法等を示すことが必要。

措置が講じやすくなると考えられるからである。

また、２０１６年12月に厚生労働省より発表された「産業医制度の在り方に関する検討会報告書」によって、長時間労働者、高ストレス者に対する面接指導のみならず、治療と職業生活の両立支援についても産業医が関与することになり、今後ますますその職務の範囲が拡大すると考えられる（図表９）。

●パワーハラスメントと従業員の心の健康問題

一方、心の健康問題については、従業員のセルフケアによって対処できる範囲は限られており、管理監督者のラインによるケアとともにメンタルヘルスケアを実践することが望ましい。

特に昨今では上司のパワーハラスメントによる精神障害に関する判例が多く見受けられることから、経営者は、労働衛生教育のなかでも特に管理監督者の部下への対応は必須と位置づけ、その基本的知識とスキルの習得を図ることが重要である。

上司の部下への対応として、叱責は精神的苦痛を与えることが多く、また暴力行為に及んだ場合には刑法上の裁定がなされる可能性が高くなっている。

たとえば、上司から飲酒強要などのパワーハラスメントを受けたことなどによって精神疾患を発症したとする**ザ・ウィンザー・ホテルズインターナショナル（自然退職）事件**（東京地裁２０１２年３月９日判決）では、「Ｂ（精神疾患を発症した従業員）の対応に腹を据えかねたＡ（営業部次長）は、怒りを抑えきれなくなり、同日午後11時少し前ころ、Ｂに携帯電話をかけ、その留守電に、『でろよ！　ちえっ、ちえっ、ぶっ殺すぞ、お前！　Ｃとお前が。お前何やってるんだ！　お前。辞めていいよ。辞めろ！　辞表を出せ！　ぶっ殺すぞ、お前！』と録音し、再びＢに対する怒りを露わにした」として上司のパワハラを認め、「以上によれば本件8・15留守電は、Ａが、その上司という職務上の地位・立場を乱用し、Ｂに対して行った脅迫・強要行為に当たり、その内容も、通常人が許容し得る範囲を著しく超える害悪の告知を含むものであって、刑法上も脅迫罪（同法２２２条１項）を構成するほどの違法性を備えており、…８・15留守電は、Ｂの人格的利益を侵害するものとして、民法７０９条の不法行為に該当する」として損害賠償が認定された。

ここで注目すべきは判決文で、「刑法上も脅迫罪（同法２２２条１項）を構成するほどの違法性」と指摘していることである。

さらに、経営者のパワーハラスメントにより従業員が自殺した**メイコウアドヴァンス事件**（名古屋地裁２０１４年１月15日判決）では、「Ａ（代表取締役）のＢ（自殺した従業員）に対する暴言、暴行及び退職強要のパワハラが認められるところ、ＡのＢに対する前記暴言及び暴行は、Ｂの仕事上のミスに対する叱責の域を超えて、Ｂを威迫し、激しい不安に陥れるものと認められ、不法行為に当たると評価するのが相当であり、また、本件退職強要も不法行為に当たると評価するのが相当である」とし、「前記前提事実及び前記１

で認定した事実によれば、Ａは被告会社の代表取締役であること、及びＡによるＢに対する暴言、暴行及び本件退職強要は、被告会社の職務を行うについてなされたものであることが認められるのであるから、会社法３５０条により、被告会社は、ＡがＢに与えた損害を賠償する責任を負う」としている。

この事件では、経営者が従業員に向かって「てめえ、何やってんだ」「どうしてくれるんだ」「ばかやろう」「会社を辞めたければ７０００万円払え。払わないと辞めさせない」などと暴言を吐くとともに、「被災者の頭を叩くことも時々あった」とされている。判決は、前述のように会社法３５０条を根拠法律として適用した。

【参考】会社法350条（代表者の行為についての損害賠償責任）

株式会社は、代表取締役その他の代表者がその職務を行うについて第三者に加えた損害を賠償する責任を負う。

●突然の無断欠勤は自殺のサイン

また、支配下にある部下の労務管理については、普段から部下の状況を把握しつつ、かつ、いつもと違う状況に気づいた場合の対応が重要である。特に次の事案のような状況での突然の無断欠勤については、迅速な対応をしなければならない。

アテスト（ニコン熊谷製作所）**事件**（東京高裁２００９年７月28日判決）は、請負労働者が勤務先で長時間労働に従事し、うつ病に罹患して自殺した事案である。

判決では、うつ病患者が周囲の意見を聞くゆとりもないままに辞表を提出したり、苦痛に堪えながらも相手に気取られないよう努力して対応するため、家族、同僚、診察者も本人がそれほど苦しんでいるとは思わず、突然の辞表・自殺企図に周囲が驚くことになると指摘し、さらに「突然の欠勤（無断欠勤）は自殺のサインのひとつとされており、うつ病患者が症状に苦しんだ上で我慢できずに急に欠勤し出すことがある」ことを示した。

そして、「Ａ（自殺した請負労働者）が平成11年２月24日ころに至って同月末で仕事を辞めたいと申し出たことや同月26日から無断欠勤したことは、特段の事情もうかがえない以上、うつ病り患者の症状の発現と解することができ、これによれば、遅くとも同月中旬ころまでにはＡはうつ病を発症していたものと推認される」として、「突然の無断欠勤は自殺のサインのひとつ」と認定している。

管理監督者は、勤怠状況からいつもと違う部下の異常をいち早く察知し、適切な対応をしなければならないのである。

第2軸：マネジメント軸 ストレス対応とリスク回避 ――リスクアセスメント軸

第2軸の「マネジメント軸」は、法令遵守のみならず、いわゆる安全配慮義務の不履行によって従業員に高ストレス状態が生じ、心身の異常が発生することへの対策である。**図表10**に示したように、従業員のストレスは、同時に企業リスクとなりうることから、結果として企業存続の危機をもたらす可能性が高まることになる。

業務によるストレスから心室細動を引き起こし死亡した**地公災基金三重県支部長（旧Ａ町職員）事件**（名古屋高裁２０１３年5月15日判決）では、「Ｘ（死亡した職員）の海外派遣問題に関連する業務は、教育課長の職務の範囲内のものであるが、Ａ町の教育課長としては通常行うことがまれな業務であって、いわゆる日常業務とは質的に著しく異なるものである上、突発的に発生し、適正迅速な処理を求められるものであるところ…、16日間の時間外勤務時間も、前記通達が定める２週間に50時間との基準に近いものであったから、海外派遣問題が発生した後の９月24日からＸが死亡した10月９日までのＸの業務は、Ｘはもとより平均的労働者にとっても相当に過重なものであり、

図表10　健康経営の第2軸：マネジメント軸（ストレス⟷リスク）

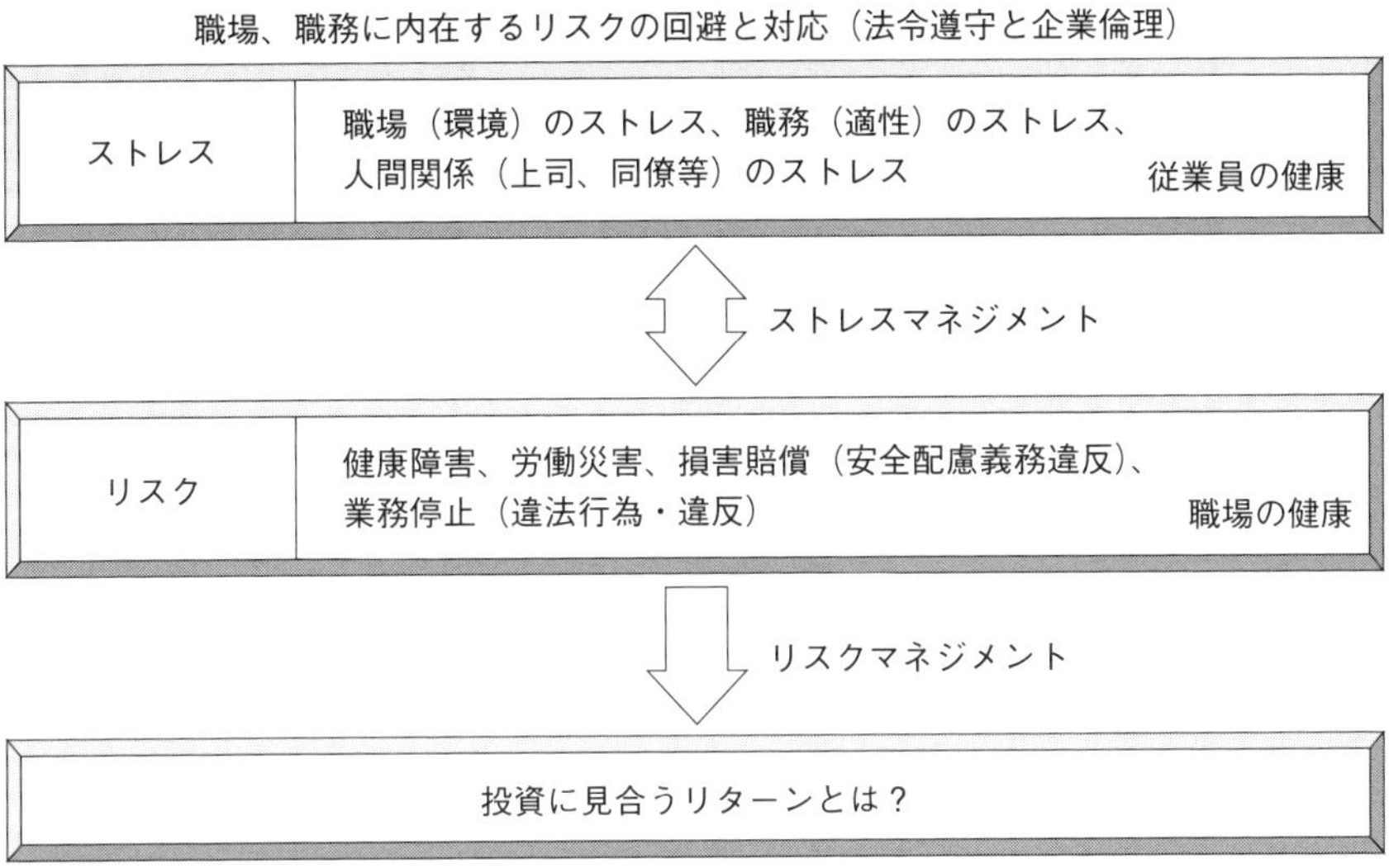
職場、職務に内在するリスクの回避と対応（法令遵守と企業倫理）
ストレス
職場（環境）のストレス、職務（適性）のストレス、
人間関係（上司、同僚等）のストレス
従業員の健康
ストレスマネジメント
リスク
健康障害、労働災害、損害賠償（安全配慮義務違反）、
業務停止（違法行為・違反）
職場の健康
リスクマネジメント
投資に見合うリターンとは？

相当な精神的負荷及び肉体的負荷を生じさせたもの」と認めたうえで、「海外派遣問題発生後の相当過重な公務に起因する精神的及び肉体的ストレスが心臓交感神経活性を亢進させて心室細動を発症させ、Xを突然死させたものと推認するのが相当である」としている。

そして、「上記公務による過大な負荷がXの基礎疾患である拡張型心筋症をその自然経過を超えて増悪させ、Xを死亡させたものと認められるから、上記公務とXの死亡との間には相当因果関係があるというべきである」と判示している。

何らかの病気を有している場合には、病気の種類や重症度、合併症などを考慮したうえで、就業上の措置（就業制限）を講じることが労働安全衛生法上規定されているが、この事案ではその対応がなされていなかったことになる。ストレスチェック（第4章、136ページ参照）により従業員のストレス状況を把握し、対策を講じることは、まさしく企業リスクの低減につながるものである。

業務のストレス増大にともなう健康障害は、明らかに業務起因性が認められることから、従業員が自ら行うセルフケアとともに管理監督者が行うラインによるケアが重要であることはいうまでもない。

●管理監督者へのメンタルヘルス教育は不可欠

管理監督者に対するメンタルヘルス教育の重要性については、うつ病を発症した従業員が上司から長時間労働を強いられ、かつ厳しい叱責を受けるなどした結果、自殺したとする**名古屋南労基署長（中部電力）事件**（名古屋地裁２００６年５月17日判決）でも指摘されている。判決では、この上司の対応について、「A（上司）は、平成10年及び平成11年に開催されたT社のメンタルヘルスに関する講習会を受講しなかった。もっとも、AはT社が配布した『管理職のメンタルヘルスについて』という小冊子を受領しており、また、かつて同僚がうつ病にり患したことがあったため、うつ病にり患した者に対する対応として、休養を取らせることが最も適切だという程度の知識は有していた」として、メンタルヘルスに関する講習会について言及している。

一方、不正経理を行った営業所長が自殺した原因として上司の執拗な叱責があったとする**前田道路事件**（高松高裁２００９年４月23日判決）では、メンタルヘルス対策の欠如が争点のひとつであったが、次のような判断がなされ、一審の松山地裁２００８年７月１日判決から一転、会社側の債務不履行（安全配慮義務違反）は否定された。

「A（自殺した営業所長）が恒常的に著しく長時間にわたり業務に従事していたとまでは認められない（所定外労働時間の推計は、平均63・９時間から73・２時間）。…過剰なノルマの達成や架空出来高の改善を強要したり、社会通念上正当と認められる職務上の業務命令の限度を著しく超えた執拗な叱責を行ったと認めることはできない…。四国支店において職場のメンタルへルス等についての管理者研修が実施され、Aを含む管理者が受講している事は原判決認定のとおりであった。1審被告（会社）においてメンタルヘルス対策が何ら執られていないということはできない」

●上司に求められるメンタルヘルスケアの知識とスキル

もとより上司は、自分を超える存在となる部下を育成することがミッションである。そのためには職場のストレス要因をはじめメンタルヘルスケアなどについて知識の習得が必要であるとともに、部下への対応に関するスキルが求められる。

メンタルヘルスに関しては、一次予防としての「心理的な負担の程度を把握するための検査及び面接指導の実施並びに面接指導結果に基づき事業者が講ずべき措置に関する指針（2015年3月15日・心理的な負担の程度を把握するための検査等指針公示1号）」、一次から二次予防に関しては「労働者の心の健康の保持増進のための指針（2006年3月31日・健康保持増進のための指針公示3号、改正2015年11月30日・健康保持増進のための指針公示6号）」、三次予防に関する「心の健康問題により休業した労働者の職場復帰支援の手引き（2004年10月策定、2009年3月・2012年7月各改訂）」があり、これらについての知識が求められることになる。少なくとも部下をもったとき、管理監督者となったときには人事研修、必修研修として位置づけられることが必要といえる。

「労働者の心の健康の保持増進のための指針」では、事業者はラインによるケアを促進するため管理監督者に対して、次に掲げる11項目等を内容とする教育研修、情報提供を行うものとするとしている。

①メンタルヘルスケアに関する事業場の方針
②職場でメンタルヘルスケアを行う意義
③ストレス及びメンタルヘルスケアに関する基礎知識
④管理監督者の役割及び心の健康問題に対する正

しい態度
⑤職場環境等の評価及び改善の方法
⑥労働者からの相談対応（話の聴き方、情報提供及び助言の方法等）
⑦心の健康問題により休業した者の職場復帰への支援の方法
⑧事業場内産業保健スタッフ等との連携及びこれを通じた事業場外資源との連携の方法
⑨セルフケアの方法
⑩事業場内の相談先及び事業場外資源に関する情報
⑪健康情報を含む労働者の個人情報の保護等

これらの項目について社内で定期的に教育研修が実施できない場合には、社外での研修会、講習会などに参加し、研修報告を提出してもらい人事情報として記録しておくことが望ましい。メンタルヘルスケアに関する情報は、定期的にブラッシュアップすることが望ましいのはいうまでもない。

●会社法による経営責任の追及

従業員の健康障害に関する司法判断については、その適用法律が会社法となり、経営責任を追及する潮流がある。

たとえば、外食産業における過労死の事案である**大庄ほか事件**（大阪高裁２０１１年5月25日判決）では、入社４カ月の新入社員が過重労働により急性心不全で死亡したことに関して、役員の損害賠償責任が問われた。

裁判所は、「人件費が営業費用の大きな部分を占める外食産業においては、会社で稼働する労働者をいかに有効に活用し、その持てる力を最大限に引き出していくかという点が経営における最大の関心事の一つになっていると考えられるところ、自社の労働者の勤務実態について…取締役らが極めて深い関心を寄せるであろうことは当然のこと」であるとしたうえで、「責任感のある誠実な経営者であれば、自社の労働者の至高の法益である生命・健康を損なうことがないような体制を構築し、長時間勤務による過重労働を抑制する措置を採る義務があることは自明であり、この点の義務懈怠《けたい》によって不幸にも労働者が死に至った場合においては悪意又は重過失が認められるのはやむを得ないところである」として、会社法429条1項に基づく責任を負うべきであると判示した。

まさしく、経営責任を追及した判決が経営者（役員）に言い渡されたのである。

●ストレスや不安要因を定量的に把握

職場のストレス（特に「心理的負荷の強度」が「強」と判断されるもの）は、働く人々にとって大きな不安となり、その不安は結果として心身の異常となってあらわれる可能性が大きいといえる。

動物行動学者のK・ローレンツは、その著書のなかで、「今日の人間の心にもっとも大きな障害を与えているのは何なのか、問うてみなくてはなるまい」と述べ、そして、それは「私には、所有欲やより高い地位に対する欲望、あるいはその両者に対する欲と並んで、不安――競争で負ける不安、貧困化の不安、誤った決定を下す不安、全体的な苦しい状況に耐えられない、あるいはもう耐えられないという不安――が極めて重要な役割をはたしていることも大いにありそうに思われる。あらゆる種類の不安は、おそらく現代人の健康を破壊し、動脈硬化や真正萎縮腎、早発性心筋梗塞やそれに近い大事をひきおこす本質的要因である」と指摘している。

職場での「不安」要因としては、職務が遂行できるかどうか、与えられた職務を的確にこなすことが

【参考】会社法429条1項（役員等の第三者に対する損害賠償責任）

役員等がその職務を行うについて悪意又は重大な過失があったときは、当該役員等は、これによって第三者に生じた損害を賠償する責任を負う。

できるかどうかなどが重要であるが、現代社会ではプライベートな問題もまた大きな不安要因として考えておく必要がある。

ライフイベントがどの程度のストレスになるのかは、**図表11**に示すとおり、アメリカの社会生理学者ホームズらによる「社会的再適応評価尺度」があり、生活上の出来事（ライフイベント）の回数と表の「ストレス値」を掛け合わせた合計点数が年間１５０～１９９点（37％）、２００～２９９点（51％）、３００点以上（79％）の人に何らかの疾患が発症する可能性が高いと報告されている。

また、わが国における労働者のストレスについても、**図表12**のように、すでにライフイベントごとに点数化されたものがある。こちらは1年間の合計点数が６００点を超えると適応障害カテゴリーとなり、心身の不調が発生する可能性が高くなるとされている。ストレスや不安を定量的に検討するのに有効であろう。

図表11　社会的再適応評価尺度（Holmes & Raheによる）

順位	出来事	ストレス値	順位	出来事	ストレス値
1	配偶者の死	100	11	家族の病気	44
2	離婚	73	12	妊娠	40
3	夫婦の別居	65	13	性の悩み	39
4	留置所などへの拘留	63	14	新しい家族が増える	39
5	家族の死	63	15	転職	39
6	ケガや病気	53	16	経済状態の変化	38
7	結婚	50	17	親友の死	37
8	失業	47	18	職場の配置転換	36
9	夫婦の和解	45	19	夫婦ゲンカ	35
10	退職	45	20	1万ドル以上の借金	31

出典：Holmes, T. H., Rahe, R. H. J Psychosomatic Research, 1967;11:213-218

図表12 労働者のストレス得点（夏目らによる）

順位	ストレッサー	全平均	順位	ストレッサー	全平均
1	配偶者の死	83	16	友人の死	59
2	会社の倒産	74	17	会社が吸収合併される	59
3	親族の死	73	18	収入の減少	58
4	離婚	72	19	人事異動	58
5	夫婦の別居	67	20	労働条件の大きな変化	55
6	会社を変わる	64	21	配置転換	54
7	自分の病気や怪我	62	22	同僚との人間関係	53
8	多忙による心身の過労	62	23	法律的トラブル	52
9	300万円以上の借金	61	24	300万円以下の借金	51
10	仕事上のミス	61	25	上司とのトラブル	51
11	転職	61	26	抜擢に伴う配置転換	51
12	単身赴任	60	27	息子や娘が家を離れる	50
13	左遷	60	28	結婚	50
14	家族の健康や行動の大きな変化	59	29	性的問題・障害	48
15	会社の立て直し	59	30	夫婦げんか	47

出典：夏目誠・村田弘「ライフイベント法とストレス度測定」Bull.Inst.Public Health,1993;42（3）:402-412

図表13 健康経営の第３軸：投資軸（環境⟷コミュニケーション）

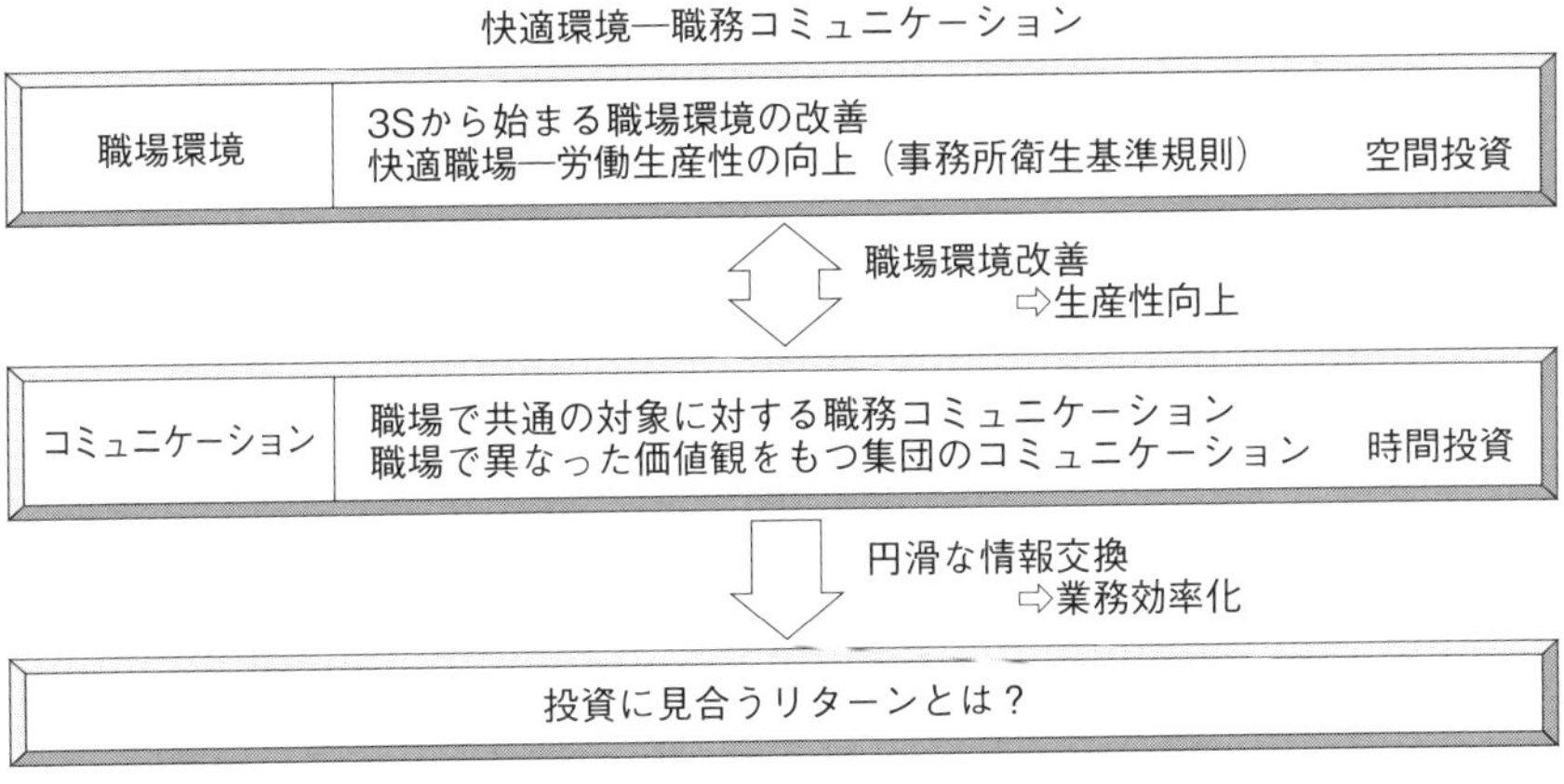
快適環境―職務コミュニケーション
職場環境
3Sから始まる職場環境の改善
快適職場―労働生産性の向上（事務所衛生基準規則）
空間投資
職場環境改善
⇨生産性向上
コミュニケーション
職場で共通の対象に対する職務コミュニケーション
職場で異なった価値観をもつ集団のコミュニケーション
時間投資
円滑な情報交換
⇨業務効率化
投資に見合うリターンとは？

第3軸：投資軸
環境改善とコミュニケーション向上——ソリューション軸

第3軸の「投資軸」は、健康経営の手法としての健康投資であり、その基本は環境の改善とコミュニケーションの向上である（図表13、前ページ参照）。

職場環境が従業員の心身の健康に影響を及ぼすことは周知の事実であるが、この点については、厚生労働省「労働者の心の健康の保持増進のための指針」でも次のように記されており、心の健康の保持増進という観点からも作業環境に配慮することが求められている。

「労働者の心の健康には、作業環境、作業方法、労働者の心身の疲労の回復を図るための施設及び設備等、職場生活で必要となる施設及び設備等、労働時間、仕事の量と質、セクシュアルハラスメント等職場内のハラスメントを含む職場の人間関係、職場の組織及び人事労務管理体制、職場の文化や風土等の職場環境等が影響を与えるものであり、職場レイアウト、作業方法、コミュニケーション、職場組織の改善などを通じた職場環境等の改善は、労働者の心の健康の保持増進に効果的であるとされている。このため、事業者は、メンタルヘルス不調の未然防止を図る観点から職場環境等の改善に積極的に取り組むものとする」

●判例にみる職場環境とメンタルヘルス

精神障害の増悪因子として職場環境に言及した判例に、**国・川崎北労基署長**（**富士通ソーシアルサイエンスラボラトリ**）**事件**（東京地裁2011年3月25日判決）がある。判決では、劣悪な職場環境に置かれた従業員の心理的負荷を、次のように指摘している。

「従業員らが仮眠をとるための十分な設備がなく、特にA（うつ病処方薬の過量服用により死亡した従業員）ら若年の従業員は、十分な休憩時間の取得もままならないなか、自席で机の上にうつぶせになるなどの態勢で仮眠せざるを得ず、…事業所は、１人当たりの作業スペースが狭い上、作業場内で作業にあたる従業員数が多く、恒常的に二酸化炭素量が基準を超過して苛酷な作業環境であったこと…諸事情を総合考慮すれば、Ａの業務による心理的負荷の程度は、『過重』であったと評価するのが相当である。（事業所の１人当たりの気積：７・０３６３㎥、環境測定結果：CO_2：１８００ppm、２１００ppm）」

事務所衛生基準規則（図表14）によって一人当たりの気積は10㎥以上、二酸化炭素濃度は１０００ppm以下と定められており、この作業場の環境は快適とはとてもいえない状況であった。

心身の健康に職場環境が多大な影響を及ぼすことは、学校も同様である。学校における快適な環境の醸成は、教員のモチベーションの向上につながるものであり、物理化学的な環境のみならず、心理的な環境、つまり上司・同僚らによる支援がなされてい

図表14　職場の環境基準（事務所衛生基準規則）

５条　事業者は、空気調和設備（空気を浄化し、その温度、湿度及び流量を調節して供給することができる設備をいう。以下同じ。）又は機械換気設備（空気を浄化し、その流量を調節して供給することができる設備をいう。以下同じ。）を設けている場合は、室に供給される空気が、次の各号に適合するように、当該設備を調整しなければならない。

２条　気積：10m^3以上／一人当たり
（設備の占める容積及び床面から4mをこえる高さにある空間を除く）
３条　開口部、常時床面積の1/20以上
５条　浮遊粉じん量：0.15mg/m^3以下　CO_2：0.1%（1,000ppm）以下
CO：0.001%（10ppm）以下　ホルムアルデヒド：0.1mg/m^3以下
気流：0.5m/秒以下　温度：17℃以上28℃以下
湿度：40%以上70%以下
７条　２か月以内ごとに１回測定、記録を３年間保存
10条　照度300（緻密な作業）　150（普通の作業）　70（粗な作業）ルクス以上

るかどうかも重要である。

この点に関して、上司や同僚の支援が得られず、生徒による暴力や宿泊訓練など公務による重い心理的負荷によりうつ病を発症した教員がその後自殺した**地公災基金大阪府支部長**（P中学校）**事件**（大阪地裁2010年3月29日判決）がある。

裁判所は、自殺した教員が所属していた2年生の教員集団はまとまりがなく、問題が生じた場合の指導方針にも一貫性や統一性がみられず、支援体制もなかったと指摘し、次のように判示した。

「A（自殺した教員）が同暴力を受けたことにより教師としての誇りと自信を喪失させたこと、その後加害生徒から謝罪を受けさせる以外に、Aに対する何らかの支援策が検討されることもなく、かえって、事なかれ主義的な学校側の対応にAが憤りと孤立感を深めていったことが推認される。加えて、その後も当該事件を起こした生徒のみならずそのことを聞知している生徒らと関わっていかなければならないという状況は、社会通念上、強度の精神的ストレスを伴うものであった」

そして、「これらの事情を総合してみれば、本件精神障害は、公務に内在する危険の現実化として発症し、増悪したものということができ、Aの自殺は、本件精神障害の結果、正常な認識、行為選択能力が著しく阻害され、精神的抑制力が著しく阻害されている状態で行われたものというべきである」として、公務外の災害と認定した処分を取り消すという判決となったものである。

お互いに支援し、業務を円滑に進めることが集団としての特性であるが、その特性が欠如し、上司・同僚の支援がまったく得られない高ストレス職場であったともいえる。

この点について判決では、「本件中学校での異常ともいうべき勤務環境に加え、対教師暴力の被害者となったにもかかわらずそれに対する積極的な支援がなく、かえって、放置されたとも言うべき状況であって、しかも、何時事故が起きても不思議ではない状況下での宿泊訓練で心身ともに強いストレスにさらされたことは、社会通念上、客観的にみて、精神障害を発症させる程度に過重な心理的負荷というに十分である」とされた。

荒れた学校環境を改善すべきであるのは、企業も同様であり、ストレスチェック制度における「仕事のストレス判定図」（http://stresscheck.mhlw.go.jp/faq.html）から高ストレス職場と判定された場合には、その職場からストレス関連疾患などが発生しないよう迅速な対応が求められる。漫然と放置することは、ストレス職場環境のさらなる高ストレス化を加速し、ストレス関連疾患、心身症などの健康問題が発生する危険性が増大することになる。

●健康経営の効果的な進め方

人間が自己実現に向けて欲する基本的欲求を段階的にあらわしたものに、**図表15**に示した「マズロー

図表15 マズローの欲求階層

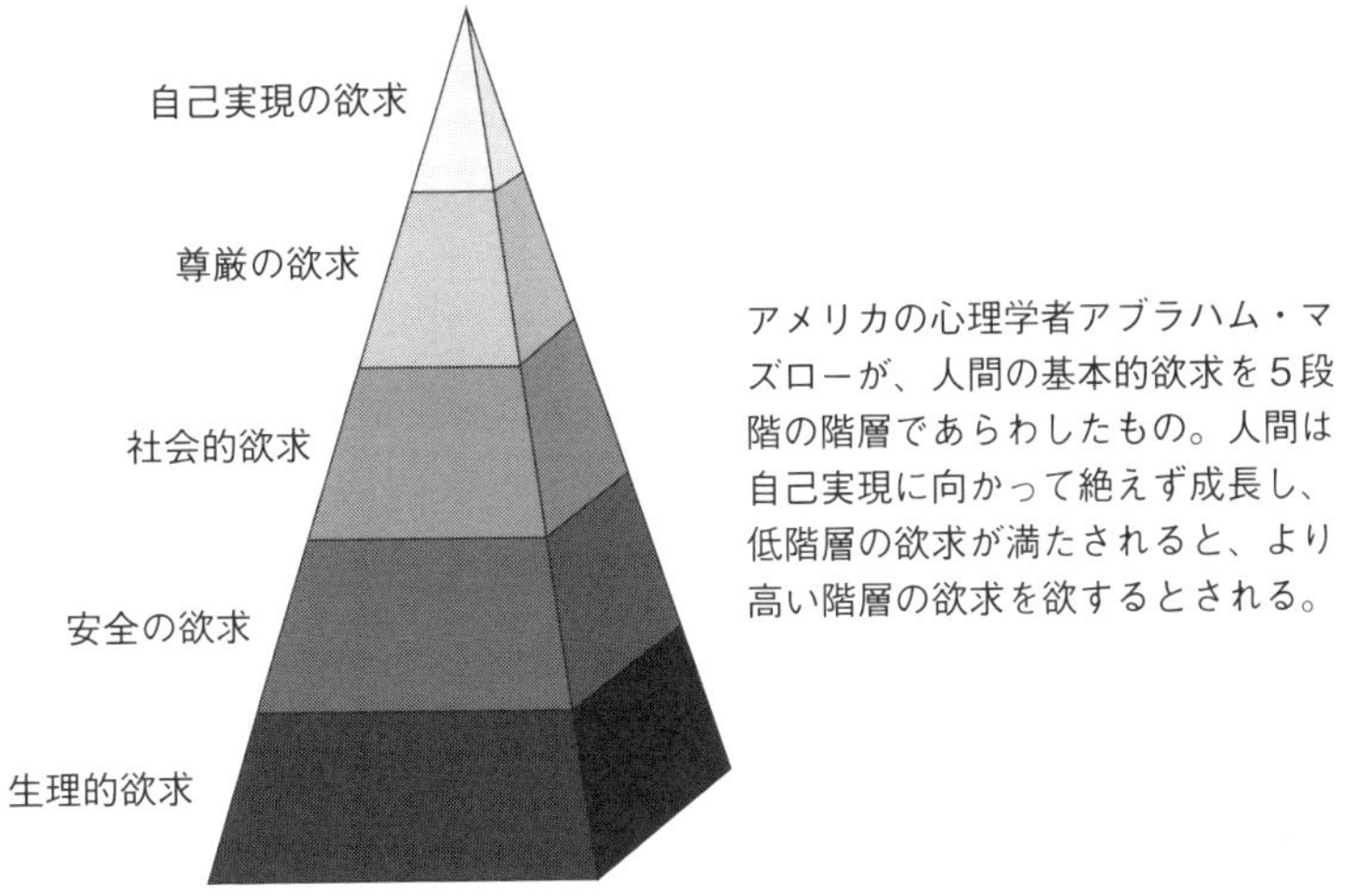

アメリカの心理学者アブラハム・マズローが、人間の基本的欲求を５段階の階層であらわしたもの。人間は自己実現に向かって絶えず成長し、低階層の欲求が満たされると、より高い階層の欲求を欲するとされる。

出典：アブラハム・マズロー『完全なる経営』金井壽宏監訳・大川修二訳、日本経済新聞出版社、2001年

の欲求5段階説」がある。その基盤には安全と生理的欲求が位置しており、その上の段階として社会的な支援が必要とされる。

これを職場環境にたとえれば、基盤となるのは、健康診断とその事後措置による健康管理、健康が保持増進される職場環境の醸成であり、職場の安全性を確保するための安全衛生教育や危険予知とその対応を図ることが必要となる。そして上位の段階として、一人ひとりの職務のモチベーション向上を図り、さらに仕事をきちんと評価することが働きがいにつながるといえる。

つまり、社会的存在である企業は、法令を遵守し、契約責任を履行し（雇い方）、一人ひとりの従業員に対する「職育」を行い（働かせ方）、仕事の達成感を享受し（働き方）、そしてきちんと評すること（人事管理）が重要である。自分自身が、同僚や上司、社会などから認知されることが、職務遂行能力を高めるためのモチベーションの向上につながることはすでに指摘されているところである。

また、コミュニケーションを考えるうえで、**ワークコミュニケーション、ヘルスコミュニケーション、プライベートコミュニケーション**の3つの視点について検討する必要がある。この3つが職務を遂行するうえで不可欠と考えられるからだ。

マズローの欲求5段階説に合わせて健康経営の効果的な進め方についてまとめたものが、**図表16**である。経営者の従業員の「雇い方」、管理監督者の部下の「働かせ方」、そして従業員自身の「働き方」の3つが連動し、さらに事業主と医療保険者のコラボヘルス（企業と健康保険組合等が一体となって取り組むこと）、産業保健スタッフの連携が加われば、従業員にとってはディーセント・ワーク（働きがいのある人間らしい仕事）となり、経営者にとっては労働生産性の向上につながることになる。

図表16　働き方に必要な要因

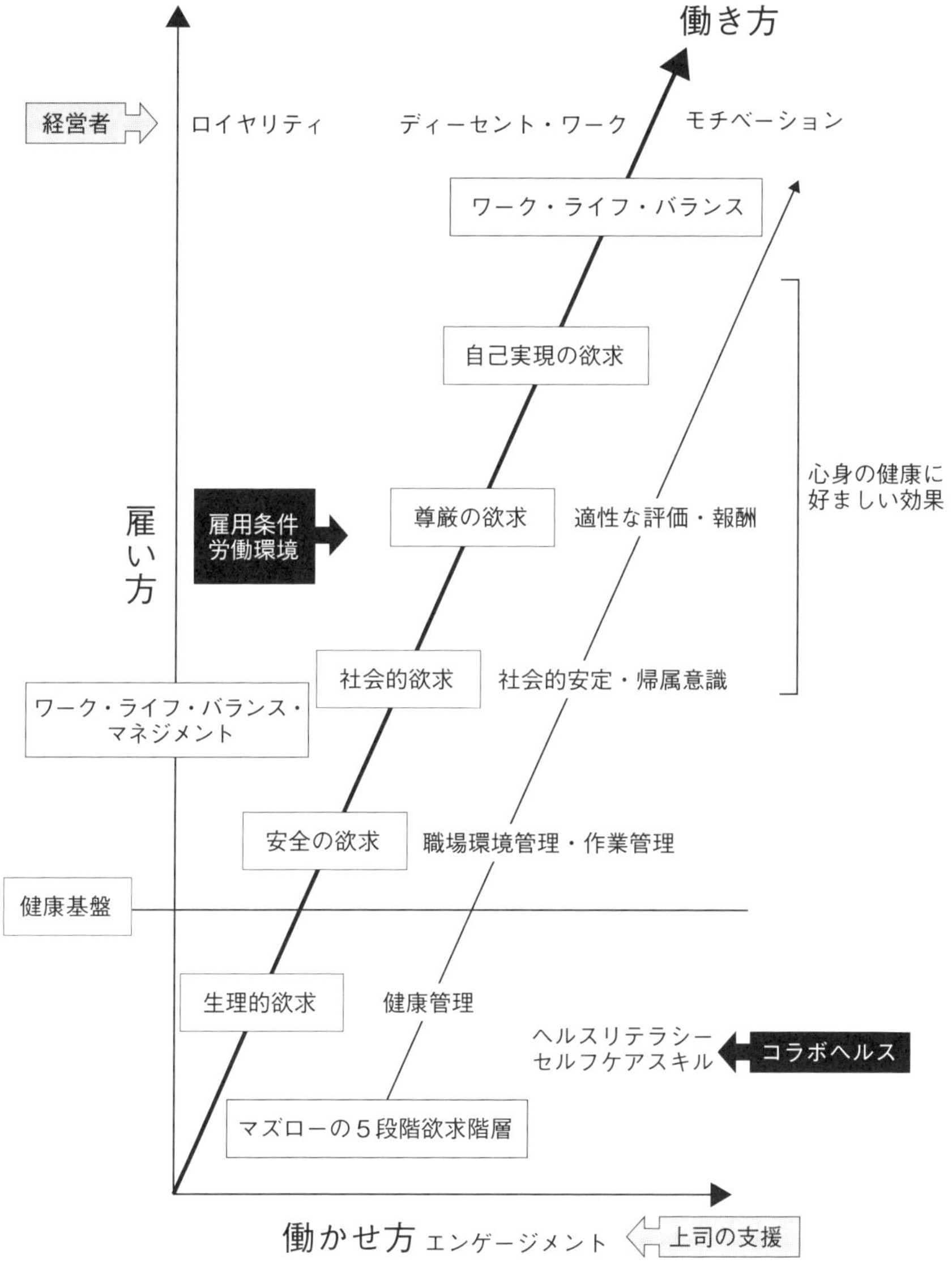

※マズローの欲求階層をベースに著者作成

健康経営における健康投資とは

健康経営を経営戦略と位置づけ、従業員の健康づくりを黒字事業として展開するためには、まず健康保険組合の医療費のデータや産業保健スタッフの意見などを勘案して計画を策定しなければならない。そして、その計画を組織的かつ継続的に展開するための仕組みを構築しなければならない。

健康経営における健康投資には3つあり、まずは「**時間投資**」から始め、次に「**空間投資**」、そして「**利益投資**」へとつなげていく。

第1の投資「時間投資」

基本は、予算組みをしなくてもすぐに実践できる「時間投資」である。といっても新たに時間を投資する必要はなく、たとえば就業時間内での健康づくり事業の展開など、労働時間を有効活用すればよい。経営者の判断で、就業時間内に健康診断・特定健康診査、保健指導・特定保健指導を行ったり、健康教育もあわせて実施することで、従業員へのインセンティブにもなり、ヘルスリテラシーの向上にも寄与するところが大きいといえる。

また、「職育」の視点から時間投資を考えると、最も大きな効果が期待できるのは、上司の部下への教育・指導である。将来を担う部下の育成は管理監督者の使命であり、管理監督者を超える部下の育成がマネジメントのゴールである。そのためには、仕事のできる部下を養成しなければならない。プロフェッショナルの育成には時間がかかるが、指導者を超える部下の育成ができれば、管理職としてはその責務を果たしたことになる。

まずは、確実にルーティンワークがこなせるよう育成し、そのルーティンワークの積み重ねのなかで例外的なイベントに対して迅速な対応ができるよう日ごろから部下との「**ワークコミュニケーション**」を通じてその力量を蓄えることが重要である。

その経過のなかで、次の段階である「**ヘルスコミュニケーション**」により部下の心身の不調を未然に防ぐことが大切である。健康経営におけるヘルスコミュニケーションとは、いつもと様子の違う部下にいち早く気づくことと、それに対する迅速な対応を指す。これを可能にするためには、危険予知のための知識の習得と結果回避のための対応策としてのスキルの習得が不可欠となる。

その次の段階は「**プライベートコミュニケーション**」であり、その代表的なものが〝飲みニュケーション〟である。ワークコミュニケーション（働かせ方・職育→仕事ができる）とヘルスコミュニケーション（ヘルスケア→元気である）の上に築かれたプライベートコミュニケーション（楽しい時間を上司・同僚と過ごす→認められる）は、部下との関係をより良好なものにしてくれるだろう。

ところが、ストレスチェック制度における面接指導の際、若い従業員から「仕事に行き詰まって打開策が見出せず困惑しているときに、上司から、疲れているようだから今日は一杯飲みに行こうと誘われることがストレスです」と言われたことがあった。このような場合には、プライベートコミュニケーション以前に、ワークコミュニケーションを通じて仕事の問題解決に向けたアドバイスをすることを優先すべきであったと考えられる。与えられた仕事が達成できたあとの〝飲みニュケーション〟は楽しいものになるはずである。

第2の投資「空間投資」

　第2の投資が「空間投資」であり、これは職場環境の改善、すなわち快適職場の醸成である。基本は、事務所衛生基準規則に定められた適正な職場の物理化学的環境（41ページ参照）を維持することである。特に湿度は、ドライオフィスにより引き起こされるドライスキン、ドライアイなどが女性従業員には大きな問題となる。感染症対策としても、低湿度は感染の機会を増やすことにつながるため注意が必要である。

　心理的にも快適な職場空間が必要である。経済産業省「健康経営に貢献するオフィス環境の調査事業」（2015年度健康寿命延伸産業創出推進事業）において、従業員が生き生きと働けるオフィス環境の普及に向けて「**健康経営オフィス**」の提案がなされた。

　この事業では、2万人を超える就労者を対象に無記名式のWEB調査を実施し、職場環境とプレゼンティーズム（健康問題による出勤時の生産性低下）、アブセンティーズム（健康問題による欠勤）について研究がなされた。その結果、**図表17**に示した7つの行動を可能とする職場が健康経営オフィスとして推奨されるとしている。

　たとえば、プレゼンティーズムやアブセンティーズムの解消に効果がある「メンタルヘルス不調の予防・改善」に寄与する因子は、**快適性を感じる**、**コミュニケーションする**、**健康意識を高める**の3つであり、同じくプレゼンティーズム、アブセンティーズムの解消に効果がある「心身症の予防・改善」に寄与する因子は、**快適性を感じる**、**コミュニケーションする**、**休憩・気分転換する**、**健康意識を高める**の4つであった。つまり、職場の環境に対する取り組みがストレスやメンタルヘルスの改善に寄与し、労働生産性にも影響を及ぼすことが明らかになったのである。このような空間への投資＝快適な職場の醸成は、従業員の健康感を高め、労働生産性の向上

図表17　健康経営オフィス

出典：2015年度健康寿命延伸産業創出推進事業 健康経営に貢献するオフィス環境の調査事業
　　「健康経営オフィスレポート」経済産業省

に寄与するところが大きいといえる。

また、オフィスでの働き方とこれら7つの因子との関連性についても調査したところ、**図表18**のような結果が得られた。健康経営オフィスは、プレゼンティーズム、アブセンティーズムともに解消する効果があることが明らかとなった。

社員食堂を設けている場合には、その活用もまた健康経営に寄与するところが大きい。食習慣は、身体活動とともに生活習慣病予防における重要な要因であり、一定の拘束下にある労働生活での食行動の変容と継続は、豊かなセカンドライフにも通じるものである。食育による健康意識の向上は、生活習慣病の予防にも有効であることから、社員食堂における食育は従業員の健康感を高め、労働効率の向上、休業率の減少に寄与する可能性が期待できる。

また最近では、オフィスの一角を改装しコーヒーメーカーを設置して、休憩時に利用できるようにしている企業もある。喫煙室を廃止して従業員の健康に寄与するオフィス空間を醸成することは、リクルートの面からも企業価値を高める。ちなみに、喫煙はアルツハイマー病の危険因子であるが、1日数杯のコーヒーは糖尿病などの予防に有効であるとする研究報告がある。経営者は、喫煙室とリフレッシュルームのどちらに投資すれば明るい企業未来を築くことになるのかを判断しなければならない。

健康づくりにおける投資の面からも、その費用対効果が高いのは、経営者自らが健康経営に取り組むことである。従業員一人ひとりへの個別対応は、疾病に特化したハイリスクアプローチであるが、職場に対する取り組みは組織対応で、健康づくり（予防）に特化したポピュレーションアプローチである。集団としてより健康的な生活に改善するのであれば、労働生産性に与える影響は大きいといえる。

なお、感染症対策を考慮するのであれば、従来の3S（整理、整頓、清掃）にもうひとつS（清潔）を加えるとよい。この場合は、次に述べる「利益投資」のな

図表18　健康経営オフィスの効果モデル

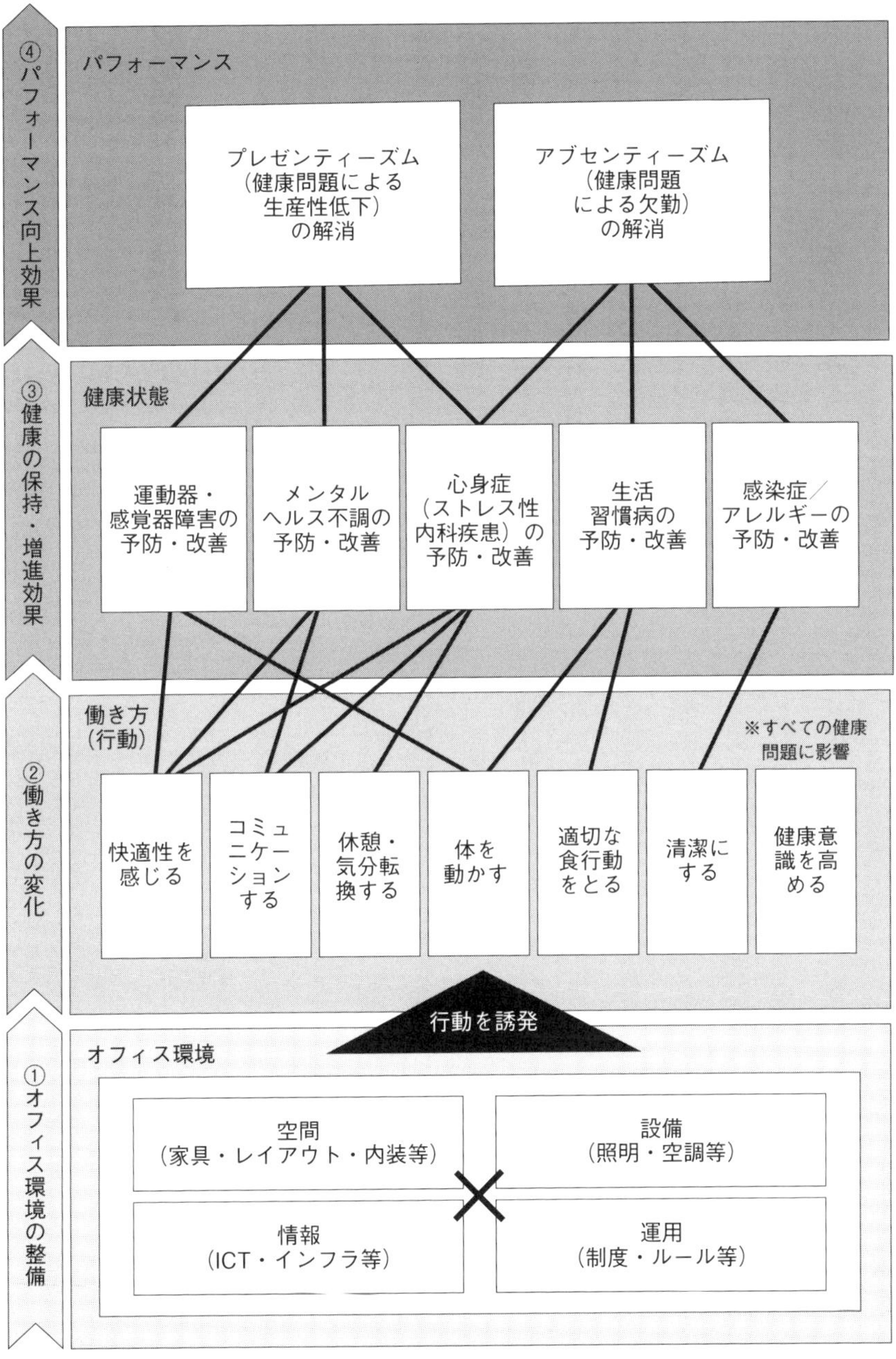

かでも導入しやすい少額投資として、手洗い消毒液、うがい薬などの設置が効果的である。

第3の投資「利益投資」

第3の投資が「利益投資」、すなわち企業の収益を健康投資として活用することである。

少額投資と多額投資があるが、一般的にはまず少額投資からスタートする。中小規模事業所では、先に述べた健康経営オフィスに推奨される7つの行動のうち「**清潔にする**」に対して、手洗い消毒液、うがい薬などとともに、空気清浄機などを設置して空気環境の改善に努めているところがある。職場環境の改善とともに、従業員に対するインセンティブにもなりうるものである。「**休憩・気分転換する**」についても、空間投資としてのリフレッシュルームを造れば、同僚や上司と休憩しながらコミュニケーションをとることが可能となる。

また、電子レンジを設置して職場で軽食などがとれるようにすることも有効であることが、先の「健康経営に貢献するオフィス環境の調査事業」の調査研究で明らかになった。

中小企業では従業員数が少ないことから、インフルエンザの予防接種費用を会社が負担している場合もある。一時期にたくさんの従業員がインフルエンザに罹患すると業務が遂行できなくなる事態に陥る可能性もあり、その対策としての利益投資である。

高額投資であれば、オフィスレイアウトを変え、快適な椅子や机の導入を試みている企業もある。昨今では1日のうち一定時間スタンディングワーク（立って仕事をすること）を推奨する企業もあり、健康の視点からその有効性が認められている。

このように、時間投資、空間投資、利益投資をうまく組み合わせて従業員の健康感を高めることで、結果として、労働生産性が高まることになる。

健康経営のすすめ

健康経営とは、経営者の推進力のもと、従業員の健康づくりをコストではなく投資ととらえ、ひとつの利益を生み出す事業として展開することである。利益とは、従業員の健康の保持増進と経営利益の創出である。特に従業員の健康は、無形財産であるととらえて蓄財していくことが企業の未来を築く大きな財産となる。そして、企業価値もまた目に見えるものではなく、社会的信用という大きな、かつ短期間では得られない財産である。これらの蓄積は、商品価値としていずれ具現化してくることになる。

では、健康経営はどのように進めればよいのだろうか。**図表19**（次ページ参照）にその流れを示す。

経営者の「健康経営宣言」でスタートするが、その前に経営者は、従業員の健康状況や職場環境、労働時間の実態などを把握し、また、その評価に際して専門家の意見を求めたり、健康保険組合等とのコラボヘルスによって従業員のみならず被扶養者の健康状況を理解することが重要である。

そのうえで、経営者が自ら「健康経営宣言」を発表し（トップダウン）、その内容を「見える化」して、管理監督者や従業員に周知することから健康経営の流れが動き出す。その流れに乗って組織が動き、従業員が動き出し（ボトムアップ）、ヘルスリテラシーが培われることになる。健康経営が滞ることなく流れるためには、経営者と従業員の協働が必要となる（**図表20**、次ページ参照）。目指すゴールは、「よい会社に勤めることができた」と満足してリタイアし、健康で豊かなセカンドライフを送ることである。

中小企業の取り組み例について『健康経営ハンドブック２０１７』（経済産業省・東京商工会議所）に紹介された内容を**図表21**（55ページ参照）に示す。それぞれの企業で何ができるのかを計画段階で見極め、着実に実践することが必要である。

図表19　健康経営の進め方

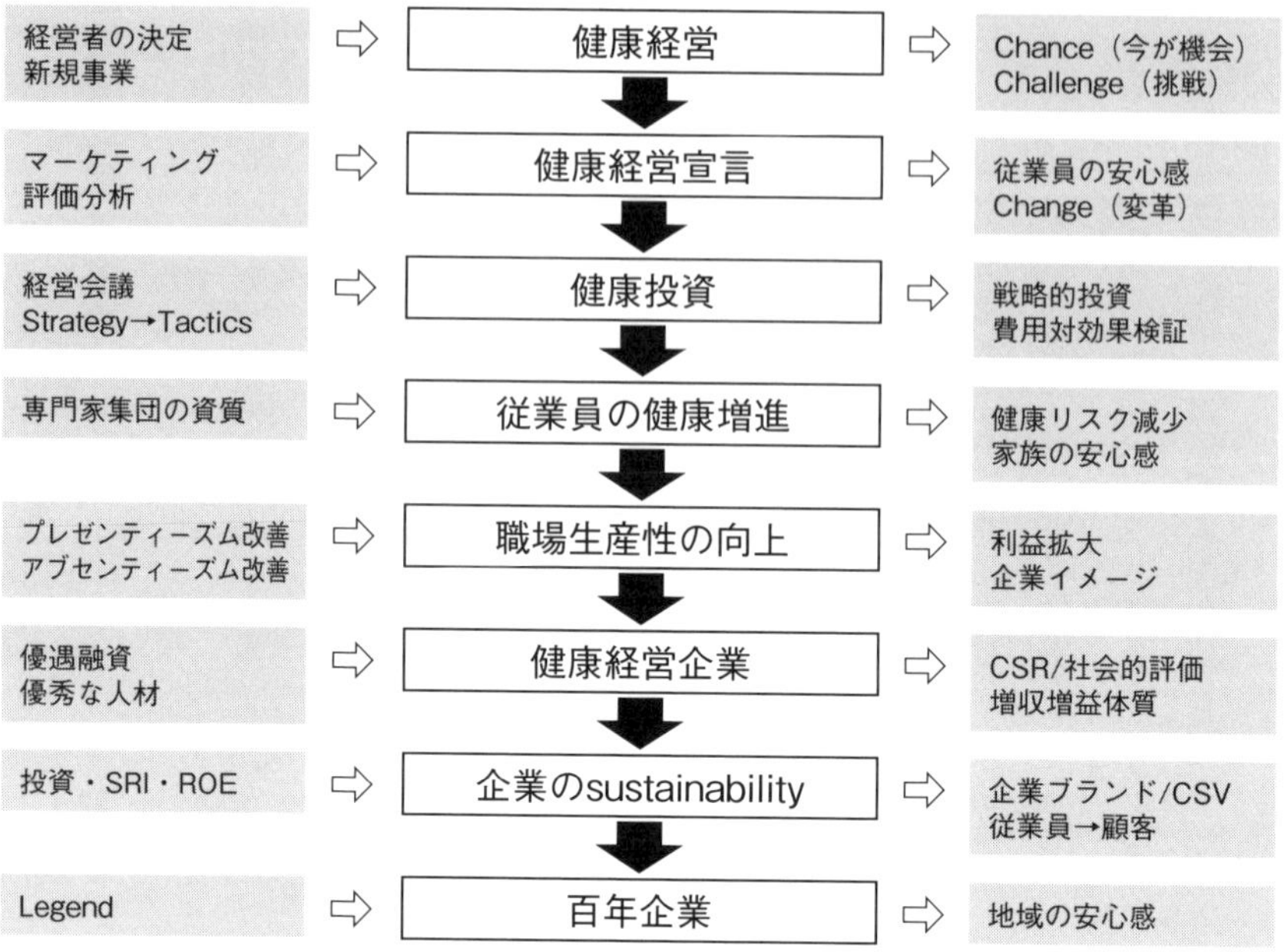

図表20　健康経営の推進——従業員の健康づくり事業はコストではなく投資

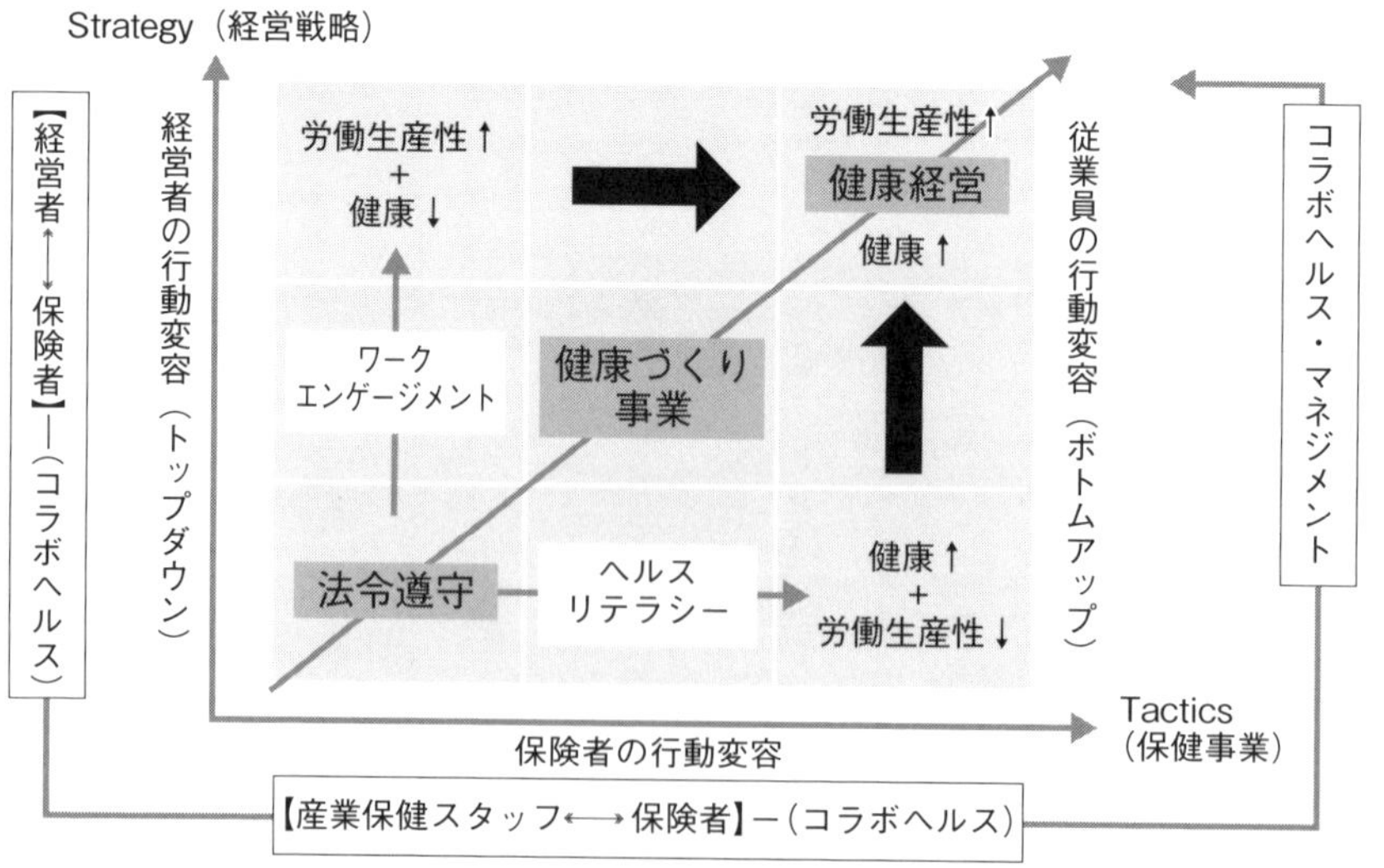

図表 21　中小企業の取り組み例

①経営理念・組織体制

●健康宣言の実施と自社又は保険者のＨＰ掲載等による社内外への発信
●各事業場ごとに健康担当者を設置する
●安全衛生委員会、全国健康保険協会の健康保険委員制度等を活用した体制づくり

②労働環境の整備とワークエンゲージメント

●健康診断受診率100％、経営者自身も健康診断を受診
●健診、再検査に要する時間の出勤認定や特別休暇認定等
●ストレスチェックの実施
●健康増進・過重労働防止策に具体的な数値目標を定める
●従業員向け・管理職向けの健康セミナーを実施
●リフレッシュ休暇の設定や、定時消灯・退社日の設定
●定期的な社内旅行や食事会等の実施

③健康づくりの具体的対策

●保健師等による保健指導・特定保健指導の実施や実施場所の提供
●健康に配慮した仕出し弁当の提供・利用促進
●社員食堂における栄養素やカロリー情報の表示
●朝礼時等におけるラジオ体操・ストレッチの実施
●社外・社内のスポーツ大会への参加・実施
●事業場内の禁煙、たばこのにおいが漏れない喫煙場所の設置
●アルコール消毒液の設置やマスクの配布
●長時間勤務の従業員への帰宅呼びかけ、退勤から出勤までのインターバル設定
●メンタルヘルスに関する外部相談窓口の設置及び周知

④その他

●40歳以上の従業員の健診データを全国健康保険協会等の保険者に提供する
●健康づくりの関係法令を確認、遵守する

出典：健康経営ハンドブック2017、経済産業省×東京商工会議所、vol.2、9月改訂版

【第2章】

健康経営で企業はどう変わるのか

3つの柱で健康経営を推進

健康経営の推進には、経営者、管理監督者、従業員、すなわち「人」が基盤となる。この3本の柱で健康経営を支え、推進することになる。

図表22のように、それぞれに役割があり、三者がその役割を果たすことが、結果として、企業の発展と従業員の健康の保持に寄与することになる。三者の信頼関係の上に企業組織が構築されれば、労働生産性の向上と健康増進の両立が可能となる。

それぞれが与えられたミッションを果たし、かつコミュニケーションを円滑に図り（経営面での成果）、お互いの仕事を理解し、支援することで、職務上の健康問題の発生を予防する（心身の健康維持）ことができる。組織内でお互いに支持し合うことで、健康経営を推進する強固な組織力が蓄積される。企業経営の基盤は「人」であり、「人」の基礎が「健康」であることについては、誰しも異論はないだろう。

経営者は優秀な管理監督者の育成に、管理監督者は熱意ある部下の育成に力を注ぎ、自分を超える管理職や部下を育成することで、その責務を果たすことになる。

経営者の事業利益の創出と従業員の健康は相補的な関係にあり、「計画のグレシャムの法則」（左ページ「健康経営ミニ知識」参照）にもあるように、事業収益のみを追い求めていては企業の未来は明るくならない。事業を成立させるための仕組みづくりが必要であるのと同様に、労働生産性の基盤である人の育成（職育）と健康の増進（健康づくり）を一体化させ、経営戦略として推進することが「健康経営」である。

図表22　３本の柱で健康経営を推進

健康経営を推進する３つの柱	
柱１ー組織（法） 経営者	利益創出のための投資　マーケティング、R&D、営業等 人材育成のための投資　教育研修、人材の育成、健康管理 経営者の「時間投資」（自分自身と従業員の健康管理のための）
柱２ー職育（人） 管理監督者	マネジメントにかかわる能力開発、専門的研修・研鑽 管理監督者の「時間投資」　ラインケア　部下とのコミュニケーション 自分自身の健康に対する「時間投資」（セルフケア）
柱３ー生産(健康) 従業員	業務が円滑に遂行できる能力の自己研鑽 健全な労務を提供できる健康の維持 自分自身の健康に対する「時間投資」（セルフケア）

健康経営ミニ知識

計画のグレシャムの法則

「悪貨は良貨を駆逐する」という格言があるが、これは16世紀のイギリス国王財政顧問トーマス・グレシャムが唱えたグレシャムの法則。金の含有率の高い硬貨（良貨）と低い硬貨（悪貨）が流通すると、両者は同じ貨幣価値があっても、良貨はしまいこまれて市場から姿を消し、悪貨だけが流通するというもの。転じて、悪がはびこると善が滅びるというたとえに使われる。

アメリカの経営学者ハーバード・サイモンは、このグレシャムの法則を組織に応用し、「ルーティンは創造性を駆逐する」と警告。これを「計画のグレシャムの法則」という。

人は日々のルーティン業務に追われていると、仕事のやり方を根本から見直したり、長期的な展望を描くなど創造的な仕事をつい後回しにしがちである。こうした状況下、トラブルや例外処理が重なると組織は機能不全に陥り、時代の変化にも追いついていけなくなる。

目先の業務対応や事業収益ばかりにとらわれて、将来への有形無形な投資を怠っていては、組織はいずれ疲弊する。未来を見据え、今、何をすべきかを展望する視点が経営者に求められているのである。

経営者が進める健康経営

健康経営を推進する力は、経営者から湧出するものである。まずはトップダウンで経営戦略として健康づくり事業を計画すること、そして、その成果に向けて組織的・継続的に実践することが重要である。健康づくり事業は、個々の従業員に対する治療行為ではなく、組織活動のひとつであるから、経営者の強い推進力が必要となる。

企業において営業活動などの経営支援と同様に、健康づくり支援の組織体制を構築することは、指揮命令が全従業員に伝わり、経営者の方針としての「安全と健康」を確保するための重要な基盤となる。

組織の老化（もしくは劣化）は、組織内の人間関係を悪化させ、職場でさまざまな問題を引き起こす要因となる可能性があり、組織崩壊の危険性をはらんでいる。経営者による「健康経営宣言」を健康経営のスタートラインとするならば、組織体制の構築は健康経営を推進する際の重要な拠点となるものであり、その推進を常に支援するものとなる。

教育によりリスクを回避する

企業のリスク回避の一方策として、たとえば管理監督者へのメンタルヘルス教育が重要であることは司法判断によっても明らかである。

名古屋南労基署長（中部電力）事件（名古屋地裁2006年5月17日判決）については第1章でも少しふれたが、ここではこの事案を例に、上司の対応と部下のメンタルヘルスケアについてさらに詳しく述べてみたい。

昇格後、うつ病を発症した部下が、その後も時間外勤務に従事し、さらに結婚指輪に関する上司の発言などによってうつ病を急激に悪化させた結果、自殺したとされるこの事案では、自殺した従業員の上司が、T社の開催したメンタルヘルス講習会を受講しなかったこと、しかし、この上司はT社が配布した小冊子「管理職のメンタルヘルスについて」を受けとっており、また、同僚がうつ病に罹患したことがあったことから、うつ病罹患者への対応として休養をとらせることが適切だという程度の知識はあったことを事実として認めている。

しかし、実際には「A（上司）は、時として、B（自殺した部下）に対し、Bの心情等について配慮に欠けるような言い方で、Bを指導することもあったことがうかがわれる。現に、Aも、自らのBに対する指導に関して、きつく言い過ぎたと感じることもあったことを自覚して」いたものの、「Aは、結婚指輪を身に着けることが仕事に対する集中力低下の原因となるという全く独自の見解に基づいて、Bに対し、指輪を外すよう発言したと認められるところ、かかるAのBに対する発言は、合理的な理由に基づくものではなく、しかも、Bに対する配慮を欠いた極めて不適切な内容の発言であったといわざるを得ない」としている。

その結果、Aはすでに発症していたBのうつ病を悪化させ、Bはうつ病による希死念慮のもと発作的に自殺したと認定された。

これらの司法判断により、「Bのうつ病の発症及び増悪は、業務に内在する危険性が現実化したものといわざるを得ず、業務とBのうつ病発症及び増悪との間には、相当因果関係が認められる。そして、Bの自殺は、同人のうつ病の症状として発現したものであるから、労災保険法12条の2の2第1項『故意』に該当しないものである」として、Bのうつ病の発症・増悪とこれに基づく自殺には業務起因性が認められ、労災保険法に基づく遺族補償年金および葬祭料を支給しない旨の処分が取り消されたのである。

さらに、この事件の控訴審（名古屋高裁２００７年10月31日判決）では、上司の部下に対する発言が取り上げられ、「『主任失格』『お前なんか、いてもいなくても同じだ』等の文言を用いて感情的に叱責し、かつ、結婚指輪を身に着けることが仕事に対する集中力低下の原因となるという独自の見解に基づいて、Bに対してのみ、8、9月ころと死亡の前週の複数回にわたって、結婚指輪を外すよう命じていたと認められる。これらは、何ら合理的理由のない単なる厳しい指導の範疇を超えた、いわゆるパワーハラスメントとも評価されるものであり、一般的に相当程度心理的負荷の強い出来事と評価すべきである」とされた。

ちなみに、本件のほか、パワハラや暴言など不適切な言動として裁判で認められた最近の事例については、巻末資料（238ページ）を参照されたい。

従業員のメンタルヘルスケアについては、「いつもの部下」を見ている上司の役割が大きいことから、メンタルヘルスにおける教育研修が必須となっている時代背景がある。判例などを学び、かつ専門家の意見を聴くことにより、メンタルヘルス不調を未然に防いだり、発症早期に気づいて支援を行うことが可能となる。独自の判断は、時として大きなミスを誘発する可能性が大きいといわざるをえない。

次に、建設会社の営業所長が、上司から社会通念上許容される範囲を著しく超えた過剰なノルマ達成の強要や執拗な叱責を受け、その結果、うつ病を発症して自殺したとされる事案、**前田道路事件**を紹介する。

一審の松山地裁（２００８年7月1日判決）は、原告の請求を一部認容し、「ほかの職員が端から見て明らかに落ち込んだ様子を見せるまで叱責したり、業績検討会の際に『会社を辞めれば済むと思っているかもしれないが、辞めても楽にならない』旨の発言をして叱責したことは、不正経理の改善や工事日報を報告するよう指導すること自体が正当な業務の範囲内に入ることを考慮しても、社会通念上許される業務上の指導の範疇を超えるものと評価せざるを得ないものであり、A（営業所長）の自殺と叱責との間に相当因果関係があることなどを考慮すると、Aに対する上司の叱責などは過剰なノルマ達成の強要あるいは執拗な叱責として違法であるというべきである。以上によれば、Aの上司の行った電話及び業績検討会における叱責などは、不法行為として違法であり、被告に債務不履行（安全配慮義務違反）も認められる」と判示し、過失相殺6割として損害賠償請求を認めた。

着目したいのは、この事案の控訴審（高松高裁2009年4月23日判決）でメンタルヘルス教育に言及している点である。

すなわち、この会社の四国支店では職場のメンタルヘルス等についての管理者研修が実施されていること、そして、Aの上司を含む管理者が受講していることを認め、したがって「メンタルヘルス対策が何ら執られていないということはできない」として、「原判決中、1審被告の敗訴部分を取り消す」と判示したのである。

業務に起因する健康障害をどう防ぐか

部下をもつ上司、管理監督者、経営者は、指揮命令を下す従業員に対して安全配慮義務があり、業務に起因する心身の健康障害を未然に予防すべき職責を担っている。その職責を果たすためには、長時間労働やパワーハラスメント、与えられた業務負荷等を俯瞰し、適切な対応を検討しなければならない。

メンタルヘルスケアをラインとして実施するためには、「労働者の心の健康の保持増進のための指針」に記載されている「管理監督者への教育研修・情報提供」の項目に沿って啓発が必要であることはすでに述べたが（35ページ参照）、さらに、具体的な事例を取り上げて、「ロールプレイ」による実習もあわせて行うことで、実地対応能力が育成される。

管理監督者が現場で求められているのは、たとえば次のような事例への対応である。

①健康診断を受けない部下への対応――どのように説得するのか

②健康診断で要医療となったが、まったく受診せず、産業医から就業制限の意見書が提出された部下への対応――管理職としてなすべきことは何か

③長時間労働で疲労の蓄積が認められるが、部下本人が申出をしない場合の対応――管理職としてどのような対応をするのが妥当か

④元気のない部下に最近の状況を聞いたところ、精神科を受診しており、薬物を服用しているとの回答があった場合の対応――管理職としてまずなすべきことは何か

⑤仕事に疲れてやる気がなくなってしまったと、退職願を提出した部下への対応――管理監督者の最初のひと言は

⑥最近体調が悪そうで、ときどき突発的に休む部下が、ある日無断欠勤した場合の対応――管理職としてどのような対処をすべきか

ロールプレイ実習では、これらの事例に対して、管理職が産業保健における一般的知識や判例で示された対応などに基づき、的確な対応ができるかどうかを学ぶことが基本である。

業務に起因する従業員の健康障害について、それを予防する義務があるのは経営者も同様である。

メンタルヘルス不調で休んでいた従業員からの復帰を希望するメールに対し、社長が独断で夜勤からの復帰を許可した結果、従業員が自殺に至った**市川エフエム放送事件**（千葉地裁2015年7月8日判決）は、経営者の安全配慮義務違反が問われた事案である。

判決では、「A（社長）は、B（自殺した従業員）の職場復帰に当たり、Fの勤務日との調整をするなど一応の配慮をしているほか、B自身、継続的にC医師の

診察を受けており、専門家による指導下にあったという事情は認められるものの、そのような状況下においてすでに自殺未遂を起こしているわけであるから、このことをより深刻に捉え、Bの職場復帰の可否を判断するに当たっては、…自ら臨床心理士や主治医であるC医師と相談するなど、Bの治療状況の確認や職場における人間関係の調整などについて専門家の助言を得た上で行うべきであった。しかるに、Aは、上記のとおり、自分だけの判断でBの職場復帰及び業務内容を決めたものであり、その業務内容も前記の通り、Bの精神的・身体的状態を十分配慮したものとはいえないものであったことからすれば、Aの対応は、Bの生命身体に対する安全配慮義務に違反するものというべきである」とされた。

その結果、損害の公平の分担という観点から、過失相殺ないしその類推適用により3割を減額するのが相当であるとされたが、多額の損害賠償請求が認容されたのである。

問われる産業医の専門性

メンタルヘルス不調で休業した従業員が職場復帰するに際して、産業医の面談が行われるようになったが、その面談対応についても、産業医としての専門性が問われることとなった。

たとえば、自律神経失調症を有する職員が、産業医との面談で病状が悪化し、復職時期が遅れたとして、復職遅延に基づく損害賠償と慰謝料請求がなされた**産業医賠償命令事件**（大阪地裁２０１１年10月25日判決）では、産業医の対応について不法行為による損害賠償請求権（復職遅延による減収30万円）、精神的苦痛による慰謝料（30万円）が認められている。

この事案について大阪地裁は、「自律神経失調症という診断名自体、交感神経と副交感神経のバランスが崩れたことによる心身の不調を総称するものであって、特定の疾患を指すものではないが、一般に、うつ病や、ストレスによる適応障害などとの関連性は容易に想起できるのであるから、自律神経失調症の患者に面接する産業医としては、安易な激励や、圧迫的な言動、患者を突き放して自助努力をうながすような言動により、患者の病状が悪化する危険性が高いことを知り、そのような言動を避けることが合理的に期待されるものと認められる。してみると、原告との面談における被告の前記言動は、被告があらかじめ原告の病状について詳細な情報を与えられていなかったことを考慮してもなお、上記の注意義務に反するものということができる」と判示した。

産業医は専門知識について当然習得しており、その対応は専門職にふさわしいものでなければならないとの判断であり、日々研修会などで研鑽を積むことが求められているといえよう。

この点について判決では、「被告は、産業医として勤務している勤務先から、自律神経失調症により休職中の職員との面談を依頼されたのであるから、面談に際し、主治医と同等の注意義務までは負わないものの、産業医として合理的に期待される一般的知見を踏まえて、面談相手である原告の病状の概略を把握し、面談においてその病状を悪化させるような言動を差し控えるべき注意義務を負っていたものといえる。そして、産業医は、大局的な見地から労働衛生管理を行う統括管理に尽きるものではなく、メンタルヘルスケア、職場復帰の支援、健康相談などを通じて、個別の労働者の健康管理を行うことをも職務としており、産業医になるための学科研修・実習にも、独立の科目としてメンタルヘルスが掲げられていることに照らせば、産業医には、メンタルヘルスにつき一通りの医学的知識を有することが合理的に期待されるものというべきである」とされた。

ちなみに日本医師会が認定する産業医は、**図表23**のような所定のカリキュラムに基づく産業医学基礎研修50単位以上を修了した医師、またはそれと同等以上の研修を修了したと認められる医師を対象とし

図表23　産業医学基礎研修の内容（公益財団法人日本医師会）

基礎研修の内容（50単位以上／ただし、1時間の研修を1単位とする）	
①前期研修（14単位以上） 右記8項目の研修については、それぞれの単位の修得が必要	入門的な研修 ●総論……………………2単位 ●健康管理………………2単位 ●メンタルヘルス対策…1単位 ●健康保持増進…………1単位 ●作業環境管理…………2単位 ●作業管理………………2単位 ●有害業務管理…………2単位 ●産業医活動の実際……2単位
②実地研修（10単位以上）	主に職場巡視などの実地研修、作業環境測定実習などの実務的研修
③後期研修（26単位以上）	地域の特性を考慮した実務的・やや専門的・総括的な研修

て、申請に基づき日本医師会認定産業医の称号を付与し、認定証が交付されることになっている。

リスク回避と経営者の責任

さて、こうした司法判断は、上司が部下の働かせ方について基本的な知識をもっていることが前提となっている。したがって経営者は、部下をもつ管理監督者に対しメンタルヘルスケア教育を含めた労働衛生教育を実施することが不可欠になってくる。知識なくして危険回避はできないのである。

また、産業医も現状の職場におけるメンタルヘルス不調の実態から、さらに研鑽を積んで、対処できる知識とスキルを習得することが必要といえる。

経営者は、企業の存続をまず考えることになるが、それは企業あっての管理監督者であり、従業員であるという立場である。企業の存続と従業員の健康の両立を可能とする健康経営ではあるが、経営戦略として長期的に考えるのであれば、先に述べた「計画のグレシャムの法則」を考慮しなければならず、また、従業員の要求をすべて受け入れるならば「パンとサーカス」（左ページ「健康経営ミニ知識」参照）に陥る。

結果として、長期的な視野が欠落した経営戦略となり、企業の未来像は描けない。経営者は、現在と未来に向けてきわめて難しい選択をしなければならないことになる。現在の直面するリスクと将来の予測されうるリスクを同時に解決することは、経営と健康の問題を同時に解決することと同じで、経営者の鋭い判断が必要となる。

また、社会や家庭の環境の変化により、現代社会では自己愛が大きくなり、職場にもその影響が及んでいる。心理学者のジーン・M・トウェンギらはその著書で、「米国において、自己愛性パーソナリティの特性を示す人は1980年から現在までに肥満と同じくらいの早さで急速に増加している」と記述し、さらに、「ナルシシズム文化に引きずり込まれたたくさんの人がおり、ナルシシズムは体の病気ではなく文化の影響を受けた心のあり方だが、疾病モデルが驚くほどよくあてはまる」と指摘している。

わが国では新型うつ病として、メランコリー親和型でないディスチミア親和型（左ページ「健康経営ミニ知識」参照）が職場では課題となっており、その対応について管理監督者に周知しなければならない。初期対応の誤りがその後の部下の健康問題をさらに複雑にしている現状がある。

自分の好きな仕事のみを行い、自分と気の合う仲間だけが集う組織が、集団としてその力を発揮できるかは疑問であり、おそらくは組織として体をなさず、組織生産性は低いのではないだろうか。もし、好きな仕事だけをするのであれば、ひとり親方としての社会的存在は許容されても、組織人としては疎外される可能性を否定できない。

大規模事業は、計画的・組織的・長期的な基盤に立脚しないと達成は不可能である。ひとつの事業はできたとしても（いわゆる戦術――例：よい商品を作ったが営業活動がうまくいかず、結果として販売成績が不調）、それをまとめて仕上げる大事業（戦略）は達成できない。組織心理学において、「烏合の衆」と「集団」（同じ目的をもち、お互いにコミュニケーションを図り、連携する人の集まり）との差は歴然としている。

健康経営ミニ知識

パンとサーカス

古代ローマ時代の詩人ユウェナリスが当時の世相を風刺して詩篇中で使った言葉。権力者から無償で与えられる「パン（食糧）とサーカス（娯楽）」により、ローマ市民が政治的無関心に陥っていることに警鐘を鳴らした。

穀物の配給、各種娯楽の提供、年間100～200日ともいわれる休日の保証など、手厚い福祉政策を実現した結果、人々は働かなくなり、為政者への要求はとめどがなくなったという。愚民化政策のたとえとしてよく用いられ、ローマ帝国の衰退・滅亡の一因とされることもある。

新型うつ病 ディスチミア親和型

近年、これまで中高年に多くみられた古典的なうつ病（メランコリー親和型）に代わって増えてきたのが、「ディスチミア親和型」とよばれる新型うつ病である。

20～30代に多く発症し、症状は従来のうつ病とそれほど変わらないものの、憂うつ感は比較的少なく、精神症状よりも、疲れやすい、体がだるいなどの身体症状を訴えることが多いとされている。性格傾向としては、もともと仕事熱心ではないタイプが多く、責任感に乏しく、逃避傾向がみられ、会社のルールや社会の秩序に否定的、他罰傾向、自己愛が強いなどの特徴がある。また、言動などから、それが生き方なのか、うつ病の症状なのかわかりにくいことも特徴のひとつとされている。

このようなタイプは、秩序、ルールに従うことや人間関係が多大なストレスとなり、うつ病発症の要因となることが少なくない。たとえば、服装の乱れを注意されたり、やる気のなさを叱責されると、深く傷つき落ち込んでしまうといった傾向もみられる。なお、一般的なうつ病患者への対応として「頑張れ」は禁句とされているが、ディスチミア親和型うつ病の患者には適度の励ましはむしろ必要ともいわれている。

管理監督者による健康経営の推進

自分を超える部下の育成

経営者による健康経営の推進は、経営戦略としての従業員の健康づくり事業を、その投資対効果を見据えて展開することである。一方、健康経営の推進における管理監督者の役割は職育の充実であり、従業員を一人前のプロフェッショナルとして育成することにある。いいかえれば、自分を超える部下の育成である。

管理監督者は、部下がいかなる業務を遂行しているのかを俯瞰する立ち位置にいる。業務を命じるときには、部下の力量、得意・不得意を把握し、かつ一定の裁量権を与えて、自分自身の経験を踏まえつつ、現場での仕事を通して育成し、その成長を促すことが必要である。次世代の管理監督者の育成は、管理監督者の重要な役割といえる。

さて、このような視点から着目すべき判例がある。入社3年後に自殺した25歳の従業員に関する**マツダ（うつ病自殺）事件**（神戸地裁姫路支部２０１１年2月28日判決）である。この事案で司法は上司の支援について言及し、争点に対する次のような判断を示した。

「命じられた業務が死亡した部下にとって、荷が重すぎるものであったところ、本件全証拠によっても上司らが適切にサポートしていたことをうかがわせる事情は認められない」

この上司は、自殺した従業員のことを知る同僚が、現在の業務はひとりでは大変かと思うので、彼をサポートしてあげてほしいと電話で伝えた際にも、自分は部下の仕事のことは一切知らない、自分も担当をもっていてとても忙しく、それどころではない旨を述べている。さらに、自殺した部下からアドバイスを求められても助言を与えるようなことはなく、逆に頭ごなしに叱責するといったことをくり返し、普段から仕事は任せきりの状態であったことが明らかになった。

こうした事実に基づき、裁判所は、上司の適切なサポートを何ら受けられなかったことからすると、担当業務は質的にみて明らかに過剰なものであったと判示している。

本来であれば仕事ができるようサポートし育成すべき立場の上司が、適切なサポートを行わないどころか、部下の仕事の内容も知らず、結果として、業務そのものが部下のうつ病発症の原因となり、さらに増悪させる危険性を内在することになったと認定されたのである。

パーソナリティ問題への知識と対応

昨今、管理監督者が部下を育成するなかで求められるようになってきたのが、パーソナリティ問題についての知識とその対応である。

たとえば、長時間労働の従業員が無断で欠勤するようになり、上司の指導にもかかわらず深夜まで勤務を続けた結果、うつ病と診断されて休職扱いとなり、労災認定され、慰謝料の請求が認められた**富士通四国システムズ（FTSE）事件**（大阪地裁2008年5月26日判決）がある。

この事案では、「原告の勤務態度には、原告の社会的な未成熟さや公私をわきまえない考え方が、その背景となっていることがうかがえる面がある。また、原告の上記一連の行動には、意欲的、積極的な要素が認められ、興味の喪失、活動性の減少などに代表されるうつ病の状況とは必ずしも整合していない。

…原告ほど極端ではないにせよ、社会に出て間もない者がその社会的未成熟さに起因して、このような不適応の問題に直面することは、決して珍しくないともいうことができる。…入社後間もなく、社会的経験が十分ではなかったという事情をも斟酌《しんしゃく》しても、客観的に見れば、正常なものではなく、かつ身勝手なものであったといわなければならない」として原告の社会的未熟さを認め、過失相殺（損害の3分の1を減額）が類推適用された。

ただし、会社の対応に対して、「原告は、時間外労働が恒常的に1カ月当たり100時間を超える状態となっており、…A班長（原告の上司）らの助言・指導にも全く従わなかった…。…原告に対する安全配慮義務を履行するためには、A班長らが行ったように、単に原告に対して残業しないよう指導・助言するだけではもはや十分でなく、端的に、これ以上の残業を禁止する旨を明示した強い指導・助言を行うべきであり、それでも原告が応じない場合、最終的には、業務命令として、遅れて出社してきた原告の会社構内への入館を禁じ、あるいは一定の時間が経過した以降は帰宅すべき旨命令するなどの方法を選択することも念頭に置いて、原告が長時間労働をすることを防止する必要があった」として、会社が原告の長時間労働を防止するために必要な措置を講じたとはいえないと判示されたことについては、対応すべき点として検討しなければならない。管理監督者は、このように典型的な精神疾患というよりは、ストレスにともなう心身の不調（**図表24**）にいち早く気づき、対応することが求められているのである。

また、アスペルガー症候群を有する従業員について、就労不能として退職が有効とされた**日本電気事件**（東京地裁2015年7月29日判決）がある。

判決では、「原告が就労可能かを判断するためには、上司と必要なコミュニケーションがとれるか、職場でトラブルなく過ごせるか、職場で不穏な言動はないか、身だしなみができているかといった観点

図表24　高ストレス者の場合に留意すべきストレス関連疾患（心身症）

部位	主な症状
呼吸器系	気管支喘息、過換気症候群
循環器系	本態性高血圧、冠動脈疾患（狭心症、心筋梗塞）
内分泌・代謝系	胃・十二指腸潰瘍、過敏性腸症候群、潰瘍性大腸炎、心因性嘔吐
神経・筋肉系	単純性肥満症、糖尿病
皮膚科領域	筋収縮性頭痛、痙性斜頸、書痙
整形外科領域	慢性関節リウマチ、腰痛症
泌尿・生殖器系	夜尿症、心因性インポテンツ
眼科領域	眼精疲労、本態性眼瞼痙攣
耳鼻咽喉科領域	メニエール病
歯科・口腔外科領域	顎関節症

出典：日本心身医学会教育研修委員会編、1991、心身医学の新しい診療指針、心身医学、31（7）、p.57をもとに作成（長時間労働者、高ストレス者の面接指導に関する報告書・意見書作成マニュアル、2015年11月、厚生労働省労働基準局安全衛生部労働衛生課産業保健支援室）

を検討する必要があり、…原告はこれらの観点において相当支障があったから、欠席、遅刻、早退をせず課題を終えたことのみで、就労可能とはいえないというべきである。…原告が上司から指摘を受けても居眠りを認めず、居眠りをしている写真を見せられてもなお居眠りを認めず、その他の事項でも、自己の考えに固執して、容易に上司の指導を受け入れない状態であったことは、就労に支障がある精神状態であったと評価すべきである」として、この従業員が休職期間満了時に「休職の事由が消滅」していたとは認められないと判示している。

つまり、その従業員が就労可能か否かを判断するにあたっては、「上司と必要なコミュニケーションがとれるか、職場でトラブルなく過ごせるか、職場で不穏な言動はないか、身だしなみができているかといった観点を検討する必要があり…、欠席、遅刻、早退をせずに課題を終えたことのみで、就労可能とはいえない」という判断基準が示されたことになる。

心の健康問題と復職支援

心の健康問題で休業した従業員の復職支援に関しては、うつ病を理由に休職した職員が、テスト出局（いわゆるリハビリ出勤）中の賃金の支払いと、テスト出局の中止および解職を無効として損害賠償等を求めたＮＨＫ（名古屋放送局）事件（名古屋地裁２０１７年３月28日判決）がある。

判決では、「テスト出局はあくまで円滑な職場復帰及び産業医等の復職の可否の判断に必要な合理的期間内で実施されるのが相当であり…、休職事由が消滅した職員について、産業医等の復職の可否の判断に必要と考えられる合理的期間を超えてテスト出局を実施し、復職を命じないときは、債務の本旨に従った労務の提供の受領を遅滞するものとして、その時点から被告が賃金支払い義務を免れないというべきである。…平成26年12月18日に原告の精神状態ないし健康状態が悪化し、同月19日も状態が回復していなかったのであるから、被告が同日に本件テスト出局を中止したことに問題があったとも認められない。したがって本件テスト出局の中止に違法性は認められず、本件解職の判断は相当というべきである」として解雇を認容している。

また、リハビリ出勤については、「テスト出局は…、精神科領域の疾患により傷病休職中の職員について、職員が職場復帰のためのリハビリを行うにあたって被告が場を提供することを目的として、併せて復職の可否の判断の材料を得るためのものである。テスト出局の設置や実施自体は法的義務ではなく、具体的な制度内容は被告の裁量に委ねられるべきものと解されるが、テスト出局が、傷病休職中の職員に対する健康配慮義務（労働契約法５条参照）に基づく職場復帰援助措置義務の考え方を背景に、被告において制度化したものと解されることから、上記のような目的や制度趣旨に沿った範囲内であることが必要であるというべきである」として職場復帰についての対応を判示した。

また、原告側が示した複数の医師による診断についても、「疾病に対する診断名は分かれているが、それぞれ必ずしも矛盾する概念ではなく、厳格な診断名の特定は困難で、いずれかの意見を積極的に否定する医学的な根拠があるわけではないし、いずれの意見も、原告がストレス負荷に対し、気分や感情の変調を来し、衝動的又は感情的で、攻撃的な対応を行う面があり、それに根本原因があることを指摘している点では一致しており、その点ではA医師の判断とも整合的と考えることができる」として、これを認容している。

A医師の判断とは、「ストレス負荷時に気分の不安定さ、睡眠リズムの乱れ、心身の不調などが生じ、一時的に出勤できなくなる可能性があると判断しており、また、うつ症状としては軽度から中等度であるものの、反応的に気分の波や心身の不調、睡眠のリズムの乱れを呈しやすいことが、これまでのテスト出局の継続に支障をきたした可能性がある」というものである。

さらに、この職員はA医師のすすめた認知行動療法や集団療法（リワーク）を希望せず、医師が必要とする治療を完遂できなかったことがうかがわれる点についても指摘されている。

現代社会では、高度技術革新にともなうＩＴ化とともに自己愛が増大しつつあることが、一人ひとりのストレス度をより高めている可能性が大きいといえる。こうした現状を踏まえ、管理監督者は部下の育成にはメンタルヘルスケアに関する知識とスキルをもち合わせることが必要不可欠となっている。

「手引き」に準じた対応を

復職支援は、企業の安全配慮義務として認定されており、「改訂 心の健康問題により休業した労働者の職場復帰支援の手引き」に準じた適正な対応が望まれる。

この点について、教員が校内トラブルでうつ病になり、欠勤・休職をくり返して退職勧奨を受けたあとに解雇された**J学園**（うつ病・解雇）**事件**（東京地裁2010年3月24日判決）では、学校側の対応の不備について次のように判示している。

「被告は、原告の退職の当否等を検討するに当たり、主治医であるA医師から、治療経過や回復可能性について意見を聴取していない。これにはB校医が連絡しても回答を得られなかったという事情が認められるが、そうだとしても（三者面談までは行わないとしても）、被告の人事担当者であるC教頭らが、A医師に対し、一度も問い合わせ等をしなかったというのは、現代のメンタルヘルス対策の在り方として、不備なものといわざるを得ない」

そして、「以上によれば、原告を退職させるとの意思決定に基づく本件解雇は、やや性急なものであったといわざるを得ず、本件解雇は、客観的に合理的な理由を欠き、社会通念上相当であると認められないというべきである」として解雇は不当とした。

ただし、復職支援については、「被告は、原告が無理なく復職できるように、かなり慎重な配慮をしている」として学校側の配慮を認め、「それにもかかわらず、…円滑に復職することができず、欠勤して生徒に迷惑をかけることがあったのであるから、被告がそのころ、これ以上業務を続けさせることは無理と結論付けて、退職させるとの意思決定をしたことは、やむを得ない面もあると考えられる」とした。

その理由として、「被告は、原告の復職後（9月）、当分の間、原告に軽易な業務を担当させて様子を観察して、欠勤があったものの、10月下旬ごろ、原告の意向も確かめたうえで、週6単位の授業を受けもたせた。そうだとすると、被告は、原告に対し、無理な復職を余儀なくさせたとか、解雇無効の判断に加えて損害賠償を要するほどの違法な解雇をしたとまでいうことはできない」として、安全配慮義務違反については認容しなかった。

ちなみに、復職後の就業制限については、主治医が医学的根拠に基づいてそれを判断している場合には、産業医が主治医の就業制限の範囲を逸脱して意見を述べることは難しい。また、産業医は、主治医と連携して就業上の措置に関する意見を事業者に述べることが必要である。

解雇の有効性が問われた判例

解雇については、会社側の権利の濫用であるとして解雇は無効とされた**日本食塩製造事件**（最高裁1975年4月25日判決）がある。

判決では、「使用者の解雇権の行使も、それが客観的に合理的な理由を欠き社会通念上相当として是認することができない場合には、権利の濫用として無効になると解するのが相当である」とされた。

なお、現在では労働契約法16条で「解雇は、客観的に合理的な理由を欠き、社会通念上相当であると認められない場合は、その権利を濫用したものとして、無効とする」と規定されている。解雇が認められない場合を**図表25**（次ページ参照）に示した。

また、先に述べた「改訂 心の健康問題により休業した労働者の職場復帰支援の手引き」については、精神疾患が完治し出勤するよう求められたが、出勤せず解雇された**建築技術研究所事件**（大阪地裁2012年2月15日判決）で、「厚生労働省が『手引き』として事業者に周知を図ったものであるが、事業者に対して直ちに法的義務を課すものとはいえない」と判示されている。

そして、会社側の対応については注意義務違反または安全配慮義務違反があったとは認められないとして、次のように解雇は有効とされた。

「被告は、…職場復帰した原告に対し、軽減勤務をさせ、諸事情を考慮して原告に最適と考えられた

図表25　解雇が認められない場合

労働契約法16条（解雇権濫用の禁止）
解雇は、客観的に合理的な理由を欠き、社会通念上相当であると認められない場合は、その権利を濫用したものとして、無効とする。

労働基準法19条１項（業務上の災害などによる休業による解雇の禁止）
使用者は、労働者が業務上負傷し、又は疾病にかかり療養のために休業する期間及びその後30日間並びに産前産後の女性が65条の規定によって休業する期間及びその後30日間は、解雇してはならない。

労働基準法104条２項（労働者が行政官庁へ違反などを申告したことによる解雇の禁止）
使用者は、前項の申告をしたことを理由として、労働者に対して解雇その他不利益な取扱をしてはならない。（事業場に、この法律又はこの法律に基づいて発する命令に違反する事実がある場合においては、労働者は、その事実を行政官庁又は労働基準監督官に申告することができる。）

男女雇用機会均等法６条（差別的取り扱いによる解雇の禁止）
事業主は、次に掲げる事項について、労働者の性別を理由として、差別的取扱いをしてはならない。4.退職の勧奨、定年及び解雇並びに労働契約の更新。

写真ライブラリー化の業務を担当させたこと、原告がこの業務における達成目標を達成しようとせず、またやがて再び著しい遅刻を繰り返すようになったことから、それ以降も対外的に責任のある業務を配分することができなかったこと、原告の作成した職場復帰プランについては、当初は概ねこれに沿う形で業務が与えられていたことについては上記のとおり原告に問題があったといえること、原告の睡眠リズムに問題が生じていた点については、前記のとおり病的なものであるとは認められなかったことなどの事情が認められ、…被告の上記対応をもって、本件解雇が無効であるということはできない」

休職期間満了により従業員が退職を余儀なくされたとして損害賠償請求がなされた事案として、**横河電機（SE・うつ病罹患）事件**（東京高裁２０１３年11月27日判決）がある。

裁判所は、会社側の対応について、「休職中、…控訴人の病状を確認し、復職に向けて産業医との面談や復職支援プログラムを作成するなど、長期間休職後の復職が円滑に実現されるように方策を採っていたこと」「正式復職に向け、軽微な作業を中心とした仕事を控訴人に割り当て、徐々に従前遂行していた業務内容、業務量を与えるような復職支援プログラムを策定して業務量の調整を図っていたこと」などを認めたうえで、「精神的疾患を理由とする休職者について、フルタイム勤務が可能な状態に快復してから復職を認めるという方針に基づき、控訴人に対し、復職に関する主治医の意見書の作成方法を説明し、控訴人の復職の可否を検討した事をもって、被控訴人会社の安全配慮義務違反があったということはできない」として、労働基準法19条1項の事由は存在しないと判示した。

ちなみに労働基準法19条1項は、解雇制限について、「使用者は、労働者が業務上負傷し、又は疾病にかかり療養のために休業する期間及びその後30日間並びに産前産後の女性が65条の規定によって休業する期間及びその後30日間は、解雇してはならない。ただし、使用者が、81条の規定によって打切補償を支払う場合又は天災事変その他やむを得ない事由のために事業の継続が不可能となった場合においては、この限りでない」と規定している。

なお、この事案では復職支援の進め方について、「控訴人は、被控訴人会社が控訴人に対して復職当初からフルタイム勤務を求めたことにつき安全配慮義務違反があると主張するが、休職者が復職するに当たり、短時間勤務から徐々に勤務時間を延ばしていく方法も考えられるが、場合によっては職場復帰の当初から本来の勤務時間で就労するようにさせたほうがよいこともあり、一概に短時間労働から始めて徐々にフルタイム勤務に移行させるべきであると断ずることができるものではない」とする見解を示した点も注目に値する。

従業員による健康経営の推進

ヘルスリテラシー向上に基づく自己健康管理意識の醸成

健康経営を支える3本の柱のひとつは「経営者」の組織づくり、もうひとつは「管理監督者」の人づくりであるが、では、「従業員」は何をつくり出せばよいのか。その答えは健康である。

従業員一人ひとりが、労働契約に定める労務の提供が可能であることを前提条件として働いている。したがって、指示された業務を完遂できる健康の確保が必要不可欠となる。

健康管理に関しては、事業者に従業員の健康について配慮する義務とともに罰則が定められているが、従業員の自己保健義務（第3章、97ページ参照）には罰則は規定されていない。とはいえ、高齢社会となり、平均寿命が延伸するにつれて、退職後の残された長い人生についても考えなければならない時代となっている以上、日ごろの生活習慣に留意することが重要であり、年1回または2回の健康診断の結果やそのトレンドを参考にして自分の健康状況を確認し、かつ適切な対応をする必要がある。

そのために欠かせないのが、自らの健康を常に良好に維持するためのヘルスリテラシーと自己健康投資である。運動不足や加齢などによって体力の低下に気づけば、フィットネスクラブに入会する必要があるかもしれないし、健診後の保健指導で食生活に問題があると指摘されれば、栄養に関する知識を学んだり、食行動の変容が求められる。いずれにしても、自分の時間や給与を自分の健康に投資することが必要になってくるのである。

わが国では、通常年1回の健康診断が事業者に義務づけられており、従業員は健康診断結果を参考にして生活習慣を改善することにより、重大な疾病を予防できる可能性がきわめて大きいといえる。また、有所見項目が指摘されても、保健指導を受けることで増悪を防ぐことができる。日々、月々、年々の対応が、結果としてセカンドライフの健康状況に大きな影響を及ぼすことは広く知られている。

しかし、たとえば健康診断で収縮期血圧180㎜Hg、拡張期血圧110㎜Hgと測定され、要治療といわれて紹介状をもらったとしても、まったく自覚症状がなければ、受診するのであろうか。

高血圧状態が長く続けば、脳・心臓疾患が発症する可能性がきわめて高いことは多くの疫学研究から明らかになっている。指摘された血圧値がどのような意味をもっているのかを的確に理解することが、受診行動につながるのである。

健康問題は、単に自分ひとりの問題では済まされない。業務用車両を運転中に発症した場合には、本人のみならず、家族、同僚、上司、会社にも大きな影響が及ぶことを認識しているのか、という問題である。豊かなセカンドライフを喪失する重大なイベントになってしまう。

異常所見に基づく将来の重大疾病の発症は、あくまでリスクの問題であり、発症しない可能性もあるが、一方、発症する可能性（予見可能性）があれば、産業医は、就業制限についても意見を述べなければならない立場である。

健康投資の費用対効果を考える

先に述べたように、健康を保持増進するためには「健康投資」が必要となるが、なかでも特に重要なのが「時間投資」である。健康づくりはどのような行動を継続するかであり、「する」という動詞であらわされる。健康づくりに対する「時間投資」の例を**図表26**に示した。

　ここで自分自身への「健康投資」について費用対効果の観点から考えてみたい。

　厚生労働省の調査（2015年度）によれば、日本人の生涯医療費は2700万円と推計されている。現在35歳の男性が平均寿命に近い79歳まで生存した場合に必要な医療費は1540万円、現在45歳の女性が平均寿命に近い84歳まで生存した場合に必要な医療費は1629万円となる。全額負担の場合はもちろん、3割負担としても高額である。

　病気で失うのは医療費だけではない。仕事や生活面でも失うものが想定される。一例として、脳血管障害の場合、発症後、病院に支払う医療費は（入院27日として）約190万円、リハビリテーション（入院60日）280万円、治療以外に要する費用（家族の交通費、入院などに関するサポートの費用など）18万円、病気にともな

図表26　健康づくりに必要な時間（健康づくりと時間投資）

動　く	・通勤時の歩行→高血圧の予防（歩く） ・活動的な休日→筋骨格系疾患予防、自律神経系の効果（遊ぶ） （長時間労働、休日勤務、深夜勤務等）
食べる	・ヘルシーメニュー→塩分・脂肪の調整、バランス、量、ゆっくり（食育）
寝　る	・体と脳の休養→肥満の防止→自律神経系の安定
学　ぶ	・メンタルヘルス教育→セルフケア、ラインケア ・職務教育→ルーティンワークの着実な遂行（職育）
話　す	・ワークコミュニケーション→不安の解消（健康と仕事）
飲　む	・プライベートコミュニケーション→相互理解
考える	・ヘルスリテラシー→セルフケアの確立（保健指導）
受ける	・健康診断と結果の理解→受ける、行動を変容する

※著者作成

う間接費用（休職3カ月による収入減）127万円で、合計615万円となる。

一方、脳血管障害を予防するために健康投資を行ったとしよう。たとえば、減塩、日々のウオーキング（経費0円）、特定健診の受診（約60分、全額自己負担した場合の費用6000円）等々、時間と少額の投資で予防に対して一定の効果が期待できることになる。

重大疾病を発症してからその治療などに費やす諸々の経費と、発症を未然に防ぐための先行投資、どちらの費用対効果が高いかは一目瞭然であろう。

職場の人間関係が労働生産性に影響

労働生産性の視点からは、現場の問題点を熟知した同僚同士が創意工夫することで生産性が向上したとする「**ホーソン効果**」が知られている。

これは、ある工場（アメリカ、ホーソン工場）で生産性を向上させるために何を改善すればよいかを調査した研究である。まず、職場の照明を明るくするとより高い作業能率が得られたが、一方、照明を暗くしても従来より作業能率が高まることが判明した。また、6名の女性従業員によるリレー組み立て実験では、賃金、休憩時間、軽食、職場の温度・湿度などの条件を変更し、継電器を組み立てる作業能率の変化を調査した。その結果、どのような変更であっても能率は上昇し、かつ途中で元の条件に戻しても能率が上昇したのである。

これらの結果から、従業員の作業能率は物理的な職場環境も重要であるが、職場における個人の人間関係や目標意識、働きがい、プライドなどによって、より大きな影響を受けるのではないかという仮説が導き出された。つまり、「The change which you and your associates are working to effect will not be mechanical but humane」と発表されたように、労働生産性は、職場での人間関係や周囲の人に認知されることが大きな影響力をもつものであると結論づけられたわけである。

同僚同士で職場の問題点を共通認識し、その解決方法を見つけ出し、その結果、おそらく無駄を排除し、効率的な働き方が実現できたものと推察する。職場のコミュニケーションがいかに重要であるかを物語る結果であるといえる。なお、ホーソン効果については、152ページの「健康経営ミニ知識」も参照されたい。

豊かな会社生活を送るということは、働きがいのある職場で職務が遂行でき、その成果を出すことである。そのためには、一人ひとりが仕事のプロフェッショナルにならなければならない。

その過程で、上司の教育・指導を受けるとともに、いわゆる職務専念義務の履行が求められるが、現在検討されている「働き方改革」では、副業・兼業なども許容される可能性がある。働く人々が自立して職務を果たすためには、一人ひとりの専門的知識や能力の確立がますます重要になってくるのである。

【第3章】

長時間労働の解消と過労死対策

法令遵守、ＣＳＲ、そして健康経営へ

２０００年代に入り、法令遵守の観点のみならずＣＳＲの観点から従業員の健康管理問題に取り組もうという動きが出てきた。ちなみに、経済団体のひとつである経済同友会は、２００３年を「日本におけるＣＳＲ元年」と位置づけている。

ＣＳＲ（Corporate Social Responsibility）とは、経済・社会の重要な構成要素となった企業が、企業活動を展開するにあたり、社会的公正や環境などに配慮しながら、消費者や取引先、あるいは地域社会といった利害関係者（ステークホルダー）に対して責任ある行動をとるとともに、説明責任を果たす必要があるという考え方であるが、従業員もその利害関係者のひとりと位置づけ、その文脈のもとで従業員の健康管理問題をとらえようというものである。

従業員の健康管理問題と企業の取り組み方の変化

法令遵守（コンプライアンス）からＣＳＲ（企業の社会的責任）、そして、健康経営へ。最近の従業員の健康管理問題に対する企業の取り組み方をスローガン的にいうならば、このように表現できる。

１９９０年代後半、長時間労働に起因してうつ病を発症し、自殺に至った事案について１９９６年に東京地裁より企業側に１億２４００万円の賠償を命じる判決（後述する電通事件の一審判決）が言い渡されたことを契機として、法令遵守やリスクマネジメントの観点から従業員の健康管理問題が企業における重要課題として取り組まれることになった。

そして、2010年代に入ると従業員の健康管理問題をCSRよりもさらに積極的にとらえ、企業戦略としての健康経営という観点から取り組んでいこうという動きが出てきた。これまで述べてきたように、健康経営とは、従業員の健康に関する取り組みを、コストではなく、企業が成長するため（企業価値の創造・向上のため）の投資ととらえ、経営上の重要課題として位置づけるという考え方である。

以上のような従業員の健康管理問題に対する企業の取り組み方の変化は、国際的な潮流となっているポジティブなメンタルヘルスへのアプローチやNIOSH（アメリカ国立労働安全衛生研究所）が提唱する「健康職場モデル」の考え方とも重なるものである。

健康経営における法令遵守とリスクマネジメントの意義

先に述べたとおり、過労自殺など業務に起因して従業員に健康障害が発生した場合、企業は高額の損害賠償責任を負担するリスクを抱えることになるが、それにとどまらず、企業内モラールの低下、対外的な企業イメージの低落など、甚大な損失を被るおそれが生じる。

その結果、企業は従業員の健康管理問題について、法令遵守に努めるとともに、リスクマネジメントの一環として真剣に取り組まざるをえない状況となっている。

法令遵守やリスクマネジメントの必要性は、CSRの議論はもとより、健康経営の議論においてもその基盤をなすものであり、従業員の健康管理問題をめぐる法令遵守（リスクマネジメント）・CSR・健康経

【参考】NIOSH健康職場モデル

従業員の健康を重視して労働負荷を軽減することはコストがかかり、生産性を低下させるという従来の見方を否定し、逆に、従業員の健康と生産性の向上は両立可能であり、むしろ両者には相互作用があって、お互いに強化しうるものであるという考え方。

営の関係は、**図表27**のように整理できる。

いずれにしても、健康経営は、単に被災従業員に対する損害賠償責任の回避、従業員のモラールの低下防止、対外的な信用低下といったリスク回避のみを目指すのではなく、生産性の向上、労働意欲の向上、企業ブランド力の向上など、企業価値の向上と持続的成長という、より積極的（ポジティブ）な目標を目指すものといえる。

法令遵守と公法的規制・私法的規制

企業と従業員との間の労働関係、いいかえれば、従業員が企業に対して労働力を提供し賃金を得る関係は、基本的には当事者間の合意に基づく契約関係であり、私法（市民法）の基本原理によって規制されるものである。

しかし実際には、企業と従業員との間には経済的実力の違いが存在するため、どのような内容の労働

図表27　従業員の健康管理問題をめぐる法令遵守・ＣＳＲ・健康経営の関係

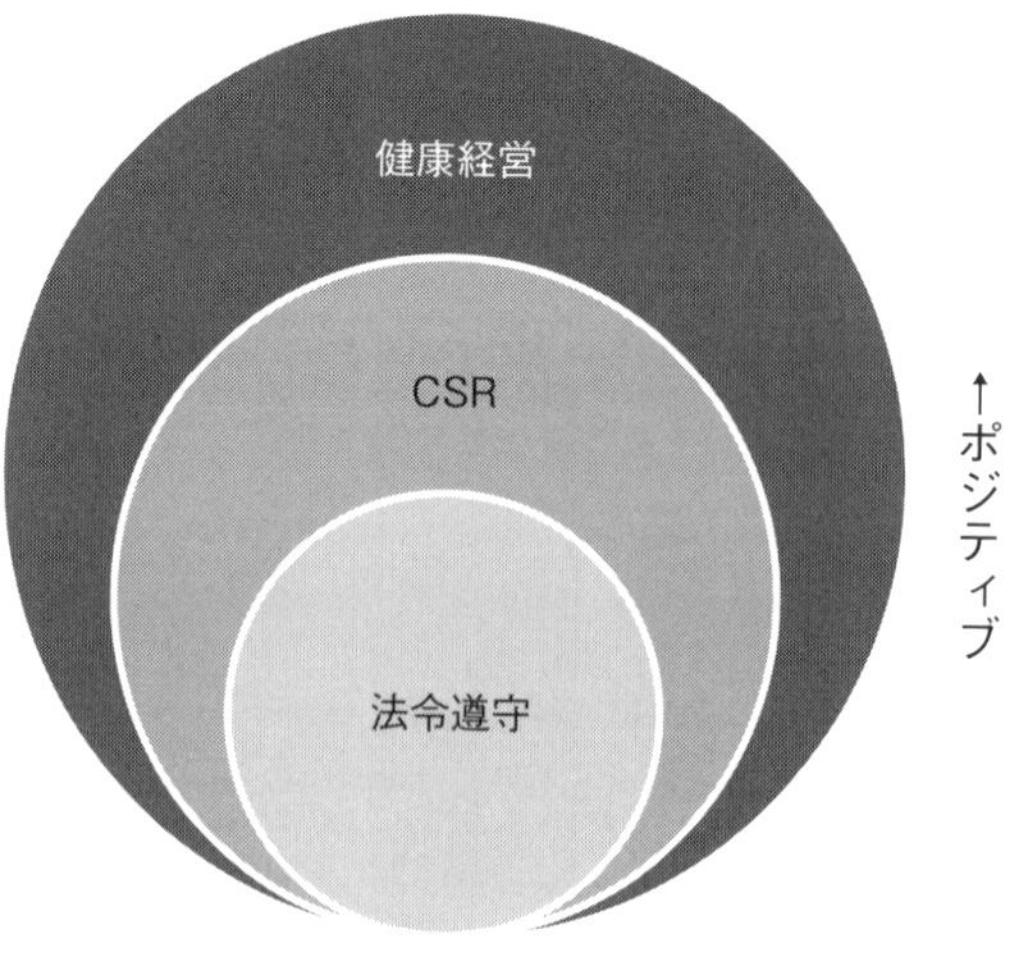

条件（労働時間・賃金など）であっても当事者間の合意に基づくものである以上、有効に成立するとして、すべてを当事者間の合意に委ねることは、長時間労働・低賃金といった劣悪な労働条件が契約自由の名のもとに放置される結果をもたらしかねない。

そのような結果が生じないように、私法（市民法）の基本原理を修正し、労働者を保護するために立法化されたのが、労働基準法や最低賃金法などの労働法規（公法）である。

したがって、従業員の健康管理問題を考えるに際しても、公法的規制と私法的規制の両面からの考察が必要となる。

わが国では、従業員の健康管理問題に関する公法的規制として、労働時間規制（1日8時間・1週40時間の法定労働時間制や労使協定〔いわゆる三六協定〕による例外的許容）などを定めた労働基準法のほか、1972年に制定された労働安全衛生法がある。

労働安全衛生法は、労働基準法42条の「労働者の安全及び衛生に関しては、労働安全衛生法の定めるところによる」との定めを受け、「職場における労働者の安全と健康を確保するとともに、快適な職場環境の形成を促進すること」を目的として制定されたものである。ただし、同法自体は、安全衛生に関する規制の原則を定めるのみであり、規制の具体的内容はほとんど労働安全衛生法施行令、労働安全衛生規則といった政令・省令に委ねられている。

また、労働安全衛生法の関連法として、粉じん作業従事者の健康管理に関する「じん肺法」、作業環境の測定に関する「作業環境測定法」、労働災害防止を目的とした団体（労働災害防止協会など）の組織や活動などに関する「労働災害防止団体法」がある。

これら従業員の健康管理問題に関する主な公法的規制（法令）の内容をまとめたものが、**図表28**（次ページ参照）である。なお、労働基準法や労働安全衛生法などは、最低の労働条件基準を定める取締法規であり、違反した場合は一定の範囲で刑事罰の対象とさ

図表28　労働者の健康管理問題に関する主な公法的規制（法令）

法律	政令	省令
労働基準法		労働基準法施行規則
		女性労働基準規則
		年少者労働基準規則
労働安全衛生法	労働安全衛生法施行令	労働安全衛生規則
		有機溶剤中毒予防規則
		鉛中毒予防規則
		4アルキル鉛中毒予防規則
		特定化学物質障害予防規則
		高気圧作業安全衛生規則
		電離放射線障害防止規則
		酸素欠乏症等防止規則
		事務所衛生基準規則
		粉じん障害防止規則
じん肺法		じん肺法施行規則
作業環境測定法	作業環境測定法施行令	作業環境測定法施行規則
労働災害防止団体法		

れている。

　このほか、これら公法的規制（法令）に関連するものとして、労災補償の保険給付に関する「労災保険法」（労働者災害補償保険法）、いわゆるセクハラやマタハラなどの規制に関する「男女雇用機会均等法」（雇用の分野における男女の均等な機会及び待遇の確保等に関する法律）、「育児・介護休業法」（育児休業、介護休業等育児又は介護を行う労働者の福祉に関する法律）、健康情報（個人情報）の取り扱いに関する「個人情報保護法」（個人情報の保護に関する法律）、過労死などの防止対策に関する「過労死等防止対策推進法」などをあげることができる。

　以上のような公法的規制とは別に、従業員の健康管理問題が私法的規制の対象となるのは当然であり、私法上、企業に課せられた義務に違反して、病気の発症・罹患に至った場合には、企業は従業員に対して民事上の損害賠償責任を負うことになる。

安全配慮義務をめぐる議論の進展

●民事上の損害賠償責任と安全配慮義務

　企業が民事上の損害賠償責任を負う根拠として、通常問題とされるのが、「不法行為責任」と「契約責任」である。

　不法行為責任とは、「故意又は過失によって他人の権利又は法律上保護される利益を侵害した者は、これによって生じた損害を賠償する責任を負う」（民法709条）とされるとともに、「ある事業のために他人を使用する者は、被用者がその事業の執行について第三者に加えた損害を賠償する責任を負う」（同法715条1項本文）とされているものである。

　一方、契約責任とは、「債務者がその債務の本旨に従った履行をしないときは、債権者は、これによって生じた損害の賠償を請求することができる」

（民法415条）との規定を根拠とするものであり、通常、安全配慮義務（健康配慮義務）違反に基づく損害賠償責任として議論されているものである。

わが国では、従来、企業が安全衛生管理上の義務に違反して従業員に損害を与えた場合、前者の不法行為責任というかたちで企業の損害賠償責任が追及されてきた。

ところが、最高裁判所が1975年2月25日に言い渡した判決で「安全配慮義務」という概念をはじめて認めたのを機に、後者の契約責任というかたちで企業の損害賠償責任が追及される事案が増加することとなった。

安全配慮義務という概念は、もともとわが国では法律上、明文化されていたわけではなく、判例法理（裁判所が示した判断の蓄積によって形成された考え方）として認められてきたものであるが、2008年3月に施行された労働契約法5条で「使用者は、労働契約に伴い、労働者がその生命、身体等の安全を確保しつつ労働することができるよう、必要な配慮をするものとする」と明記された。

この安全配慮義務について、特に健康管理の側面に着目して述べると、「業務の遂行に伴う疲労や心理的負荷等が過度に蓄積して労働者の心身の健康を損なうことがないよう注意（配慮）する義務」（電通事件・最高裁2000年3月24日判決）ということになる。

ところで、先に述べた不法行為責任と、この安全配慮義務違反に基づく責任（契約責任）との間には、法律上どのような違いがあるのか。相違点は多岐にわたるが、実務上、大きな差異を生じるのが、消滅時効、遺族への慰謝料、遅延損害金の起算時期をめぐってである。

まず、消滅時効については、不法行為責任の場合、「損害及び加害者を知った時」から3年以内に損害賠償請求権を行使しなければ、時効によってその権利が消滅してしまうのに対し、契約責任の場合には、10年間消滅時効にかかることはない。したがって、被害者（従業員）側にとっては、契約責任というかたちで企業の責任を追及するほうが有利であるということになる。なお、２０１７年5月に成立した改正民法（２０２０年4月1日施行）では、「人の生命又は身体の侵害による損害賠償請求権」については特則が設けられるなど、法律構成がいずれであっても、消滅時効の点の違いは解消されている。

遺族への慰謝料については、不法行為責任の場合、「他人の生命を侵害した者は、被害者の父母、配偶者及び子に対しては、その財産権が侵害されなかった場合においても、損害の賠償をしなければならない」との明文の規定（民法７１１条）があるのに対し、契約責任の場合には、遺族は契約当事者ではないとの理由から、遺族への慰謝料は一切認められない（大石塗装・鹿島建設事件・最高裁１９８０年12月18日判決）。

遅延損害金の起算時期についても、不法行為責任の場合、不法行為がなされたときから遅延損害金の請求が可能であるのに対し、契約責任の場合には、被害者（従業員）側からの催告によってはじめて請求が可能となる。したがって、遺族への慰謝料および遅延損害金の起算時期の点では、被害者（従業員）側にとっては、不法行為責任というかたちで企業の責任を追及するほうが有利であるということになる。

なお、契約責任における安全配慮義務の内容と不法行為責任における注意義務の内容との間に差異があるのか否かの点も理論上は議論の対象となりうるが、実際には両者の間に大きな違いは生じず、実務上問題となることはほとんどない。

●安全配慮義務と労働安全衛生法上の義務の関係

先に述べたとおり、労働安全衛生法は「職場における労働者の安全と健康を確保する」ことなどを目的として制定されたものであり、同法上の義務は、行政的監督および刑事罰という行政上の規制によってその履行が担保されている。

ところで、労働安全衛生法上の義務が、そのまま安全配慮義務の内容となるのか否かをめぐっては争いがある。裁判例では、「労働安全衛生法上の各規定は、直接には国と企業との間の公法上の関係を規定するものであって、企業が同法上の義務に違反したときは、直ちに安全配慮義務違反をも構成するというわけではないが、同法上の規定の内容が基本的には労働者の安全と衛生の確保にあるとの面に着目するならば、その規定するところの多くは、企業の労働者に対する民事上の安全配慮義務を定める基準となる」との立場を示すものが多数といえる。

したがって、民事上の安全配慮義務の具体的内容を検討するに際しては、労働安全衛生法上の諸規定を斟酌する必要がある。加えて、後述する**ティー・エム・イーほか事件**（東京高裁2015年2月26日判決）では、労働安全衛生法70条の2第1項に基づいて策定された「労働者の心の健康の保持増進のための指針」の内容についても斟酌されている。

一方、企業が労働安全衛生法上の諸規定を遵守していたとしても、先に述べたとおり、同法の規定は最低の労働条件基準にすぎないため、別途安全配慮義務違反として民事上の損害賠償責任を問われる可能性が十分ありうることに留意する必要がある。

なお、従業員の健康管理問題に関して、労働安全衛生法上、企業に義務づけられているものとしては、

①衛生教育の実施（59条）
②中高年齢者等に対する配慮義務（62条）
③作業環境測定義務（65条）
④作業の管理義務（65条の3）
⑤健康診断実施義務（66条）
⑥健康診断実施後の措置義務（66条の5）
⑦長時間労働者に対する面接指導等の実施義務（66条の8）
⑧心理的な負担の程度を把握するための検査（ストレスチェック）等の実施義務（66条の10）
⑨病者の就業禁止に関する措置義務（68条）

などがあげられる。

●安全配慮義務の範囲をめぐる裁判例を通じた拡大化

従業員の健康管理問題について、これまでの裁判例を通じ、安全配慮義務の内容として具体的に指摘されている主なものは、以下のとおりである。

①作業環境整備義務…従業員に健康上の問題が生じないよう作業環境を整備し、必要に応じて保護具などを使用させる義務

②衛生教育実施義務…衛生教育を実施する義務

③適正労働条件措置義務…労働時間、休憩時間、休日等について適正な労働条件を確保する義務

④健康管理義務…健康診断を実施するなど、従業員の健康状態を把握・管理する義務

⑤適正労働配置義務…従業員の個別的な事情に応じて、労働量を軽減したり、就労場所を変更するなどの適正な措置を行う義務

とりわけ以下に紹介する事例のように、企業側が負担する安全配慮義務の範囲は拡大化の一途をたどっている。

【事例1】システムコンサルタント事件

高血圧症の基礎疾病をもつ従業員が脳出血により死亡した事案。労働時間の管理については従業員自らの裁量に委ねられていたにもかかわらず、企業側が業務軽減など適切な措置を講じなかったことをもって安全配慮義務違反を認めた（東京高裁１９９９年７月28日判決）。

【事例2】三洋電機サービス事件

課長職に昇進後、診断書を提出して休業しようとしたものの、上司からのアドバイスを受けて、そのまま休業せず業務に従事し、最終的に自殺するに至った事案。たとえ自らの意思で上司のアドバイスを聞き入れ、そのまま業務に従事しつづけたということであっても、いったん従業員が医師の診断書を提

出して休養を申し出ている以上、企業側としては、従業員の心身の状況について医学的見地に立った正確な知識や情報を収集し、休養の要否について慎重な対応をする必要があったとして、安全配慮義務違反を認めた（東京高裁２００２年7月23日判決）。

【事例3】ＮＴＴ東日本事件

陳旧性心筋梗塞（発症から1カ月以上経ち急性期を過ぎた心筋梗塞）などの基礎疾病により就業制限がなされていた従業員が、宿泊をともなう研修に参加したことによって急性心筋虚血を発症して死亡した事案。

毎月の保健師による職場巡回の際に本人から体調不良などの訴えが一切なかった場合でも、この従業員を研修に参加させるかどうかを決定するに際しては、企業側が従業員の受診している医療機関からカルテを取り寄せるとか、主治医からカルテなどに基づいた具体的な診療や病状の経過、意見を聴取する必要があったとして、これを怠ったのは安全配慮義務違反に該当するとされた（最高裁２００８年3月27日判決）。

【事例4】東芝（うつ病・解雇）事件

うつ病に罹患した従業員が、休職期間満了後に解雇された事案。解雇が無効とされるとともに、企業は、必ずしも従業員からの申告がなくてもその健康にかかわる労働環境などに十分な注意を払うべき義務を負っており、それにもかかわらずこれを怠ったとして企業側の安全配慮義務違反を認めた（最高裁２０１４年3月24日判決）。

【事例5】ティー・エム・イーほか事件

うつ病に罹患して通院中の派遣従業員が自殺した事案。派遣元・派遣先ともにうつ病罹患の事実までは認識しえず、業務の過重性も認められない状況であったにもかかわらず、従業員の体調が十分でないことを認識した以上は、単に調子はどうかなどと抽象的に問うだけでは足りず、不調の具体的な内容や程度などをより詳細に把握し、必要があれば産業医等の診察を受けさせるなどの措置を講じるべきであったとして、派遣元・派遣先両者の安全配慮義務違反を認めた（東京高裁２０１５年２月26日判決）。

●安全配慮義務の拡大化に対する歯止めの必要性

このように裁判例の蓄積を通じて、安全配慮義務の範囲は拡大化の一途をたどり、その結果、企業の責任がどんどん広がる傾向にある一方、これに対する一定の歯止めの必要性も強く唱えられるようになってきている。

歯止めの必要性という点に関連して、現在議論されているものとして、従業員の自己保健義務との関係、従業員のプライバシーや健康情報の保護との関係がある（そのほか、結果発生についての「予見可能性」の認められる範囲を限定することによって一定の歯止めの役割を期待する議論も存在する）。

前者の**自己保健義務**とは、「労働者の健康は、労働者自身が自らの健康状態に注意し、必要に応じて医療機関を受診する等して管理すべきである」という考え方をいう。

当然のことながら、従業員の健康管理の問題は、企業側と従業員側が、それぞれ自らの負担する安全配慮義務、自己保健義務の重要性を十分に理解し、これを誠実に履行するなど、お互いに協力し合ってはじめて解決しうるものである。この点からすれば、この自己保健義務が企業の負うべき安全配慮義務の拡大化に一定の歯止めをかける機能をもっているということになる。

従業員の負担する自己保健義務については、民法や労働契約法で明文の定めが設けられているわけではないが、労働契約に基づく信義則上の義務として、いわば企業側の負担する安全配慮義務とパラレルに、これを理解することができる。

そして、労働安全衛生法の４条（労災の防止にかかわる労働者の責務）、66条5項（健康診断にかかわる労働者の受診義務）、

66条の7第2項（保健指導等にかかわる労働者の健康保持義務）、66条の8（長時間労働者への面接指導にかかわる労働者の申し出）、66条の10第3項（ストレスチェックの際の面接指導にかかわる労働者の申し出）、69条2項（健康教育等にかかわる労働者の健康の保持増進義務）などがこれを裏づける規定といえる。

その結果、従業員がこの自己保健義務に違反することによって自らの健康を害した場合には、企業側は、その従業員に対する民事責任について免責ないし減責されることになる。

また、後者の従業員のプライバシーや健康情報の保護との関係から生じる歯止めについていえば、従業員の心身の状況、病気の有無や程度といった健康情報は、個人のプライバシーにかかわる機微な情報に属するものである。そのため、企業の負う安全配慮義務も、従業員のプライバシーや個人情報の保護との関係上、一定の制約を受けるのは当然であり、このような意味で、従業員本人のプライバシーや個人情報の保護は、企業の負担する安全配慮義務の拡大化に同じく一定の歯止めをかける機能をもっているということになる。

ただし、この問題の難しいところは、安全配慮義務の履行とプライバシーないし個人情報の保護との関係が、一方が絶対的な優先権をもつといった性格のものではないという点にある。したがって、その両者をどう調整するのかという、いわば相互の利益の合理的調整の問題に帰着するため、結局はこれまでの裁判例をベースにしながら、その都度対応していかざるをえない。

いいかえると、安全配慮義務の履行とプライバシーないし個人情報の保護との調整という点については、ストレスチェックに関して一定の整理がなされた（労働安全衛生法66条の10）ほか、法律上特段の手当てがなされていないため、次に述べるように、裁判例のなかでも、今日までさまざまな場面でかたちを変えて争われている。

●判例にみる安全配慮義務と自己保健義務・プライバシーとの関係

安全配慮義務を十分に履行していくためには、企業側が従業員の心身の状況や病状の回復状態などをしっかりと把握しておくことが求められるが、これまで、この安全配慮義務と従業員の自己保健義務やプライバシーとの関係が法律上問題とされた事案として、以下のものをあげることができる。

まず、「健康診断の実施」の場面で問題となった裁判例として**電電公社帯広局事件**（最高裁1986年3月13日判決）が、また、「復職判定」の場面で問題となった裁判例として**大建工業事件**（大阪地裁2003年4月16日決定）がある。さらに、「安全配慮義務の履行としての会社指定医による診察」の場面で問題となった裁判例として**空港グランドサービス事件**（東京地裁1991年3月22日判決）がある。

空港グランドサービス事件では、裁判所は次のように判断している。

「被用者が使用者の選択した医師による診察を受容することを拒否した場合には、…使用者は、被用者の受診拒否によって、安全配慮義務を尽くすべき手段を被用者自らの意思により退けられたのであるから、これにより使用者が安全配慮義務を尽くすことができなくなる限度において、義務違反の責任の全部または一部を免れるものと解するのが、損害の分担についての信義、公平の観点から相当というべきである」

要するに裁判所の考え方は、企業側には安全配慮義務を履行するために一定の指示をする必要があるが、それに対して従業員がプライバシーを盾にとってこれに協力しない場合には、結果的に従業員に損害が発生（もしくは拡大）したとしても、その責任の全部または一部を企業側は免れることができる、というものである。

以上のような、安全配慮義務と自己保健義務・プ

図表29　安全配慮義務と自己保健義務・プライバシーの関係

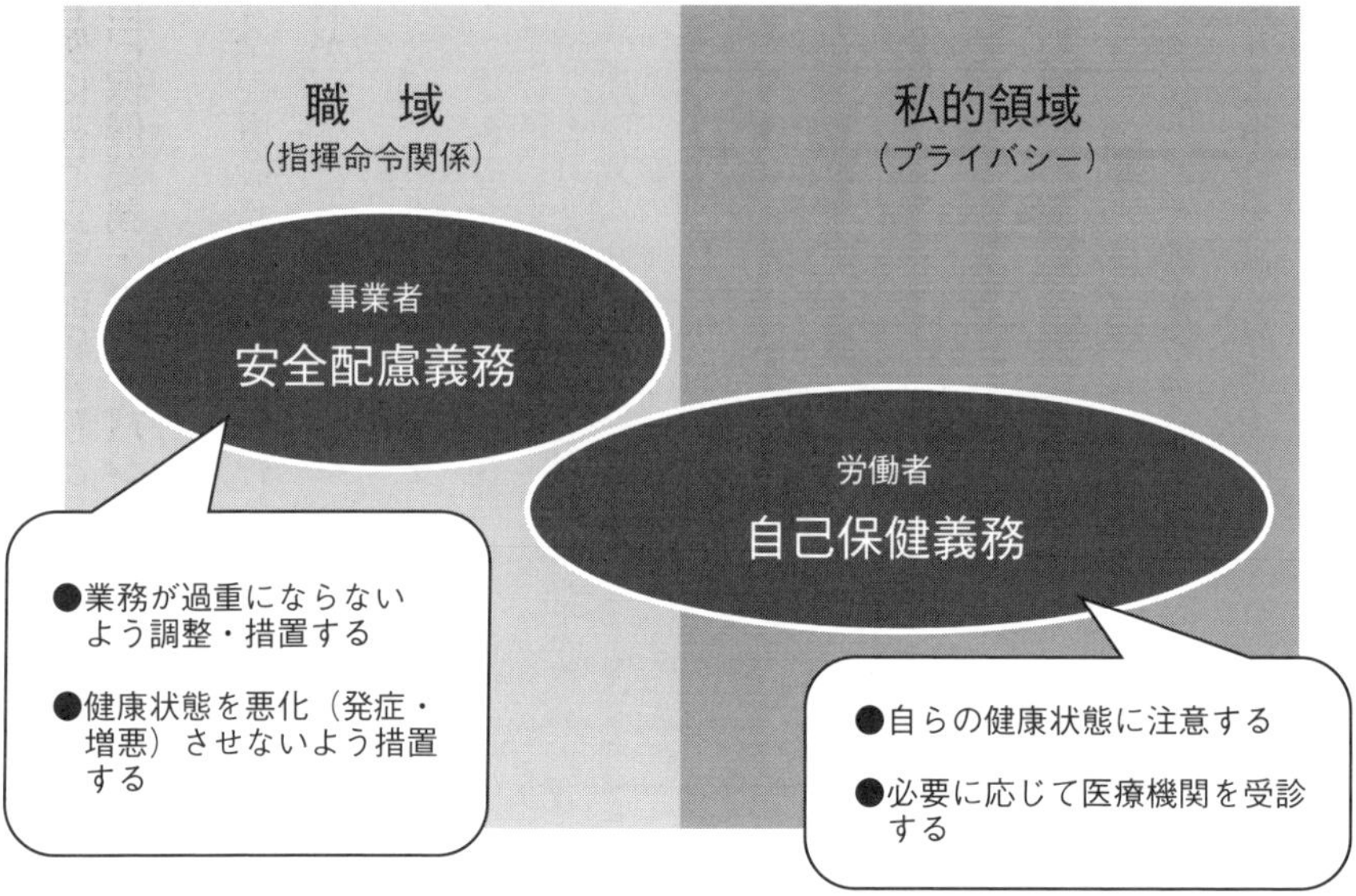

ライバシーの関係を図示するならば、図表29のようになる。

●安全配慮義務の履行と経営者や管理監督者の果たすべき役割

健康経営を推進するにあたっては、経営者、管理監督者、そして従業員の果たすべき役割が重要なポイント（3つの柱）とされているが、安全配慮義務の履行に際しても、以下に述べるように、それらは重要なポイントになる。

①経営者の果たすべき役割

経営者は、安全配慮義務にかかわる義務主体であり、健康管理（労働衛生）に関する会社の方針を明らかにするとともに、従業員の生命・健康を損なうことがないような体制を構築することが求められる。すなわち、健康管理に関する規程の整備、組織（具体的には、産業医や衛生管理者などの選任、衛生委員会の設置など）

およびチェック体制の確立、研修制度の整備などである。

そして、役員がこのような義務を怠り、従業員に健康障害を生じさせた場合には、会社法４２９条に基づいて、役員（取締役）としての損害賠償責任を負うことになる。

これについては、たとえば第1章でもふれた、外食産業における新入社員の過労死事案について、会社法に基づく役員の責任が問われた**大庄ほか事件**（大阪高裁２０１１年5月25日判決、36ページ参照）がある。

②管理監督者の果たすべき役割

管理監督者は、安全配慮義務の履行に関し、義務主体である経営者に代わって、実際にそれを実践する「履行補助者」に該当する。

先に紹介した**電通事件**（最高裁２０００年3月24日判決）でも、「使用者に代わって労働者に対し業務上の指揮監督を行う権限を有する者は、使用者の…義務の内容に従って、その権限を行使すべきである」とされている。

そのため、会社側に安全配慮義務違反が認められるか否かの判断にあたっては、その履行補助者である管理監督者に義務違反（落ち度）が認められるか否かが具体的に判断されることになる。また、会社（経営者）の安全配慮義務違反に基づく損害賠償責任とは別に、管理監督者個人の不法行為に基づく損害賠償責任が問題にされることもある。

たとえば、恒常的な長時間労働と上司（営業所長）からの厳しい叱責が原因で新入社員が自殺するに至った**岡山県貨物運送事件**（仙台高裁２０１４年6月27日判決）がある。

この事案について裁判所は、管理監督者である上司（営業所長）が、①会社側に、この新入社員の時間外労働時間を正確に報告して増員を要請したり、業務内容や業務分配の見直しを行うことなどにより、業務の量などを適切に調整するための措置をとる義務を負っていたこと、また、②新入社員に対する指導に際しては、新卒社会人である従業員の心理状態、疲労状態、業務量や長時間労働による肉体的・心理的負荷も考慮しながら、過度の心理的負担をかけないよう配慮する義務を負っていたにもかかわらず、それらの義務を怠ったとして、会社側の損害賠償責任（ただし、不法行為責任として法律構成）を認めるとともに、上司個人の不法行為に基づく損害賠償責任も認めている。

③従業員本人の果たすべき役割

従業員は、会社（経営者）が実施する安全配慮義務の履行について、これに協力することが求められており、自己保健義務がこれに該当する。

そして、この自己保健義務は、先に述べたように会社（経営者）が負うべき安全配慮義務の範囲を限定する意味をもつとともに、会社（経営者）の損害賠償責任について減責事由となりうるものである。

たとえば、長時間労働などが原因で解離性遁走（自分が誰であるかなどの重要な記憶を失い、自宅や職場などから失踪すること）を発症した従業員が過度のアルコールを急激に摂取したことにより死亡するに至った**フォーカスシステムズ事件**（東京高裁２０１２年３月22日判決）において、裁判所は、就労後の時間を適切に使用し、できるだけ睡眠不足を解消するよう努めるべきであったにもかかわらず、就寝前にブログやゲームに時間を費やし、自ら精神障害の要因となる睡眠不足を増長させたとして、従業員本人の自己保健義務違反を理由に３割の減責を認めている。

長時間労働と健康問題に関する法的規制の変遷

１９９０年代までの状況

わが国は、１９６０年代から１９７０年代にかけての高度成長期を経て経済大国となったが、これを支えたのが長時間労働であった。

そのため、１９８７年の労働基準法改正により週48時間制から週40時間制への変更、１９９２年の労働時間の短縮の促進に関する臨時措置法（時短促進法）の制定など、労働時間の短縮に向けての取り組みが実施されてきた。これらの法的規制により一定の成果がみられたものの、いまだに不払残業（いわゆるサービス残業）などがあとをたたず、抜本的な長時間労働の解消にはほど遠い状況が続いている。

こうした状況を反映して、長時間労働による従業員の健康問題が１９８０年代以降、社会問題化し、現在に至っている。本章で取り上げる過労死問題が、まさにその典型例である。

過労死に関する労災認定基準の改定

わが国では、過労死に関する企業の責任として、先に述べた民事上の損害賠償責任のほか、労働基準法上の災害補償責任が認められている。

労働基準法は、第8章（75～88条）において、労災が発生した場合の企業（使用者）の災害補償責任として、①療養補償、②休業補償、③障害補償、④遺族補償、⑤葬祭料、の支払いを企業に義務づけている。

そして、このような労働基準法上の災害補償責任の履行を確保することを目的として労災保険法が制定され、後述するように、同法に基づいて保険給付が行われている。

その結果、労災保険法に基づいて労働基準法上の前記①～⑤の災害補償に相当する給付が行われる場合には、企業は補償の責めを免れることとなるため（労働基準法84条1項）、現実には、災害補償責任を定めた労働基準法は限られた機能（たとえば、保険給付の対象とならない最初の３日間の休業補償など）しかもたなくなっている。

労災保険法に基づいて保険給付が行われるためには、労働基準監督署長が労災認定、つまりケガや病気、死亡が業務上のものである旨を認定することが要件となる。いいかえると、「業務遂行性（従業員が企業の支配や管理下にあること）」と「業務起因性（業務にともなう危険が現実化したものと認められること）」の存在を、労働基準監督署長が認めることによって、保険給付に関する支給決定がなされる。

なお、業務上疾病については、労働基準法施行規則35条および同規則別表第1の2に規定されているが、実際に従業員が病気にかかった場合に、果たしてそれが業務上疾病に該当するのか否かが必ずしも明確でないことが少なくない。

そのため、厚生労働省では、医学的知見をもとにあらかじめ業務上疾病の判定基準を作成し、各都道府県の労働局長へ通達するとともに、医療機関、労使などへの周知を図っている。これが、いわゆる「認定基準」とよばれるものである。

●認定基準の対象拡大

ところで、過労死（労災認定上は「脳血管疾患及び虚血性心疾患等」）にかかわる認定基準については、当初、「異常な出来事」（発症直前に突発的・過激な業務に従事）に起因する発症のみを対象としていた。

その後、１９８７年の改定によって「短期間の過重業務」（発症前１週間以内に過重な業務に従事）に起因するものも対象とされ、さらに１９９５年の改定によってその要件が若干緩和されたものの、依然として発症前数カ月にわたるような疲労の蓄積による発症に関しては、対象外とされてきた。

ところが２０００年７月に至り、最高裁判所が、**横浜南労基署長**（**東京海上横浜支店**）**事件**（最高裁２０００年７月17日判決）、および**西宮労基署長**（**大阪淡路交通**）**事件**（最高裁２０００年７月17日判決）において、長期間にわたる疲労の蓄積による発症についても労災認定の対象とすべきと判示した結果、事態は一変することとなった。

●脳・心臓疾患の発症と睡眠時間との関連性に留意

そして、翌２００１年12月には、「脳・心臓疾患の認定基準に関する専門検討会報告書」を踏まえ、新たな認定基準（２００１年12月26日付基発１２２６第１号）が設けられ、従来の「**異常な出来事**」による発症と「**短期間の過重業務**」による発症に加え、「**長期間の過重業務**」（発症前６カ月間にわたる過重業務）による発症が、その対象とされるに至った。

新たな認定基準では、「長期間の過重業務」による発症がその対象となるとともに、**発症前１カ月間の時間外労働が１００時間、もしくは発症前２～６カ月間の１カ月当たりの平均時間外労働が80時間を超える場合**は、業務と発症との関連性が強いと評価できるとされた。

このような長時間労働にかかわる数値的な基準が設定されたことにより、これ以降の労災認定（行政）の実務では「労働時間の長さ」が重視されることとなった。加えて、新認定基準では、労働時間以外の負荷要因として、不規則な勤務、拘束時間の長い勤務、出張の多い業務、交替制勤務や深夜勤務、作業環境（温度環境・騒音・時差）、精神的緊張をともなう業務があげられている。

なお、この1カ月当たりの時間外労働時間「80時間」あるいは「100時間」という数字は、睡眠時間から算出されたものである。

すなわち、新認定基準の基礎となった2001年11月の専門検討会報告書によれば、NHK放送文化研究所などの生活時間の調査結果をもとに、1日6時間程度の睡眠が確保できない状態として、おおむね80時間（1日4時間）を超える時間外労働を、また、1日5時間程度の睡眠が確保できない状態として、おおむね100時間（1日5時間）を超える時間外労働を、それぞれ想定し、「80時間」「100時間」という数字を出しており、脳・心臓疾患の発症リスクとして直接関連性をもっているのは睡眠時間であることに留意しておく必要がある。

また、実際の過労死をめぐる裁判例でも、たとえば、**国・三田労基署長**（ヘキストジャパン）**事件**（東京地裁2011年11月10日判決）、**国・中央労基署長**（JFEスチール）**事件**（東京地裁2014年12月15日判決）、**国・半田労基署長**（テー・エス・シー）**事件**（名古屋高裁2017年2月23日判決）など、睡眠時間や睡眠の質を問題とする事案が多数存在している。

●二次健康診断により脳・心臓疾患の予防を図る

なお、過労死対策の一環として、2000年の労災保険法の改正により、脳・心臓疾患に関する二次健康診断やその後の保健指導（特定保健指導）について、労災保険からの保険給付が規定され、脳・心臓疾患の予防を図ることとなった（同法26条）。

この二次健康診断は、労働安全衛生法に基づく定期健康診断などで脳・心臓疾患を発症する危険性が高いと判断された者（具体的には、血圧・血中脂質・血糖・腹囲またはBMIのすべての検査について異常所見があると判断された者）を対象に、従業員本人の申請に基づき、労災病院または都道府県労働局長が指定する医療機関で実施されるものであるが、手続きの面倒さなどから十分に利用されていないという実情にある。

ちなみに、1997年度以降の過労死に関する労災認定状況は**図表30**（次ページ参照）のとおり。また、2016年度の「過労死等の労災補償状況」によれば、同年度に過労死と認定された260件のうち、「長期間の過重業務」を理由とする248件の時間外労働時間は**図表31**（次ページ参照）のとおりである。

労働時間の適正な把握に向けて使用者が講ずべき措置

労働基準法上、使用者には労働時間の管理を適切に行う責務があるが、自己申告制の不適正な運用などによって労働時間の把握があいまいとなり、その結果、過重な長時間労働や割増賃金の未払いの問題を生じさせる原因のひとつとなっていた。

これらの問題の解消を図る目的で出されたのが、**「労働時間の適正な把握のために使用者が講ずべき措置に関する基準について」**（厚生労働省2001年4月6日付基発339号）、いわゆる四六通達とよばれるものである。そこでは、使用者が講ずべき措置として、**図表32**（109ページ参照）のように6項目が求められている。なお、この四六通達は、2017年1月20日付「労働時間の適正な把握のために使用者が講ずべき措置に関するガイドライン」が新たに定められたことにより廃止されたが、内容はほぼそのままガイドラインに引き継がれている。

ガイドラインでの主な変更点は以下のとおり。

● (2)のイの客観的な記録の例として、タイムカード、ICカードと並んで、「パソコンの使用時間の記録」を明示

● (3)のアのあとに、イ「実際に労働時間を管理する者に対して、自己申告制の適正な運用を含め、本ガイドラインに従い講ずべき措置について十分な説明を行うこと」を追加

● (3)のイ（ガイドラインではウ）の「必要に応じて実態調査を実施」することのあとに、「所要の労働

図表30　過労死（脳・心臓疾患）の労災認定件数の推移

	請求件数	認定（支給決定）件数
1997（平成９）年度	539件	73件
1998（平成10）年度	466件	90件
1999（平成11）年度	493件	81件
2000（平成12）年度	617件	85件
2001（平成13）年度	690件	143件
2002（平成14）年度	819件	317件
2003（平成15）年度	742件	314件
2004（平成16）年度	816件	294件
2005（平成17）年度	869件	330件
2006（平成18）年度	938件	355件
2007（平成19）年度	931件	392件
2008（平成20）年度	889件	377件
2009（平成21）年度	767件	293件
2010（平成22）年度	802件	285件
2011（平成23）年度	898件	310件
2012（平成24）年度	842件	338件
2013（平成25）年度	784件	306件
2014（平成26）年度	763件	277件
2015（平成27）年度	795件	251件
2016（平成28）年度	825件	260件

図表31　過労死等の労災補償状況

年度	2016（平成28）年度					
評価期間／区分	評価期間１カ月		評価期間２～６カ月（１カ月平均）		合　計	
		うち死亡		うち死亡		うち死亡
45時間未満	0	0	0	0	0	0
45時間以上～60時間未満	0	0	0	0	0	0
60時間以上～80時間未満	0	0	14	9	14	9
80時間以上～100時間未満	9	3	97	48	106	51
100時間以上～120時間未満	31	12	26	7	57	19
120時間以上～140時間未満	20	9	16	6	36	15
140時間以上～160時間未満	14	2	4	3	18	5
160時間以上	13	6	4	1	17	7
合計	87	32	161	74	248	106

図表32　労働時間の適正な把握のために使用者が講ずべき措置に関する基準について

（1）始業・終業時刻の確認及び記録

使用者は、労働時間を適正に管理するため、労働者の労働日ごとの始業・終業時刻を確認し、これを記録すること。

（2）始業・終業時刻の確認及び記録の原則的な方法

使用者が始業・終業時刻を確認し、記録する方法としては、原則として次のいずれかの方法によること。

ア　使用者が、自ら現認することにより確認し、記録すること。

イ　タイムカード、ＩＣカード等の客観的な記録を基礎として確認し、記録すること。

（3）自己申告制により始業・終業時刻の確認及び記録を行う場合の措置

上記（2）の方法によることなく、自己申告制によりこれを行わざるを得ない場合、使用者は次の措置を講ずること。

ア　自己申告制を導入する前に、その対象となる労働者に対して、労働時間の実態を正しく記録し、適正に自己申告を行うことなどについて十分な説明を行うこと。

イ　自己申告により把握した労働時間が実際の労働時間と合致しているか否かについて、必要に応じて実態調査を実施すること。

ウ　労働者の労働時間の適正な申告を阻害する目的で時間外労働時間数の上限を設定するなどの措置を講じないこと。また、時間外労働時間の削減のための社内通達や時間外労働手当の定額払等労働時間に係る事業場の措置が、労働者の労働時間の適正な申告を阻害する要因となっていないかについて確認するとともに、当該要因となっている場合においては、改善のための措置を講ずること。

（4）労働時間の記録に関する書類の保存

労働時間の記録に関する書類について、労働基準法第109条に基づき、３年間保存すること。

（5）労働時間を管理する者の職務

事業場において労務管理を行う部署の責任者は、当該事業場内における労働時間の適正な把握等労働時間管理の適正化に関する事項を管理し、労働時間管理上の問題点の把握及びその解消を図ること。

（6）労働時間短縮推進委員会等の活用

事業場の労働時間管理の状況を踏まえ、必要に応じ労働時間短縮推進委員会等の労使協議組織を活用し、労働時間管理の現状を把握の上、労働時間管理上の問題点及びその解消策等の検討を行うこと。

時間の補正をすること」を追記

●(3)のイ（ガイドラインではウ）のあとに、エ「自己申告した労働時間を超えて事業場内にいる時間について、その理由等を労働者に報告させる場合には、当該報告が適正に行われているかについて確認すること」を追加

●(3)のウ（ガイドラインではオ）に、「労働基準法の定める法定労働時間や時間外労働に関する労使協定（いわゆる三六協定）により延長することができる時間数を超えて労働しているにもかかわらず、記録上これを守っているようにすることが、実際に労働時間を管理する者や労働者等において慣習的に行われていないかについても確認すること」を追記

●(3)のあとに、(4)「賃金台帳の適正な調製」についての項目を追加

●(4)（ガイドラインでは(5)）の「労働時間の記録に関する書類」の例として、「労働者名簿、賃金台帳、出勤簿、タイムカード」を明示

●(6)（ガイドラインでは(7)）の「労働時間短縮推進委員会」を「労働時間等設定改善委員会」と改称

●管理監督者の過労死事案も多数存在

四六通達やガイドラインでは、いわゆる労働時間規制が適用されない管理監督者についても健康の確保を図る必要があることから、使用者には適正な労働時間の管理を行う責務があると明記されている。

そして、実際の過労死をめぐる裁判例でも、管理監督者が被災者となっている事案が多数存在する。

たとえば、マンションの設計・施工などを業とする会社の技術本部長の虚血性心疾患発症が問題となった**国・池袋労基署長（フクダコーポレーション）事件**（東京地裁２００７年１月22日判決）、産業用ロボット製作会社の製造部長のくも膜下出血発症が問題となった**ハヤシ事件**（福岡地裁２００７年10月24日判決）、通信機器メーカーの日本法人の事務所長のくも膜下出血発症が問題

となった**国・大阪中央労基署長**（ノキア・ジャパン）**事件**（大阪地裁２０１１年10月26日判決）、総合工具専門商社の営業所長の心筋梗塞発症が問題となった**住友電工ツールネット事件**（千葉地裁松戸支部２０１４年８月29日判決）などがあげられる。

また、いわゆる「名ばかり管理職」の長時間労働をめぐる事案も見受けられる。たとえば、居酒屋の店長の心筋梗塞発症が問題となった**国・北大阪労基署長**（マルシェ）**事件**（大阪高裁２００９年８月25日判決）、また、精神障害に関するものであるが、コンビニの店長のうつ病発症が問題となった**九九プラス事件**（東京地裁立川支部２０１１年５月31日判決）などがある。

労働時間規制の適用が除外される「管理監督者」（労働基準法41条２号）に該当するか否かは、名称にとらわれず、実態に即して判断されるべきものであり、①経営に関する決定に参画しているか、②自己の出退勤をはじめとする労働時間について裁量権をもっているか、③一般の従業員に比べてその地位・権限に相応な賃金上の処遇が与えられているか、といったことから判断すべきとするのが裁判例の立場であり、また、行政解釈でもある。

たとえ管理監督者に相当する名称が与えられていても、その実態が①～③のような内容を兼ね備えていなければ、「名ばかり管理職」として労働時間規制の適用対象から外れることはないのである。

「総合対策」の策定と長時間労働者に対する面接指導

２００１年の過労死に関する認定基準の改定を受けて、２００２年２月12日付で厚生労働省より「過重労働による健康障害防止のための総合対策」（基発０２１２００１号）が出され、長時間労働者への面接指導などが事業者の講ずべき措置として明記された。

さらに、２００６年の労働安全衛生法改正により、この長時間労働者に対する面接指導は、法律上の義務として明記（66条の８、66条の９）されるとともに、旧総合対策は、２００６年３月17日付をもって新総合対策（基発０３１７００８号）に改定された。なお、その後、２０１１年２月に、同月16日付基発０２１６第３号によって一部改正がなされている。

新総合対策では、事業者の講ずべき措置として、①時間外・休日労働時間の削減、②年次有給休暇の取得促進、③労働時間等の設定の改善、④従業員の健康管理に関する措置の徹底、の４項目が明記され、このうち、④従業員の健康管理に関する措置の徹底に関しては、「健康管理体制の整備、健康診断の実施等」「過重労働による業務上の疾病を発生させた場合の措置」と並んで、長時間労働者に対する面接指導について、**図表33**（114ページ参照）のように明記された。

このうち、「ウ　常時50人未満の労働者を使用する事業場の対応」に関しては、当初「望ましい対応」として規定されていたものが、２０１１年２月の改正により、このように改められたものである。

過労死等防止対策推進法の制定とその後の状況

その後、さらに過労死等の防止対策を推進し、仕事と生活を調和させ、健康かつ充実して働きつづけることができる社会の実現に寄与することを目的とした「過労死等防止対策推進法」が制定され、２０１４年11月１日より施行されるに至っている。

同法が制定されることによって、「過労死等」という用語が法律上の概念としてはじめて明文化されるとともに、過労死等を防止するための対策として、

【参考】「過労死等」とは

過労死等防止対策推進法において、過労死等とは「業務における過重な負荷による脳血管疾患若しくは心臓疾患を原因とする死亡若しくは業務における強い心理的負荷による精神障害を原因とする自殺による死亡又はこれらの脳血管疾患若しくは心臓疾患若しくは精神障害をいう」と定義されている。

①調査研究の実施、②啓発・教育活動の実施、③産業医等の人材育成を通じた相談体制の整備、④民間団体等に対する積極的支援、が定められている。なお、④の具体的な取り組みについては、同法に基づいて２０１５年７月に閣議決定された「過労死等の防止のための対策に関する大綱」に記載されている。

また、過労死等のひとつの大きな原因とされる長時間労働については、「過労死等防止対策推進法」の制定と並行するかたちで、２０１４年9月に厚生労働大臣を本部長とする「長時間労働削減推進本部」が設置された。さらに、２０１６年12月には「『過労死等ゼロ』緊急対策」が策定され、

①労働時間の適正把握を徹底するため企業向けのガイドライン（２０１７年1月20日付「労働時間の適正な把握のために使用者が講ずべき措置に関するガイドライン」）を新たに定める。

②月80時間超の残業が行われている事業場に対する監督指導を徹底する。

③三六協定未締結事業場への指導を徹底する。

④複数の精神障害の労災認定があった場合、企業本社にパワハラ防止も含め個別指導を行う。

など、違法な長時間労働を許さない取り組みの強化、メンタルヘルス対策・パワハラ防止対策のための取り組みの強化などが実施されるとともに、残業時間の絶対的な上限規制や勤務間のインターバル規制といった長時間労働抑制に向けた法改正の検討がなされている。

なお、過労死等防止対策推進法に基づき、毎年「過労死等防止対策白書」（我が国における過労死等の概要及び政府が過労死等の防止のために講じた施策の状況）が公表されており、２０１７年版では、労働時間を正確に把握することが残業時間の減少につながるとの分析結果や、過労死等が多く発生していると指摘のある自動車運転従事者や外食産業を重点業種とする分析結果など、企業における過労死等防止対策の推進に参考となる調査研究結果が報告されている。

図表33　過重労働による健康障害防止のための総合対策（面接指導等）

ア　面接指導等（医師による面接指導及び面接指導に準ずる措置をいう。以下同じ。）の実施等

（ア）事業者は、労働安全衛生法等に基づき、労働者の時間外・休日労働時間に応じた面接指導等を次のとおり実施するものとする。

①時間外・休日労働時間が１月当たり100時間を超える労働者であって、申出を行ったものについては、医師による面接指導を確実に実施するものとする。

②時間外・休日労働時間が１月当たり80時間を超える労働者であって、申出を行ったもの（①に該当する労働者を除く。）については、面接指導等を実施するよう努めるものとする。

③時間外・休日労働時間が１月当たり100時間を超える労働者（①に該当する労働者を除く。）又は時間外・休日労働時間が２ないし６月の平均で１月当たり80時間を超える労働者については、医師による面接指導を実施するよう努めるものとする。

④時間外・休日労働時間が１月当たり45時間を超える労働者で、健康への配慮が必要と認めた者については、面接指導等の措置を講ずることが望ましいものとする。

（イ）事業者は、労働安全衛生法等に基づき、面接指導等の実施後の措置等を次のとおり実施するものとする。

①（ア）の①の医師による面接指導を実施した場合は、その結果に基づき、労働者の健康を保持するために必要な措置について、遅滞なく医師から意見聴取するものとする。また、その意見を勘案し、必要があると認めるときは、労働時間の短縮、深夜業の回数の減少など適切な事後措置を講ずるものとする。

②（ア）の②から④までの面接指導等を実施した場合は、①に準じた措置の実施に努めるものとする。

③面接指導等により労働者のメンタルヘルス不調が把握された場合は、面接指導を行った医師、産業医等の助言を得ながら必要に応じ精神科医等と連携を図りつつ対応するものとする。

イ　面接指導等を実施するための手続等の整備

（ア）事業者は、アの面接指導等を適切に実施するために、衛生委員会等において、以下の事項について調査審議を行うものとする。また、この結果に基づく必要な措置を講ずるものとする。

①面接指導等の実施方法及び実施体制に関すること。

②面接指導等の申出が適切に行われるための環境整備に関すること。

③面接指導等の申出を行ったことにより当該労働者に対して不利益な取扱いが行われることがないようにするための対策に関すること。

④アの（ア）の②から④までに該当する者その他の者について面接指導等を実施する場合における事業場で定める必要な措置の実施に関する基準の策定に関すること。
⑤事業場における長時間労働による健康障害防止対策の労働者への周知に関すること。

（イ）事業者は、アの（ア）の①及び②の面接指導等を実施するに当たっては、その実施方法及び実施体制に関する事項に、
①労働者が自己の労働時間数を確認できる仕組みの整備
②申出を行う際の様式の作成
③申出を行う窓口の設定
等を含め必要な措置を講じるとともに、労働者が申出を行いやすくする観点に立ってその周知徹底を図るものとする。

ウ　常時50人未満の労働者を使用する事業場の対応

常時50人未満の労働者を使用する事業場においても、ア及びイの措置を実施する必要があるが、アについては、近隣に専門的知識を有する医師がいない等の理由により、事業者自ら医師を選任し、面接指導を実施することが困難な場合には、地域産業保健センターの活用を図るものとする。

また、当該事業場においてイの手続等の整備を行う場合には、事業者は、労働安全衛生規則（昭和47年労働省令第32号）第23条の２に基づき設けた関係労働者の意見を聴くための機会を利用するように努めるものとする。

なお、地域産業保健センターで実施する面接指導を、事業者の指示等により対象者が受ける場合には、労働安全衛生法第66条の８第２項に規定されている事業者が指定した医師が行う面接指導に該当することとなるが、この場合、事業者は、対象となる労働者の勤務の状況（例えば直近１ヶ月の総労働時間、時間外・休日労働時間、業務内容等）を記した書面を当該医師に提出するとともに、労働安全衛生規則第52条の６に基づき当該面接指導の結果を記録し保存しておくものとする。

健康経営の視点からみた長時間労働対策

健康経営と健康診断の実施

労働安全衛生法66条以下において、定期健康診断と健康診断実施後の措置などについての規定が設けられている。

こうした健康診断の実施とその後の一連の措置は、従業員の現在の健康状態を確認し、前年の健康診断の結果との間に変化が認められれば、自ら生活習慣の改善などに取り組むことによって健康状態を改善させ、あるいは健康のよりいっそうの保持増進を図っていこうというものであり、いわば健康経営を支える重要な役割を担うものである。

なお、健康診断実施後の一連の措置に関しては、厚生労働省より「健康診断結果に基づき事業者が講ずべき措置に関する指針」（最終改正2017年4月14日・健康診断結果措置指針公示9号）が公表されている。

①健康診断の実施

健康診断の実施は、企業のなすべき安全配慮義務の履行の一環として位置づけられる（東京海上火災保険・海上ビル診療所事件・東京地裁1995年11月30日判決）。したがって、労働安全衛生法66条1項に定められた健康診断を定期的に実施することを怠ると、それ自体が安全配慮義務違反を構成するとされている（榎並工務店事件・大阪高裁2003年5月29日判決等）。

また、企業は従業員に対して継続的にその健康状態を把握しておく義務を負うことから（伊勢市（消防吏員）事件・津地裁1992年9月24日判決）、必要に応じて法定外の健康診断を実施する義務が生じ、これを怠ると安全配慮義務違反の責めを負う（中国ピアノ運送事件・広島地裁1989年9月26日判決等）。

健診項目については、労働安全衛生規則44条1項などに規定されている（過労死対策との関係でいえば、1999年の改正により、血糖、HDLコレステロールが追加された）。ただし、同規則は最低限実施すべき項目を定めたものであり、規則に定められた健診項目のみを実施していれば、企業は常に従業員に対する安全配慮義務を尽くしたとはいえないとする裁判例（住友林業事件・名古屋地裁1981年9月30日判決）がある。また、同判決によれば、法定健診項目以上の項目について健康診断を実施すべきか否かは、その従業員の地位、職務内容、年齢、これまでの健康状態などから判断すべきものとされている。

このような健康診断は、一定の病気の発見を目的とする「検診」や、何らかの疾患があると推定される患者について具体的な病気を発見するために行われる「精密検診」とは異なり、企業に所属する多数の従業員を対象にして異常の有無を確認するものにすぎない。

なお、労働安全衛生法により企業にその実施が義務づけられている健康診断について、そもそも従業員に受診義務があるか否かに関しては争いがある。

愛知県教育委員会事件（最高裁2001年4月26日判決）では、特にエックス線検査の医学的有用性に対する疑問などが問題とされたが、最高裁判所は「労働安全衛生法第66条第5項、結核予防法第7条第1項に基づき、受診義務を負い、上司は職務上の命令としてその受診を命じることができる」と判断している。

また、法定外の健康診断に関しては、就業規則や労働協約に受診義務に関する規定が設けられている場合には、その内容に合理性や相当性があるかぎり、企業はこの就業規則などを根拠として従業員（組合員）に受診命令を出すことができるとするのが裁判例の立場（電電公社帯広局事件・最高裁1986年3月13日判決）である。

その一方で、就業規則などに受診義務に関する規定が設けられていない場合は、従業員のプライバシーあるいは医師選択の自由との関係から、原則として従業員の個別の同意を得たうえで実施することになるが、一定の場合には信義則等を根拠に、従業員側に受診義務が認められることもある（京セラ事件・東京高裁1986年11月13日判決等）。

②健康診断実施後の措置

労働安全衛生法では、健康診断の結果、健診項目に異常所見が認められた従業員については、医師（あるいは歯科医師）の意見を聴取したうえで、必要があると認められるときは、就業場所の変更、作業の転換、労働時間の短縮などの措置を講じなければならないとされており（66条の4、66条の5）、先の「健康診断結果に基づき事業者が講ずべき措置に関する指

図表34　健康診断実施後の措置等（就業区分・就業上の措置の内容）

就業区分		就業上の措置の内容
区　分	内　容	
通常勤務	通常の勤務でよいもの	——
就業制限	勤務に制限を加える必要のあるもの	勤務による負荷を軽減するため、労働時間の短縮、出張の制限、時間外労働の制限、労働負荷の制限、作業の転換、就業場所の変更、深夜業の回数の減少、昼間勤務への転換等の措置を講じる。
要休業	勤務を休む必要のあるもの	療養のため、休暇、休職等により一定期間勤務させない措置を講じる。

針」は、就業区分および就業上の措置の内容について、**図表34**のように定めている。

健康診断実施後のこうした措置は、企業が負う安全配慮義務の重要な内容をなすものである。したがって、健康診断の実施後、医師の意見を聴取せず、あるいは聴取した医師の意見を勘案した措置をすみやかに講じなかった場合、企業は安全配慮義務違反の責任を問われることになる（空港グランドサービス事件・東京地裁1991年3月22日判決等）。

なお、健康診断実施後の措置に関して、その要否などを判断するために再検査（精密検査）の勧奨が行われることがしばしばあるが、こうした勧奨を企業側が行ったにもかかわらず、従業員が応じない場合、企業側としては、すでに判明している健康診断の結果からただちに就業制限などが必要であると判断されるものでないかぎり、特段の事後措置を講じなくとも安全配慮義務違反の責任を問われることはない（城東製鋼事件・大阪地裁1971年3月25日判決）。

また、健康診断の結果については、労働安全衛生法により、受診した従業員に通知しなければならないとされている（66条の6）。その場合、総合判定結果だけではなく、健診項目ごとの結果をも通知する必要があり、これにより従業員が自ら健康管理を行うことができるようにするものである。

他方、労働安全衛生法では、事後措置とは別に、健康診断の結果、特に健康の保持に努める必要があると思われる従業員に対して、企業は、医師または保健師による保健指導を行うよう努めるべきであると定めている（66条の7）。この保健指導には、運動指導、栄養指導、メンタルヘルスケアなどが含まれ、健康経営の観点からも、こうした保健指導を有効に活用することが必要である。

以上のような健康診断および事後措置の流れと労働安全衛生法との関係を示したものが、**図表35**（次ページ参照）である。

なお、企業は、健康診断の実施義務を負うほか、

図表35　健康診断の流れ（労働安全衛生法上、企業が講ずべき措置）

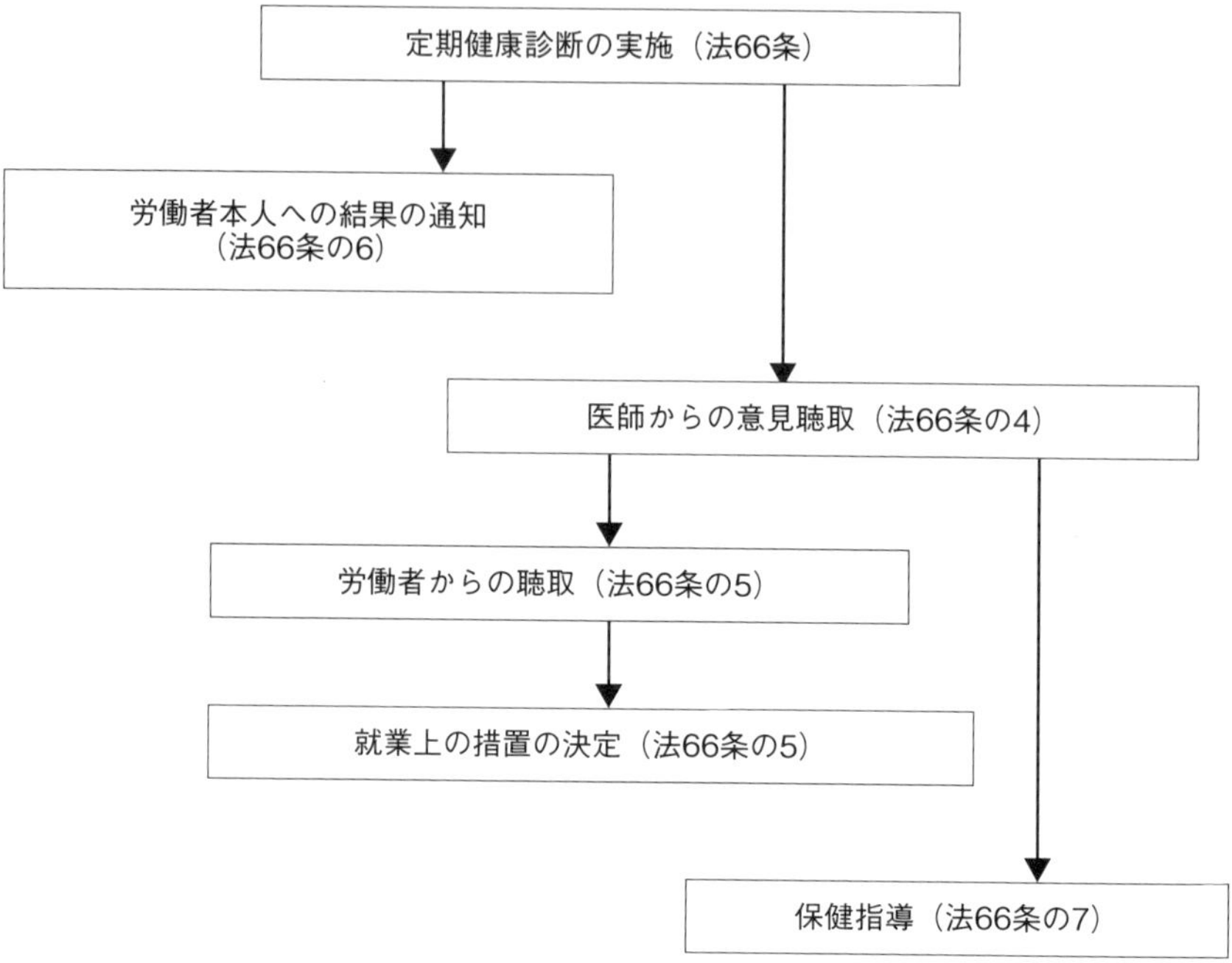

図表36　ＴＨＰ指針における健康保持増進措置の内容

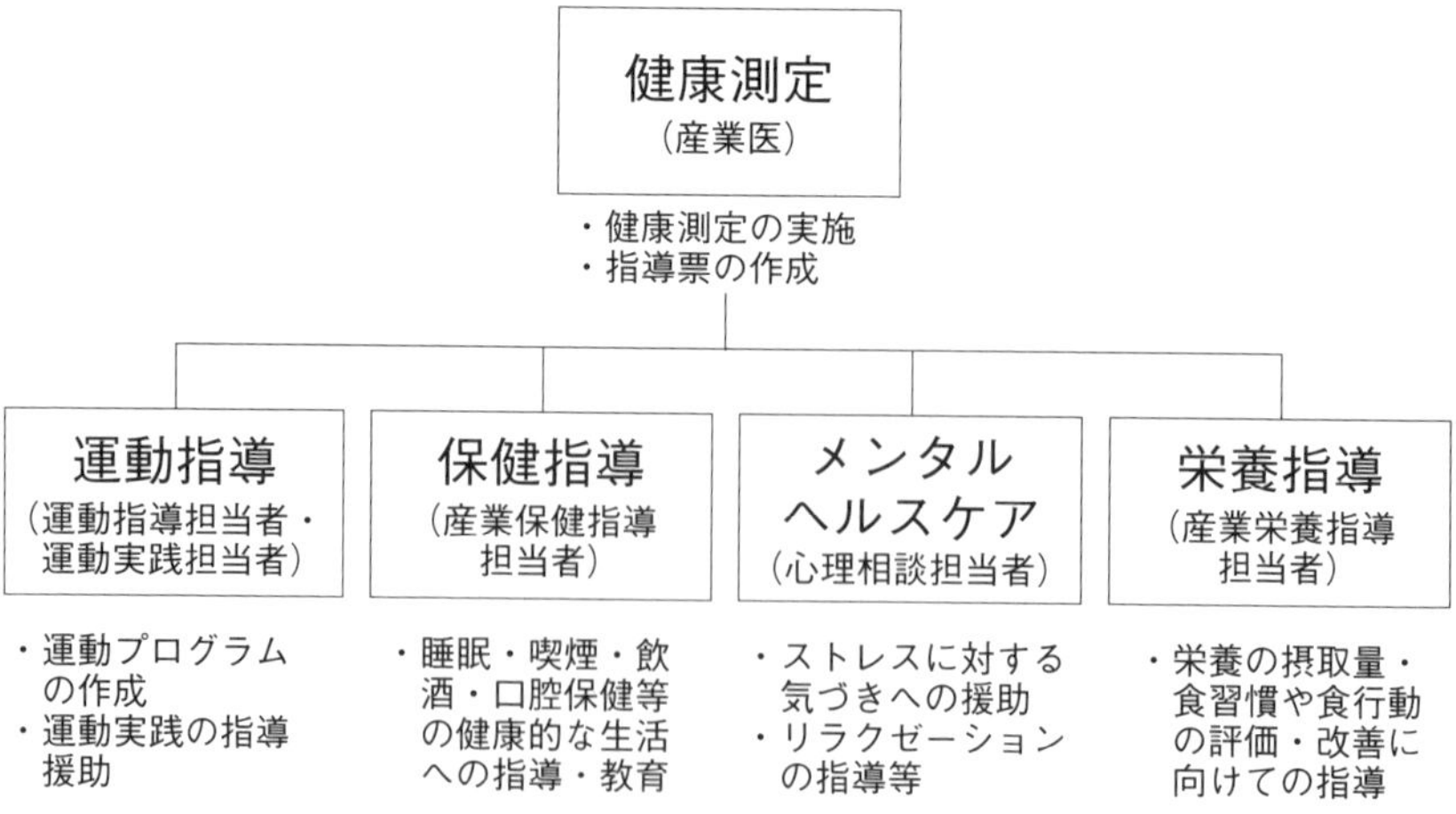

労働安全衛生法上「労働者に対する健康教育及び健康相談その他労働者の健康の保持増進を図るため必要な措置を継続的かつ計画的に講ずる」努力義務（69条）を負っており、この点も健康経営の観点からは、重要な意味をもつ。

そして、必要な健康保持増進措置の具体的な内容に関しては、厚生労働省（旧労働省）から「事業場における労働者の健康保持増進のための指針」（1988年9月1日公示1号。ただし、2015年11月30日公示5号により最終改正）が出されている。いわゆるTHP（トータル・ヘルスプロモーション・プラン）指針とよばれるものである。

THP指針では、健康保持増進措置として、健康測定とその結果に基づく心身両面からの健康指導（運動指導・保健指導・メンタルヘルスケア・栄養指導）を行うことが定められている（図表36）。また、健康測定の項目は、問診（既往歴、業務歴、家族歴、自覚症状等）、生活状況調査（仕事の内容、通勤方法、生活リズム、趣味・嗜好、運動習慣・運動歴、食生活等）、診察（視診、聴診、触診等）および医学的検査（身長・体重、循環機能、血液、呼吸機能、尿等）であり、必要に応じて運動機能検査も行うこととされている。

③健康診断結果と「要配慮個人情報」

2017年5月30日から施行されている改正個人情報保護法2条3項は、新たに「要配慮個人情報」という概念を設け、個人情報を取得する場合および個人データを第三者に提供する場合について、他の個人情報とは異なる取り扱いを求めている。

まず、他の個人情報の場合には、これを取得する際、あらかじめその利用目的を公表し、または取得後すみやかに本人に通知または公表しておけば足り、本人の同意を得ることは必要でないとされているのに対し（18条1項）、要配慮個人情報の場合には、原則として本人の同意を得る必要がある（17条2項）。また、個人データを第三者に提供する場合には、原則としてあらかじめ本人の同意を得なければならないとされているものの、他の個人情報に関する個人データについては、一定の手続きをとること（いわゆるオプトアウト手続き）によって本人の同意を得ないで第三者に提供することが認められているのに対し（23条2項）、要配慮個人情報については、これを認めないこととされている（同条項かっこ書き）。

ここにいう「要配慮個人情報」とは、「本人の人種、信条、社会的身分、病歴、犯罪の経歴、犯罪により害を被った事実その他本人に対する不当な差別、偏見その他の不利益が生じないようにその取扱いに特に配慮を要するものとして政令で定める記述等が含まれる個人情報をいう」（2条3項）とされるとともに、同法施行令2条では、「本人に対して、医師その他医療に関連する職務に従事する者（次号において「医師等」という）により行われた疾病の予防及び早期発見のための健康診断その他の検査（同号において「健康診断等」という）の結果」や「健康診断等の結果に基づき、又は疾病、負傷その他の心身の変化を理由として、本人に対して医師等により心身の状態の改善のための指導又は診療若しくは調剤が行われたこと」がこれに含まれるとされている。

要するに、これら「健康診断等の結果」や「医師等から聴取した意見」「健康診断実施後の措置の内容」「保健指導の内容」は、いずれも改正個人情報保護法が定める「要配慮個人情報」に該当するものであり、他の個人情報よりも手厚い保護が図られているのである。

【参考】オプトアウトとは

個人情報保護法では、個人情報の第三者への提供を行う際には、事前に本人の同意を得ることを原則としている。本人から事前の同意を得ることを「オプトイン」という。これに対し、あらかじめ本人に、個人データを第三者に提供することを通知または容易に認識しうる状態にしておき、本人がこれに反対しないかぎり同意したものとみなし、第三者への提供を認めることを「オプトアウト」という。

健康経営ミニ知識

健康情報と「匿名化」を通じた活用

従業員の健康情報は、個人情報のなかでもプライバシー保護の必要性が高いことから「要配慮個人情報」のひとつとされ、個人情報保護法でも特別の扱いがなされている。

健康情報は、それを取得する場面と第三者に提供する場面で、通常の個人情報とは異なる取り扱いが求められており、原則として本人の同意を得なければ、「取得」も「第三者提供」も認められていない（詳しくは121ページ参照）。

＊

しかし、少子高齢化が進むなか、企業がもっている健診結果や健康保険組合がもっているレセプト情報といった健康情報を十分に活用することにより、健康寿命の延伸につなげることが強く要請されている。

そのため、これらの健康情報について、企業と健康保険組合が「共同利用」することによるコラボヘルスの推進、また、「匿名化」による活用が求められることとなる。

匿名化された健康情報は、個人情報保護法の規制対象から外れるため、個人情報保護法のもとでも、それぞれの企業等が取得した健康情報を匿名化して活用することができる。

しかし、多数の企業等が取得・保有している健康情報をいわゆるビッグデータとして総合的に活用するためには、それぞれの企業等にその提供を求める必要がある。

＊

そこで、匿名化された健康情報をビッグデータとして活用できるよう新たに特別法が制定されるに至った。これが、「医療分野の研究開発に資するための匿名加工医療情報に関する法律」（平成29年法律第28号）、いわゆる「医療ビッグデータ法」とよばれるものである。

もちろん健康情報はプライバシー保護の観点から特別な配慮を要する個人情報である。そのため、データの取り扱いについては、大臣認定制度を設け、認定事業者に対する規制を大幅に強化するなど、厳しい規律が定められている。

なお、個人情報保護法を受けて、厚生労働省より「雇用管理分野における個人情報のうち健康情報を取り扱うに当たっての留意事項」（最終改正2017年5月29日）が公表されており、そこでは「要配慮個人情報」である健康情報について、**図表37**のように規定されている。

ワーク・ライフ・バランスと長時間労働の抑制

ワーク・ライフ・バランス、すなわち仕事と生活の調和は、長時間労働の抑制と密接な関係にある。なぜなら、恒常的な長時間労働の存在は、必然的に仕事以外の生活時間（睡眠時間を含む）の確保を困難にするからである。

これまで述べてきたとおり、少子高齢化にともなって生産年齢人口が減少し、また、グローバル化によって国内外における企業間競争も激化している。そのなかで、誰もがやりがいや充実感を感じながら働き、仕事上の責任を果たす一方、子育て・介護の時間や家庭・地域などで個人の時間がもてる、健康で豊かな生活ができるような社会を目指すワーク・ライフ・バランスの要請が、2000年代に入って急速に高まってきた。

そのようなワーク・ライフ・バランスの考え方は、従業員が健康で、かつ、やりがいややる気をもって仕事に従事し、生産性の向上を目指す健康経営の考え方と重なるものである。

2007年12月に「仕事と生活の調和推進官民トップ会議」が策定（2016年3月一部改正）した「仕事と生活の調和（ワーク・ライフ・バランス）憲章」および「仕事と生活の調和推進のための行動指針」では、目指すべき社会として、①就労による経済的自立が可能な社会、②健康で豊かな生活のための時間が確保できる社会、③多様な働き方・生き方が選択できる社会、が掲げられている。

とりわけ長時間労働の抑制については、②の「健

図表37　健康情報（要配慮個人情報）の定義

（１）産業医、保健師、衛生管理者その他の労働者の健康管理に関する業務に従事する者（以下「産業保健業務従事者」という。）が労働者の健康管理等を通じて得た情報
（２）安衛法第65条の２第１項の規定に基づき、事業者が作業環境測定の結果の評価に基づいて、労働者の健康を保持するため必要があると認めたときに実施した健康診断の結果
（３）安衛法第66条第１項から第４項までの規定に基づき事業者が実施した健康診断の結果並びに安衛法第66条第５項及び第66条の２の規定に基づき労働者から提出された健康診断の結果
（４）安衛法第66条の４の規定に基づき事業者が医師又は歯科医師から聴取した意見及び第66条の５第１項の規定に基づき事業者が講じた健康診断実施後の措置の内容
（５）安衛法第66条の７の規定に基づき事業者が実施した保健指導の内容
（６）安衛法第66条の８第１項の規定に基づき事業者が実施した面接指導の結果及び同条第２項の規定に基づき労働者から提出された面接指導の結果
（７）安衛法第66条の８第４項の規定に基づき事業者が医師から聴取した意見及び同条第５項の規定に基づき事業者が講じた面接指導実施後の措置の内容
（８）安衛法第66条の９の規定に基づき事業者が実施した面接指導又は面接指導に準ずる措置の結果
（９）安衛法第66条の10第１項の規定に基づき事業者が実施した心理的な負担の程度を把握するための検査（以下「ストレスチェック」という。）の結果
（10）安衛法第66条の10第３項の規定に基づき事業者が実施した面接指導の結果
（11）安衛法第66条の10第５項の規定に基づき事業者が医師から聴取した意見及び同条第６項の規定に基づき事業者が講じた面接指導実施後の措置の内容
（12）安衛法第69条第１項の規定に基づく健康保持増進措置を通じて事業者が取得した健康測定の結果、健康指導の内容等
（13）労働者災害補償保険法（昭和22年法律第50号）第27条の規定に基づき、労働者から提出された二次健康診断の結果
（14）健康保険組合等が実施した健康診断等の事業を通じて事業者が取得した情報
（15）受診記録、診断名等の療養の給付に関する情報
（16）事業者が医療機関から取得した診断書等の診療に関する情報
（17）労働者から欠勤の際に提出された疾病に関する情報
（18）（１）から（17）までに掲げるもののほか、任意に労働者等から提供された本人の病歴、健康診断の結果、その他の健康に関する情報

康で豊かな生活のための時間が確保できる社会」のなかで、「企業や社会において、健康で豊かな生活ができるための時間を確保することの重要性が認識されていること」「労働時間関係法令が遵守されていること」「健康を害するような長時間労働がなく、希望する労働者が年次有給休暇を取得できるよう取組が促進されていること」「メリハリのきいた業務の進め方などにより時間当たり生産性も向上していること」などが指摘されるとともに、具体的な取り組み内容と数値目標が示されている。

また、2008年3月から施行されている労働契約法でも、「労働契約は、労働者及び使用者が仕事と生活の調和にも配慮しつつ締結し、又は変更すべきものとする」(3条3項)と規定されている。

なお、内閣府が2013年9月に実施した「ワーク・ライフ・バランスに関する意識調査」によれば、**図表38**のように、労働時間が長い人ほど、上司は「頑張っている人」「責任感が強い人」「仕事ができ

図表38　上司は「残業している人」をどう評価するか（複数回答）

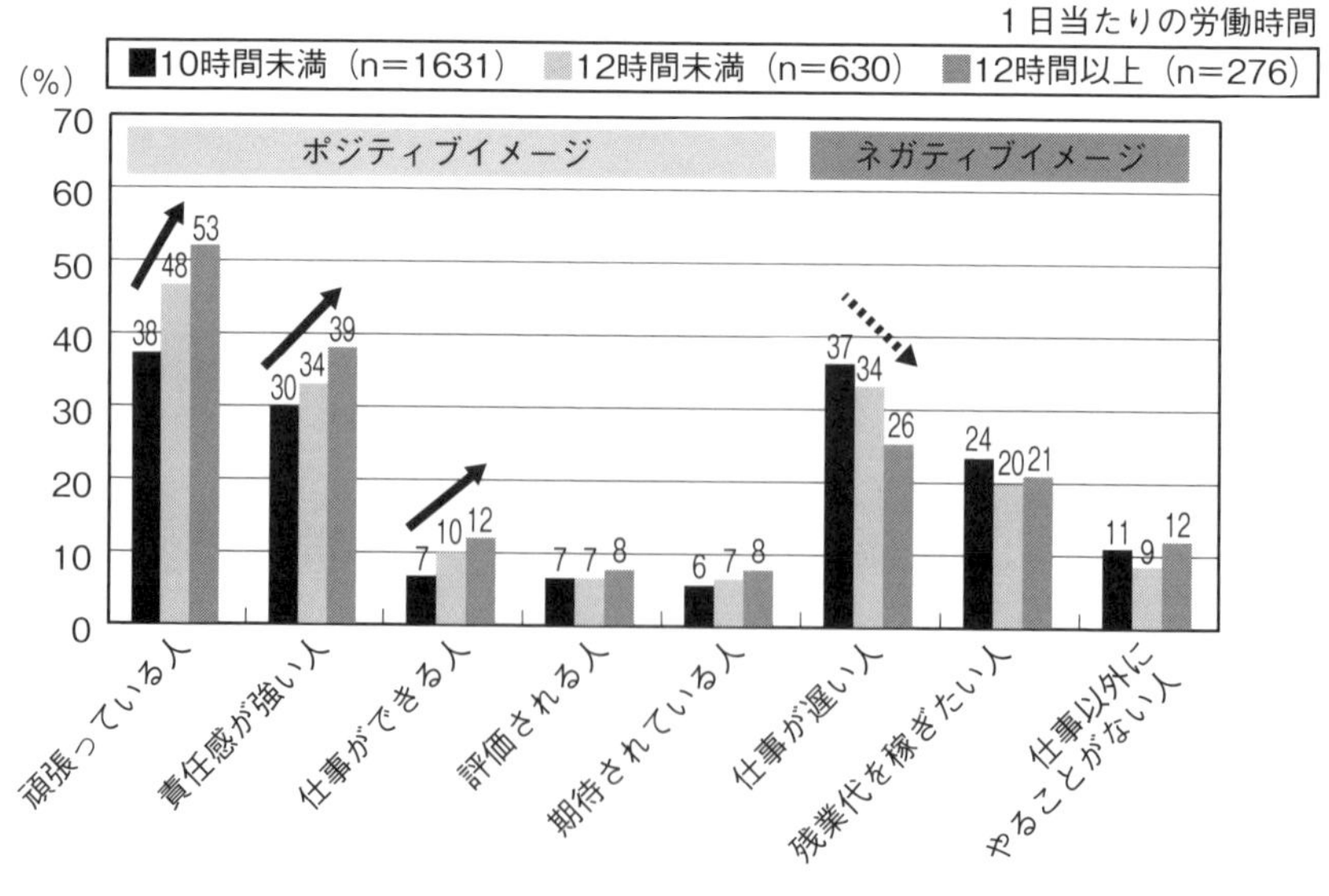

る人」というポジティブなイメージを抱いていると
の結果が示されている。

働き方改革実行計画と健康経営

２０１７年3月、政府は「働き方改革実行計画」を策定した。そこでは、働き方改革を「日本経済再生に向けて、最大のチャレンジ」であると位置づけるとともに、「長時間労働は、健康の確保だけでなく、仕事と家庭生活との両立を困難にし、少子化の原因や、女性のキャリア形成を阻む原因、男性の家庭参加を阻む原因になっている。これに対し、長時間労働を是正すれば、ワーク・ライフ・バランスが改善し、女性や高齢者も仕事に就きやすくなり、労働参加率の向上に結びつく。経営者は、どのように働いてもらうかに関心を高め、単位時間（マンアワー）当たりの労働生産性向上につながる」と指摘している。

こうした「働き方改革実行計画」で示された考え方もまた、従業員が健康で、かつ、やりがいややる気をもって仕事に従事し、生産性の向上を目指そうとする健康経営の考え方と整合性をもつことは明らかである。

そして、「働き方改革実行計画」では、長時間労働の是正を重要な検討テーマのひとつとして掲げたうえで、その是正に向けた基本的考え方を次のとおり示すとともに、法改正の方向性に関して、罰則付き時間外労働の上限規制の導入、勤務間インターバル制度の導入などを提唱している。

「我が国は欧州諸国と比較して労働時間が長く、この20年間フルタイム労働者の労働時間はほぼ横ばいである。仕事と子育てや介護を無理なく両立させるためには、長時間労働を是正しなければならない。働く方の健康の確保を図ることを大前提に、それに加え、マンアワー当たりの生産性を上げつつ、ワーク・ライフ・バランスを改善し、女性や高齢者が働きやすい社会に変えていく。

長時間労働の是正については、いわゆる三六協定でも超えることができない、罰則付きの時間外労働の限度を具体的に定める法改正が不可欠である。

他方、労働基準法は、最低限守らなければならないルールを決めるものであり、企業に対し、それ以上の長時間労働を抑制する努力が求められることはいうまでもない。長時間労働は、構造的な問題であり、企業文化や取引慣行を見直すことも必要である。『自分の若いころは、安月給で無定量・無際限に働いたものだ』と考える方も多数いるかもしれないが、かつての『モーレツ社員』という考え方自体が否定される日本にしていく。労使が先頭に立って、働き方の根本にある長時間労働の文化を変えることが強く期待される」

パク・ジョアン・スックチャが『会社人間が会社をつぶす』（朝日選書）という、いささか過激なタイトルの書物を著したのが2002年のことであったが、長時間労働によって代表される「会社人間」「モーレツ社員」を根絶するためには、「働き方改革実行計画」が指摘しているように、「日本の企業文化、日本人のライフスタイル、日本の働くということに対する考え方そのものに手を付けていく」ことが不可欠である。

【第4章】

メンタルヘルス対策に対するニーズの高まり

メンタルヘルス不調に関する法的規制の変遷

「判断指針」策定に至るまでの経緯

過労自殺については、労災保険法12条の2の2第1項で「労働者が、故意に負傷、疾病、障害若しくは死亡又はその直接の原因となった事故を生じさせたときは、政府は、保険給付を行わない」との規定が設けられているため、かつては従業員が心神喪失の状態にあったなど、きわめて限られた場合にのみ認定が行われ、大半は「故意によるもの」とされてきた。

ところが1996年に、**電通事件**（東京地裁1996年3月28日判決）、**加古川労基署長（神戸製鋼所）事件**（神戸地裁1996年4月26日判決）が相次いで出され、事態は一変することとなった。

すなわち、1999年9月に新たな認定基準である「心理的負荷による精神障害等にかかる業務上外の判断指針について」（同月14日付基発544号）および「精神障害による自殺の取扱いについて」（同日付基発545号）が出され、そこでは、いわゆる「ストレス－脆弱性」理論に基づいた判断が求められるとともに、たとえ遺書が残されていたとしても業務上となる余地が認められるなど、広く労災認定への道が開かれたのである。

その結果、**図表39**のとおり、精神障害については1983年度～1995年度の13年間に労災認定された件数は合計7件にとどまっていたのに対し、2002年度以降、認定件数が年間100件以上に達することとなった。

図表39　精神障害の労災認定件数

	請求件数	認定（支給決定）件数
1997（平成９）年度	41件	２件
1998（平成10）年度	42件	４件
1999（平成11）年度	155件	14件
2000（平成12）年度	212件	36件
2001（平成13）年度	265件	70件
2002（平成14）年度	341件	100件
2003（平成15）年度	447件	108件
2004（平成16）年度	524件	130件
2005（平成17）年度	656件	127件
2006（平成18）年度	819件	205件
2007（平成19）年度	952件	268件
2008（平成20）年度	927件	269件
2009（平成21）年度	1136件	234件
2010（平成22）年度	1181件	308件
2011（平成23）年度	1272件	325件
2012（平成24）年度	1257件	475件
2013（平成25）年度	1409件	436件
2014（平成26）年度	1456件	497件
2015（平成27）年度	1515件	472件
2016（平成28）年度	1586件	498件

なお、先の「心理的負荷による精神障害等にかかる業務上外の判断指針について」で示された判断指針は、行政庁内部における判断基準を示したものではあるが、専門家による検討結果（医学的知見）に基づいて策定されたものであって、その内容は一定の合理性をもつものであり、労災認定に関する行政訴訟でも参考とされている（国・中央労基署長〔大丸〕事件・東京地裁2008年1月17日判決等）。そして、その理は、後述する2011年12月26日付の新認定基準にも当てはまるものである（国・平塚労基署長〔財団法人甲協会〕事件・東京地裁2012年4月25日判決等）。

また、これが策定時点における最新の医学的知見を集約したものであることからすれば、労災認定に関する行政訴訟のみならず、民事上の損害賠償請求訴訟でも、精神障害の発症と業務との間の因果関係の有無を判断するにあたり、同様に参考とされるべきものとなる（富士通四国システムズ〔FTSE〕事件・大阪地裁2008年5月26日判決等）。

2006年の労働安全衛生法改正とメンタルヘルス指針の策定

メンタルヘルスケアに関する社会的ニーズの高まりを受けて、厚生労働省（旧労働省）は、2000年8月に「事業場における労働者の心の健康づくりのための指針」（同月9日付基発522号）を出し、さらに2006年の労働安全衛生法の改正（66条の8および9の新設）にともない、これに代わるものとして、同年3月31日付「労働者の心の健康の保持増進のための指針」（最終改正2015年11月30日・健康保持増進のための指針公示6号）、いわゆるメンタルヘルス指針を策定した。

メンタルヘルス指針は、「労働安全衛生法第70条の2第1項の規定に基づき、同法第69条第1項の措置の適切かつ有効な実施を図るための指針として、事業場において事業者が講ずる従業員の心の健康の保持増進のための措置（メンタルヘルスケア）が適切かつ有効に実施されるよう、メンタルヘルスケアの原則的な実施方法について定めるもの」である。いいかえれば、メンタルヘルス指針は労働安全衛生法69条1項が規定する事業者の健康保持増進措置に関する努力義務の一内容として位置づけられている。

メンタルヘルス指針では、①メンタルヘルスケアの基本的考え方、②衛生委員会等における調査審議、③心の健康づくり計画、④4つのメンタルヘルスケア（セルフケア、ラインによるケア、事業場内産業保健スタッフ等によるケア、事業場外資源によるケア）の推進、⑤メンタルヘルスケアの具体的進め方、⑥メンタルヘルスに関する個人情報の保護への配慮、⑦心の健康に関する情報を理由とした不利益な取扱いの防止、⑧小規模事業場におけるメンタルヘルスケアの取組みの留意事項、などが定められている。

メンタルヘルスケアは、中長期的視点に立って、継続的かつ計画的に行われることが重要であり、また、その推進にあたっては、事業者が従業員の意見を聴きつつ職場の実態に即した取り組みを行うことが必要であることから、事業者は衛生委員会などで十分に調査審議を行い、「心の健康づくり計画」を策定することが必要であるとされている。

「心の健康づくり計画」で定めるべき事項としては、次の7項目があげられている。

①事業者がメンタルヘルスケアを積極的に推進する旨の表明に関すること
②事業場における心の健康づくりの体制の整備に関すること
③事業場における問題点の把握及びメンタルヘルスケアの実施に関すること
④メンタルヘルスケアを行うために必要な人材の確保及び事業場外資源の活用に関すること
⑤労働者の健康情報の保護に関すること
⑥心の健康づくり計画の実施状況の評価及び計画の見直しに関すること
⑦その他労働者の心の健康づくりに必要な措置に関すること

新認定基準の策定

その後、「精神障害の労災認定の基準に関する専門検討会報告書」を踏まえ、２０１１年12月26日付で、これまでの「判断指針」に代わるものとして、「心理的負荷による精神障害の認定基準について」（基発１２２６第１号）が策定された。

新たに策定された認定基準は、以前の「判断指針」に比べ、**図表40**のような特徴をもっている。

そして、この認定基準では、次の3要件をいずれも満たす精神障害については、「業務上の疾病」として取り扱うものとされている。

①対象疾病に該当する精神障害（ＩＣＤ－10の「精神および行動の障害」。主として、Ｆ２：統合失調症・統合失調症型障害および妄想性障害、Ｆ３：気分（感情）障害、Ｆ４：神経症性障害・ストレス関連障害および身体表現性障害）を発病していること

②対象疾病の発病前おおむね６カ月の間に、客観的に精神障害を発病させるおそれのある業務による強い心理的負荷が認められること

③業務以外の心理的負荷および個体側要因（精神障害の既往歴、社会適応状況、アルコール等依存状況など）により精神障害を発病したとは認められないこと

精神障害に関する労災認定（業務起因性）の判断の流れは、**図表41**のとおりである。なお、業務による心理的負荷の評価にあたって、「特別な出来事」とされるのは、「心理的負荷が極度のもの」「極度の長時間労働」のいずれかに該当する場合である。

ちなみに、「心理的負荷が極度のもの」とは、具体的には、生死にかかわる、極度の苦痛をともなう、または、永久的に労働できないほどの後遺障害を残す業務上の病気やケガをした場合、強姦や本人の意思を抑圧して行われたわいせつ行為などのセクシュアルハラスメントを受けた場合などをいい、「極度の長時間労働」とは、発症直前の１カ月におおむね１６０時間を超えるような、またはこれに満たない

図表40　「心理的負荷による精神障害の認定基準」の特徴

①わかりやすい心理的負荷評価表（ストレスの強度の評価表）が定められ、「強」「中」「弱」の心理的負荷に合わせた例示が設定された。また、「特別な出来事」が設定され、それのみで労災認定されることになった。
②いじめやセクシュアルハラスメントのように出来事がくり返されるものについては、その開始時からのすべての行為を対象として心理的負荷が評価（発病６カ月前の評価）されることになった。
③セクシュアルハラスメントは、その性質から、被害を受けて精神障害を発病した従業員自身の労災請求や労働基準監督署での事実関係の調査が困難となる場合が多いなど、他の出来事と異なる特有の事情があることから、「対人関係」とは別個に「セクシュアルハラスメント」という出来事の類型が新たに設けられた。
④発病後でも、特に強い心理的負荷で悪化した場合は労災対象とされる。すなわち、精神疾患をもっている従業員が「特別な出来事」を契機として悪化した場合は、悪化した部分に関して労災認定されることになった。
⑤これまですべての事案について必要とされていた精神科医の合議による判定が、判断が難しい事案のみに限定された。下記の３つの審査方法で認定される。
・主治医の診断書で認定
・専門医と協議して認定
・精神障害専門部会における合議で検討して認定

図表41　業務起因性のフローチャート

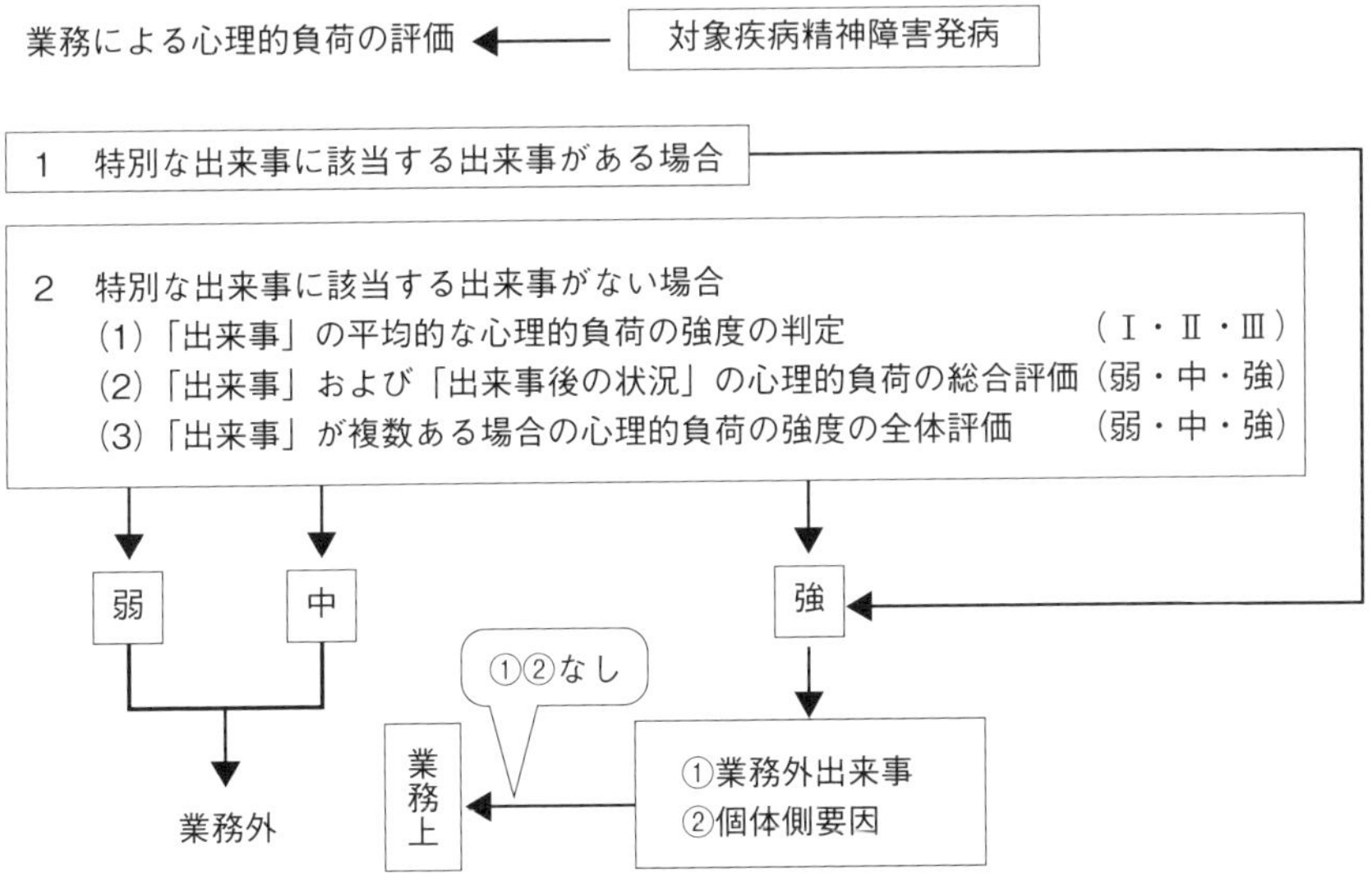

期間にこれと同程度（たとえば3週間におおむね120時間以上）の時間外労働を行った場合をいう。

また、「特別な出来事以外」については、①事故や災害の体験、②仕事の失敗、過重な責任の発生等、③仕事の量・質、④役割・地位の変化等、⑤対人関係、⑥セクシュアルハラスメント、の6つの類型それぞれに「心理的負荷の強度を『強』『中』『弱』と判断する具体例」が評価表に示され、この評価表に基づいて業務上外の判断がなされることとなる。

2016年度の「過労死等の労災補償状況」によれば、同年度の精神障害の出来事別認定件数は、**図表42**のとおりとなっている。

2014年の労働安全衛生法改正とストレスチェック制度

さらに、2014年には労働安全衛生法が改正され（66条の10の新設）、2015年12月1日からストレスチェック制度が導入された。

ストレスチェック制度は、定期健康診断とは別に従業員のストレスの状況について定期的に検査を行い、本人にその結果を通知して自らのストレス状況について気づきを促し、個々の従業員のストレスを低減させることを目的とするものである。同時に、検査結果を集団ごとに集計・分析して、職場におけるストレス要因を評価し、職場環境の改善につなげることで、ストレスの要因そのものを低減するよう努めることをも目的としている。

なお、この制度は、各事業場の実情に即して実施される一次予防から三次予防までのメンタルヘルスケアに関する総合的な取り組みのなかに位置づけることが重要であるため、先のメンタルヘルス指針では「心の健康づくり計画において、その位置付けを明確にすることが望ましい」とされている。

常時50人以上の従業員を使用する事業場にはストレスチェックの実施が義務づけられており（66条の10）、そのためストレスチェックの実施は健康診断の実施

図表42　精神障害の出来事別認定（支給決定）件数

出来事の類型	具体的な出来事	認定（支給決定）件数	（うち自殺）
1　事故や災害の体験	（重度の）病気やケガをした	42	(3)
	悲惨な事故や災害の体験、目撃をした	53	(0)
2　仕事の失敗、過重な責任の発生等	業務に関連し、重大な人身事故、重大事故を起こした	1	(0)
	会社の経営に影響するなどの重大な仕事上のミスをした	8	(2)
	会社で起きた事故、事件について、責任を問われた	4	(0)
	自分の関係する仕事で多額の損失等が生じた	0	(0)
	業務に関連し、違法行為を強要された	3	(1)
	達成困難なノルマが課された	3	(2)
	ノルマが達成できなかった	0	(0)
	新規事業の担当になった、会社の建て直しの担当になった	3	(0)
	顧客や取引先から無理な注文を受けた	0	(0)
	顧客や取引先からクレームを受けた	7	(1)
	大きな説明会や公式の場での発表を強いられた	1	(1)
	上司が不在になることにより、その代行を任された	0	(0)
3　仕事の量・質	仕事内容・仕事量の（大きな）変化を生じさせる出来事があった	63	(18)
	１カ月に80時間以上の時間外労働を行った	39	(11)
	２週間以上にわたって連続勤務を行った	47	(12)
	勤務形態に変化があった	0	(0)
	仕事のペース、活動の変化があった	0	(0)
4　役割・地位の変化等	退職を強要された	6	(0)
	配置転換があった	14	(3)
	転勤をした	3	(2)
	複数名で担当していた業務を１人で担当するようになった	2	(0)
	非正規社員であるとの理由等により、仕事上の差別、不利益取り扱いを受けた	2	(1)
	自分の昇格・昇進があった	0	(0)
	部下が減った	1	(0)
	早期退職制度の対象となった	0	(0)
	非正規社員である自分の契約満了が迫った	0	(0)
5　対人関係	（ひどい）嫌がらせ、いじめ、または暴行を受けた	74	(3)
	上司とのトラブルがあった	24	(5)
	同僚とのトラブルがあった	0	(0)
	部下とのトラブルがあった	1	(0)
	理解してくれていた人の異動があった	0	(0)
	上司が替わった	1	(0)
	同僚等の昇進・昇格があり、昇進で先を越された	0	(0)
6　セクシュアルハラスメント	セクシュアルハラスメントを受けた	29	(0)
7　特別な出来事		67	(19)
合計		498	(84)

と同様、事業者にとって安全配慮義務の履行の一環として位置づけられる。ただし、ストレスチェックの場合、従業員に受検義務は課されていない。

●ストレスチェックの流れ

ストレスチェックは、調査票を用いて、次の3つの領域に関する項目によって検査を行う。

①ストレス要因…職場における当該従業員の心理的な負担の原因に関する項目
②ストレス反応…心理的な負担による心身の自覚症状に関する項目
③周囲のサポート…職場における他の従業員による当該従業員への支援に関する項目

そして、この検査結果により従業員のストレスの程度を点数化して評価するとともに、その評価結果を踏まえて高ストレス者を選定し、医師による面接指導の要否を確認するものである。

ストレスチェックの実施者は、医師、保健師、一定の研修を受けた看護師・精神保健福祉士などに限られ、結果の通知（「ストレスの程度」「高ストレス者への該当の有無」「面接指導の要否」の3項目）は、実施者が直接受検者に行うこと、また、実施者は本人の同意がないかぎり事業者には通知してはならないとされている（66条の10第2項）。

さらに、ストレスチェックの結果、面接指導が必要であると判定された従業員が面接指導の申出を行った場合には、事業者は医師による面接指導を行う義務があり（66条の10第3項）、面接指導の結果、その必要があると認められた場合には、長時間労働者に対する面接指導の場合と同様に、医師の意見を踏まえ、就業場所の変更、作業の転換、労働時間の短縮などの措置を講じることとなる（66条の10第6項）。

このようなストレスチェックの一連の流れは、**図表43**のとおりである。

また、ストレスチェック制度の実施に関しては、厚生労働省より「ストレスチェック指針」（「心理的な

図表43　ストレスチェックの流れ

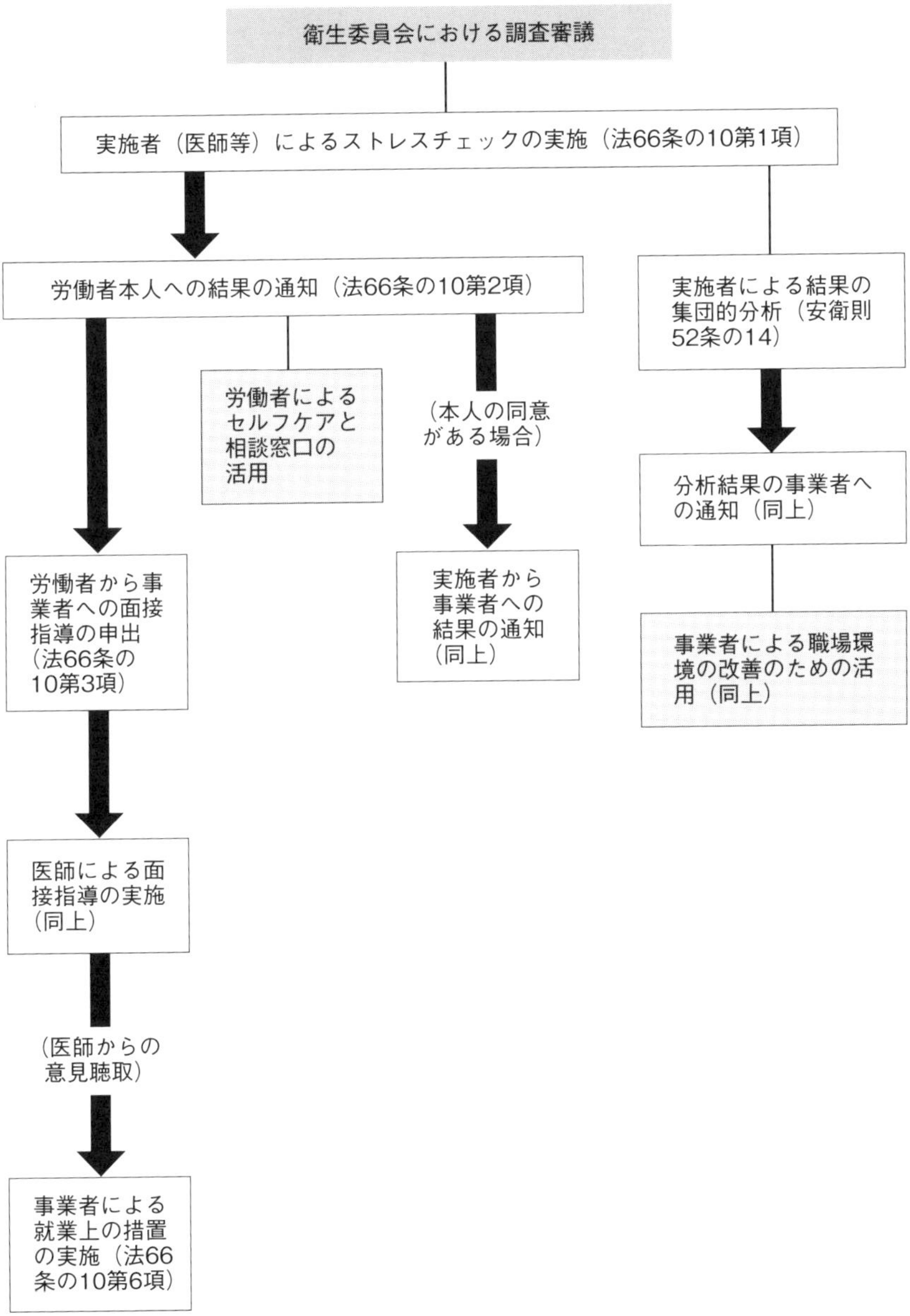

負担の程度を把握するための検査及び面接指導の実施並びに面接指導結果に基づき事業者が講ずべき措置に関する指針」最終改正2015年11月30日・心理的な負担の程度を把握するための検査等指針公示2号）

が公表され、そのなかで就業区分と就業上の措置の内容に関しては、**図表44**のように定められている。

●定期健康診断とストレスチェックの関係をめぐる法的課題

ストレスチェック制度の導入に際しては、定期健康診断について定める労働安全衛生法66条1項が改正され、かっこ書きで「第66条の10第1項に規定する検査を除く」と明記された。その趣旨は、定期健康診断もストレスチェックも従業員の健康の状況を把握するためのものであるという観点では重複した概念であり、両者を事業者に義務づけた結果、法律的観点からその重複を避けるためにかっこ書きを設けたというものである。

ただし、定期健康診断とストレスチェックとの間

図表44　ストレスチェック指針における就業区分と就業上の措置の内容

就業区分		就業上の措置の内容
区　分	内　容	
通常勤務	通常の勤務でよいもの	——
就業制限	勤務に制限を加える必要のあるもの	メンタルヘルス不調を未然に防止するため、労働時間の短縮、出張の制限、時間外労働の制限、労働負荷の制限、作業の転換、就業場所の変更、深夜業の回数の減少または昼間勤務への転換等の措置を講じる。
要休業	勤務を休む必要のあるもの	療養のため、休暇または休職等により一定期間勤務させない措置を講じる。

には、法律上決定的な違いがある。それは、前者が従業員に受診義務を課すとともに、その結果は事業者に帰属するのに対し、後者は従業員に受検義務を課しておらず、その結果も従業員の同意がないかぎり事業者には伝わらないものとされている点である。この違いが、次に述べる両者の関係をめぐる法的課題に密接に関係してくる。

そもそも精神的健康状態の把握が定期健康診断の対象から除外されているかといえば、決してそうではない。労働安全衛生法66条の５で、事業者は定期健康診断の結果、異常所見がある従業員については必要とされる就業上の措置を講じなければならないとされており、その対象からメンタルヘルス不調は除外されていない。そのため、健診項目のひとつである「自覚症状及び他覚症状の有無の検査」（労働安全衛生規則44条１項第２号）のなかで精神的健康状態の把握を行うことが予定されているのである。

他方、ストレスチェックについても、その検査項目のひとつとして「当該労働者の心理的な負担による心身の自覚症状に関する項目」（同52条の９第２号）が規定されている。

したがって、いくら労働安全衛生法66条１項で、定期健康診断とストレスチェックは別の制度であると明記したからといって、こと精神的健康状態の把握に関するかぎり重複は避けられず、両者をどのように区別・整理できるのかという問題が法的課題として残るように思われる。

この点について、２０１５年５月１日付で出された労働安全衛生規則改正に関する施行通達では、「ストレスチェックは、調査票を用いて、第52条の９第１号から第３号までに規定する３つの領域に関する項目により検査を行い、労働者のストレスの程度を点数化して評価するものであり、３つの領域に関する項目を含まない調査票で検査を行うもの又は点数化せずに評価を行うものは、ストレスチェックには該当しないこと」と述べられている。

この施行通達の立場からすれば、定期健康診断で従業員の精神的健康状態を把握するために実施できるのは、同規則52条の9が規定する「3つの領域をすべてカバーするものではない」「点数化せずに行う」自覚症状の有無の検査、あるいは「点数化せずに行う」自覚症状と他覚症状の有無の検査ということになる。

しかし、安全配慮義務の履行の一環として行う定期健康診断では、問診内容として、「当該労働者の心理的な負担による心身の自覚症状に関する項目」だけではなく、必要に応じて、「職場における当該労働者の心理的な負担の原因に関する項目」（同規則52条の9第1号）、あるいは「職場における他の労働者による当該労働者への支援に関する項目」（同3号）についても含めざるをえないケースが存在する。そうでなければ、安全配慮義務を尽くしたとはいえないとして責任を問われるおそれがあるからである。

また、「点数化せずに」といっても、結局は程度問題にすぎない。たとえば、「はい」「いいえ」で答えさせるのであれば定期健康診断として実施できるということのようだが、これを「0点」「1点」と言い換え可能なことはいうまでもない。

要するに、安全配慮義務の履行という観点からみれば、従業員の精神的健康状態の把握に関しては、ストレスチェックを実施すればそれで足りるということではなく、定期健康診断でも従来どおり問診内容を工夫しながらその把握に努め、（従業員本人からの面接指導の申出等がなくとも）必要に応じて適切な事後措置を講じることが求められている。ストレスチェック制度の導入が事業者の負う安全配慮義務の範囲を限定するものでは決してないのである。

また、定期健康診断の実施のほか、第3章で述べたTHP指針では、健康測定の結果、メンタルヘルスケアが必要と判断された場合、または問診の際に従業員が希望した場合には、心理相談担当者が産業医の指示のもとにメンタルヘルスケア（積極的な健康づくりを目指す人を対象とした、ストレスに対する気づきへの援助やリラクゼーションの指導等）を行うこととされているが、これはストレスチェック結果に基づいて事業者が講ずべき措置とは趣旨や内容を異にするものである。

ちなみに、２０１７年７月に厚生労働省から公表された「ストレスチェック制度の実施状況」によれば、２０１７年６月末現在、ストレスチェック制度の実施を義務づけられた事業場のうち、所轄の労働基準監督署に実施報告書の提出があった事業場は、**図表45**のとおり約83％であった。

また、実施報告書の提出があった事業場における実施状況としては、在籍従業員のうちストレスチェックを受けた者は78％（事業場の規模によって有意差なし）、ストレスチェックを受けた従業員のうち医師による面接指導を受けた者は０・６％（０・８〜０・５％と事業場の規模が大きくなるにつれ、その割合は減少）、また、ストレスチェックを実施した事業場のうち集団分析を実施した事業場は78・３％（76・２〜84・８％と事業場の規模が大きくなるにつれ、その割合は増加）となっている。

図表45　ストレスチェック制度の実施状況

事業場規模	50~99人	100~299人	300~999人	1000人以上	計
ストレスチェック制度を実施した事業場の割合	78.9%	86.0%	93.0%	99.5%	82.9%

健康経営の視点からみたメンタルヘルス対策

健康経営における メンタルヘルス対策の位置づけ

メンタルヘルス指針では、メンタルヘルス不調とは「精神および行動の障害に分類される精神障害や自殺のみならず、ストレスや強い悩み、不安など、従業員の心身の健康、社会生活および生活の質に影響を与える可能性のある精神的および行動上の問題を幅広く含むものをいう」とされている。従業員が健康で、かつ、やりがいややる気をもって仕事に従事し、生産性の向上を目指そうとする健康経営の考え方からすれば、メンタルヘルス対策は健康経営の中核に位置する問題である。

メンタルヘルス対策に関しては、一次予防（病気の予防）、二次予防（病気の早期発見と治療）、三次予防（職場復帰と再発防止）の効果的な組み合わせが重要な意味をもっている。特に、一次予防としてのストレスチェックに関する集団ごとの集計・分析を活用した職場環境の改善、二次予防としての長時間労働者に対する面接指導とストレスチェックにおける高ストレス者への面接指導、三次予防としての職場復帰の支援がポイントとなる。

もとより健康経営の立場からすれば、メンタルヘルス不調の発生を防止するという視点にとどまらず、より積極的に生産性の向上に寄与する快適な職場環境の整備、従業員のやる気や熱意（ワークエンゲージメント）という視点も重要な意味をもつ。

そこでここでは、健康経営との関係から、快適な職場環境の整備とワークエンゲージメントの問題にふれたうえで、一次予防としてのストレスチェックに関する集団ごとの集計・分析を活用した職場環境の改善、三次予防としての職場復帰の支援について説明する（二次予防としての面接指導については、第3章、111ページ参照）。

快適な職場環境の整備

企業は、労働安全衛生法上、粉じん、暑熱、寒冷、騒音などによる有害な業務を行う屋内作業場等については、作業環境測定を行い、その測定結果の評価に基づいて、従業員の健康の保持のために必要と認められるときは、施設・設備の設置・整備、健康診断の実施その他の適切な措置を講じる義務を負う（65条、65条の2）ほか、事業場における安全衛生の水準の向上を図るため、快適な職場環境の形成に努めなければならない（71条の2）とされている。

健康経営の観点からすれば、特に後者の快適な職場環境の形成・整備は重要である。

●健康経営と快適職場づくり指針

快適な職場環境形成のために講ずべき措置については、労働安全衛生法71条の3に基づいて策定された「事業者が講ずべき快適な職場環境の形成のための措置に関する指針」（1992年7月1日労働省告示59号、1997年9月25日労働省告示104号）において具体的に定められている。いわゆる快適職場づくり指針とよばれるものである。

事務室の環境管理に関しては、労働安全衛生法の規定に基づいて定められた「事務所衛生基準規則」があり、気積、換気、温度、照度などについて一定の規制（最低基準）がなされているが、快適職場づくり指針は「労働者の有する能力の発揮や職場の活性化」を図るべく、よりポジティブな意味をもつ。

快適職場づくり指針は、快適な職場環境の形成に

図表46　快適な職場環境の形成を図るために事業者が講ずべき措置

1　作業環境を快適な状態に維持管理するための措置 ⑴空気環境 　屋内作業場では、空気環境における浮遊粉じんや臭気等について、労働者が不快と感ずることのないよう維持管理されるよう必要な措置を講ずることとし、必要に応じ作業場内に喫煙場所を指定する等の喫煙対策を講ずること。また、浮遊粉じんや臭気等が常態的に発生している屋外作業場では、これらの発散を抑制するために必要な措置を講ずることが望ましいこと。 ⑵温熱条件 　屋内作業場においては、作業の態様、季節等に応じて温度、湿度等の温熱条件を適切な状態に保つこと。また、屋外作業場については、夏季及び冬季における外気温等の影響を緩和するための措置を講ずることが望ましいこと。 ⑶視環境 　作業に適した照度を確保するとともに、視野内に過度な輝度対比や不快なグレアが生じないように必要な措置を講ずること。また、屋内作業場については、採光、色彩環境、光源の性質などにも配慮した措置を講ずることが望ましいこと。 ⑷音環境 　事務所については、外部からの騒音を有効に遮蔽する措置を講ずるとともに、事務所内のＯＡ機器等について低騒音機器の採用等により、低騒音化を図ること。また、事務所を除く屋内作業場についても、作業場内の騒音源となる機械設備について遮音材で覆うこと等により騒音の抑制を図ること。 ⑸作業空間等 　作業空間や通路等の適切な確保を図ること。 **2　労働者の従事する作業について、その方法を改善するための措置** ⑴腰部、頚部等身体の一部又は全身に常態的に大きな負担のかかる不自然な姿勢での作業については、機械設備の改善等により作業方法の改善を図ること。 ⑵荷物の持ち運び等を常態的に行う作業や機械設備の取り扱い・操作等の作業で相当の筋力を要するものについては、助力装置の導入等により負担の軽減を図ること。

⑶高温、多湿や騒音等の場所における作業については、防熱や遮音壁の設置、操作の遠隔化等により負担の軽減を図ること。

⑷高い緊張状態の持続が要求される作業や一定の姿勢を長時間持続することを求められる作業等については、緊張を緩和するための機器の導入等により、負担の軽減を図ること。

⑸日常用いる機械設備、事務機器や什器等については、識別しやすい文字により適切な表示を行うとともに、作業動作の特性に適合した操作が行える等作業をしやすい配慮がなされていること。

3　作業に従事することによる労働者の疲労の回復を図るための施設・設備の設置・整備

⑴疲労やストレスを効果的に癒すことができるように、臥床できる設備を備えた休憩室等を確保すること。

⑵多量の発汗や身体の汚れをともなう作業がある場合には、シャワー室等の洗身施設を整備するとともに、常時これを清潔にし、使いやすくしておくこと。

⑶職場における疲労やストレス等に関し、相談に応ずることができるよう相談室等を確保すること。

⑷職場内に労働者向けの運動施設を設置するとともに、敷地内に緑地を設ける等の環境整備を行うことが望ましいこと。

4　その他の快適な職場環境を形成するため必要な措置

⑴洗面所、更衣室等の労働者の就業に際し必要となる設備を常時清潔で使いやすくしておくこと。

⑵食堂等の食事をすることのできるスペースを確保し、これを清潔に管理しておくこと。

⑶労働者の利便に供するよう給湯設備や談話室等を確保することが望ましいこと。

ついての目標を、①作業環境の管理、②作業方法の改善、③労働者の心身の疲労回復を図るための施設・設備の設置・整備、④その他の施設・設備の維持管理、の４つに分けて定めるものであるが、それぞれの項目に関して、**図表46**（146ページ参照）のとおり講ずべき措置の内容を明記している。

また、企業がこれらの措置を実施するに際して考慮すべき事項として、次の４つを掲げている。

①継続的かつ計画的な取り組み
②従業員の意見の反映
③個人差への配慮
④潤いへの配慮

なお、第１章で紹介した「健康経営オフィス」（48ページ参照）において、従業員の健康を保持増進する７つの行動として、①快適性を感じる、②コミュニケーションする、③休憩・気分転換する、④体を動かす、⑤適切な食行動をとる、⑥清潔にする、⑦健康意識を高める、を指摘しているが、その内容

図表47　「健康経営オフィス」の７つの行動と「快適職場づくり指針」

健康経営オフィス	快適職場づくり指針
①快適性を感じる	（指針の「目的」そのもの）
②コミュニケーションする	「相談室・談話室等の確保」
③休憩・気分転換する	「休憩室等の心身の疲労の回復を図るための施設・設備の設置」
④体を動かす	「労働者向けの運動施設の設置」
⑤適切な食行動をとる	「食堂等の食事をすることのできるスペースの確保」
⑥清潔にする	「労働者の職業生活において必要となる施設・設備を清潔に維持管理」
⑦健康意識を高める	（快適職場づくりのベースとなるもの）

は、**図表47**のとおり、快適職場づくり指針で示されたた内容と重なるものである。

●受動喫煙防止対策

そのほか快適な職場環境の整備に関するものとして、職場における受動喫煙防止対策の問題がある。これは、近年、禁煙や分煙の機運が高まるなか、従業員の健康を保持増進する観点からも受動喫煙を防止するため、労働安全衛生法の改正（2015年6月1日施行）によって、事業者および事業場の実情に応じて適切な措置を講ずべき努力義務を事業者に負わせたものである（68条の2の新設）。

厚生労働省が公表している2016年の「労働安全衛生調査（実態調査）」によれば、受動喫煙防止対策に取り組んでいる事業所の割合は、85・8％となっている。また、禁煙・分煙の状況に関しては、「事業所の建物内全体（執務室、会議室、食堂、休憩室、商談室などを含む）を禁煙とし、屋外のみ喫煙可能としている」が39・3％と最も多く、次いで「事業所の内部に空間的に隔離された喫煙場所（喫煙室）を設け、それ以外の場所は禁煙にしている」が22・9％、「屋外を含めた事業所敷地内全体を禁煙にしている」が14・0％であった。

なお、職場での受動喫煙に関する損害賠償請求事案として、企業の責任を肯定したものに**江戸川区（受動喫煙損害賠償）事件**（東京地裁2004年7月12日判決）がある。ただし、この事案では、受動喫煙による健康被害に対して安全配慮義務違反が直接認められたわけではなく、当該従業員から診断書の提出と申出がなされたあとも適切な措置が講じられていなかった点に安全配慮義務違反が認められたものである。

また、受動喫煙に関しては、すでに2003年5月から施行されている健康増進法25条で、「学校、体育館、病院、劇場、観覧場、集会場、展示場、百貨店、事務所、官公庁施設、飲食店その他の多数の者が利用する施設を管理する者は、これらを利用する者について、受動喫煙（室内またはこれに準ずる環境で、他人のたばこの煙を吸わされることをいう）を防止するために必要な措置を講ずるように努めなければならない」との規定が設けられ、現在さらにその規制を厳しくすべく法改正の議論がなされている。

ワークエンゲージメント

ワークエンゲージメントとは、仕事に関してポジティブで充実した心理状態を指し、活力、熱意、没頭という3つの要素から構成された概念とされている。いいかえれば、ワークエンゲージメントの高い従業員とは、仕事にやりがいを感じ、熱心に取り組むとともに、仕事から活力を得て生き生きとこれに専念している従業員ということになる。まさに健康経営が目指す理想の労働者像である。

このワークエンゲージメントの高低を規定する要因は、仕事に対する裁量の度合い、報酬、上司からの支援など「仕事に関する要因」と、自分を取り巻く環境をうまく調整できる能力や肯定的な自己評価など「個人に関する要因」の2つに大別できる。

そして、従業員のワークエンゲージメントを向上させるための取り組みとして現在議論されているのが、「強み」を生かした職場づくりである。「労働生産性の向上に寄与する健康増進手法の開発に関する研究」（2017年3月、2016年度厚生労働科学研究費補助金・労働安全衛生総合研究事業）では、「職場の資源（強み）チェックリスト」において、**図表48**のとおり、個人作業レベル6項目、部署レベル8項目、事業場レベル8項目の合計22項目が、生産性と健康度の向上につながる職場の「強み」として取り上げられ、検討がなされている。

ところで、従業員のワークエンゲージメントに関する調査としては、世界的なコンサルタント会社であるタワーズワトソン社が2012年に行った調査、同じく2012年に大手人事コンサルタント会社の

図表48　生産性と健康度の向上につながる職場の「強み」

（1）個人作業レベル（6項目）

①仕事のコントロール（自分で仕事の順番・やり方を決めることができる）
②仕事の適正（仕事の内容は自分にあっている）
③技能の活用（自分の技能や知識を仕事で使うことができる）
④仕事の意義（働きがいのある仕事だ）
⑤役割明確さ（自分の職務や責任が何であるか分かっている）
⑥成長の機会（仕事で自分の長所をのばす機会がある）

（2）部署レベル（8項目）

①上司のサポート（上司と気軽に話ができる）
②同僚のサポート（同僚と気軽に話ができる）
③経済・地位報酬（自分の仕事に見合う給料やボーナスをもらっている）
④尊重報酬（上司からふさわしい評価を受けている）
⑤安定報酬（職を失う恐れがない）
⑥上司のリーダーシップ（上司は、部下が能力をのばす機会を持てるように、取り計らってくれる）
⑦上司の公正な態度（上司は誠実な態度で対応してくれる）
⑧ほめてもらえる職場（努力して仕事をすれば、ほめてもらえる）

（3）事業場レベル（8項目）

①失敗を認める職場（失敗を挽回するチャンスがある職場だ）
②経営層との信頼関係（経営層からの情報は信頼できる）
③変化への対応（職場や仕事で変化があるときには、従業員の意見が聞かれている）
④個人の尊重（一人ひとりの価値観を大事にしてくれる職場だ）
⑤公正な人事評価（人事評価の結果について十分な説明がなされている）
⑥多様な労働者への対応（(正規、非正規、アルバイトなど）いろいろな立場の人が職場の一員として尊重されている）
⑦キャリア形成（意欲を引き出したり、キャリアに役立つ教育が行われている）
⑧ワーク・セルフ・バランス（仕事でエネルギーをもらうことで、自分の生活がさらに充実している）

健康経営ミニ知識

ホーソン効果とは

1920年代、ウェスタン・エレクトリック社（アメリカ）のホーソン工場で実施された大規模な実証実験の成果を「ホーソン効果」とよぶ。

これは、工場の環境等と生産性の関係を調査する実験で、第２章（83ページ）でもふれたように、照明を明るくする、休憩時間を増やす、賃金を上げるなど、労働環境をさまざまに変えて、それによる生産性の変化を調査したものである。

一般的には、職場環境が改善されれば、あるいは賃金が上がれば、仕事に対するモチベーションが上がって労働生産性が向上すると考えられる。ところが、条件設定をどのように変えても（たとえば、照明を明るくしても暗くしても）生産性は向上し、当初に想定した結果は得られなかったのである。

その後、従業員の面接調査を行ったところ、重要な事実が見出された。つまり、自分たちがハーバード大学の実験対象に選ばれたというプライド、そして、同僚同士のチームワークが生産性の向上をもたらしたという事実である。

調査を担当したメイヨー教授は、この結果から、物理的環境も重要であるが、それ以上に誇りやプライド、人間関係などのヒューマンファクターが生産性に多大な影響を与えているという結論に至った。

働く人のモチベーションを引き出す要因は何であるのかを知るうえで重要な検証結果であるといえる。この実験結果は、ただ多額の投資を行って環境を整備しても、魂が入っていなければ投資効果は得られないということを物語っている。

モチベーション向上には、一人ひとりの働きがい、人と人とのコミュニケーションや仲間意識が必要である。経営者、上司、同僚、家族、友人など関係する人たちの間に発生するパワーがワークモチベーションの高揚に有効なのである。

仕事への誇り（働きがい）、職場の人間関係への満足感、家族との安定した関係などが労働生産性に大きな影響を及ぼすことはいうまでもないが、これらコミュニケーションのために必要な「時間投資」以外にも、「空間投資」（環境整備）、「利益投資」を積み上げることで、さらに労働生産性が向上することになる。

健康経営は、これら３つの投資をコストとみるのではなく、企業が発展するための未来への投資としてとらえる考え方である。

ケネクサ社が行った調査、世論調査等を手がけるギャラップ社が２０１４～２０１６年に行った調査などがあるが、いずれの調査でも日本のエンゲージメント指数は諸外国に比べてきわめて低い結果となっている（第6章、218ページ参照）。

従業員のワークエンゲージメントを高め、生産性向上につなげていくためには、メンタルヘルス対策の一環として、先に述べた「個人に関する要因」を改善させるとともに、仕事の与え方、上司からの支援など「仕事に関する要因」を改善させることが、強く求められる状況にある。

ストレスチェックに関する集団ごとの集計・分析を職場環境の改善につなげる

ストレスチェック制度の主な目的がメンタルヘルス不調を未然に防ぐという一次予防にある以上、「ストレスチェック結果を集団ごとに集計・分析し、職場におけるストレス要因を評価して、職場環境の改善につなげる」ことがきわめて重要な意味をもつことは当然である。

ところが、労働安全衛生法上は、こうした集団ごとの集計・分析と職場環境の改善に関する事業者の責務を「努力義務」にとどめている。

すなわち、労働安全衛生規則52条の14において、「事業者は、検査を行った場合は、…一定規模の集団ごとに集計させ、その結果について分析させるよう努めなければならない」「事業者は、…分析の結果を勘案し、その必要があると認めるときは、…適切な措置を講ずるよう努めなければならない」と規定しているのである。

ただし、同規則の趣旨について、２０１５年5月1日付施行通達は、「職場におけるストレス要因の評価及び職場環境の改善につなげるため、ストレスチェック結果を一定規模の集団ごとに集計、分析し、その結果を勘案して適切な措置を講ずるよう努めなければならないこととしたものであり、努力義務であるが、事業者はできるだけこれを実施することが望ましい」としている。

●メンタルヘルス不調者が出れば損害賠償責任を問われる可能性も

労働安全衛生法で努力義務とされている以上、集団的な分析結果の通知を受けた事業者がこれを活用せず、その結果、従業員に健康障害（メンタルヘルス不調）が発生したとしても、事業者が安全配慮義務違反を理由に民事上の損害賠償責任を問われることはないのだろうか。

安全配慮義務の範囲を広く認めるこれまでの裁判例の立場からすれば、たとえ努力義務とされているからといって、民事上の責任を問われるおそれがないとは言い切れない。

そもそもストレスチェックに基づく集団的な分析結果を待たずとも、定期健康診断の集計結果や職場巡視の結果、あるいは日ごろの職場からの情報などによって職場改善の必要性が認められる場合には、適切な措置（要員調整や支援体制の構築等）を講じていないかぎり、その職場から健康障害（メンタルヘルス不調）を訴える従業員が出たときは、安全配慮義務違反があったとして事業者の民事上の損害賠償責任を問われる可能性がある。

このことは、**東芝（うつ病・解雇）事件**（最高裁2014年3月24日判決）で、「使用者は、必ずしも従業員からの申告がなくても、その健康に関わる労働環境等に十分な注意を払うべき安全配慮義務を負っている」と判示されているとおりである。

したがって、安全配慮義務という観点からすれば、集団的な集計・分析、そして分析結果を職場環境の改善に反映することは、労働安全衛生法上は努力義務にとどまっているものの、民事上は可能なかぎり実施することが求められる。

なお、ストレスチェック指針では、「事業者は、ストレスチェック制度が、メンタルヘルス不調の未然防止だけでなく、従業員のストレス状況の改善及び働きやすい職場の実現を通じて生産性の向上にもつながるものであることに留意し、事業経営の一環として、積極的に本制度の活用を進めていくことが望ましい」と明記し、ストレスチェック制度が健康経営において特に重要な意味をもっていることを指摘している。

職場の人間関係とハラスメント問題

職場におけるハラスメント（いじめ・嫌がらせ）をめぐるトラブルや、ハラスメントを原因とする精神障害の発症が社会問題化している。

厚生労働省の２０１６年度「個別労働紛争解決制度の施行状況」によれば、民事上の個別労働紛争の相談件数25万５４６０件（内訳のべ合計件数31万５２０件）のうち、「いじめ・嫌がらせ」に関するものは７万９１７件（22・8％）にのぼり、５年連続でトップとなっている。

同じく厚生労働省の２０１６年度「過労死等の労災補償状況」によれば、精神障害の認定件数（支給決定件数）４９８件のうち、「（ひどい）嫌がらせ、いじめ、又は暴行を受けた」74件、「セクシュアルハラスメント（セクハラ）を受けた」29件（その他、「特別な出来事」に該当するセクハラ関連のものが8件ある）にのぼっている。

職場におけるハラスメントには種々多様なものがあるが、その代表的な類型がセクハラ、パワハラ（パワーハラスメント）、マタハラ（マタニティハラスメント）である。なお、実際にはセクハラとパワハラを同時に受けるといった複合的な被害が生じる事案も数多くみられる。従来、職場のハラスメントに関する相談については、セクハラとマタハラは都道府県にある各労働局の「雇用均等室」が、パワハラは「総務部」や「労働基準部」が担当していたが、こうした複合的被害に対応するため、厚生労働省は２０１６

年4月から相談窓口を一元化し、現在はいずれについても「雇用環境・均等部（室）」が対応している。

①セクシュアルハラスメント

職場におけるハラスメントのうち、セクハラについては、**福岡セクシャル・ハラスメント事件**（福岡地裁1992年4月16日判決）以降、多数の裁判例が蓄積され、1999年4月改正の男女雇用機会均等法では、「職場において行われる性的な言動に対する女性労働者の対応により当該女性労働者がその労働条件につき不利益を受け（いわゆる対価型セクハラ）、又は当該性的な言動により当該女性労働者の就業環境が害されること（いわゆる環境型セクハラ）」を防止するための事業主の配慮義務が明文化された。

さらに2007年4月の同法改正によって、男女の区別をなくすとともに、配慮義務から措置義務に改められ、今日に至っている。

この措置義務に関しては、法律上、「当該労働者からの相談に応じ、適切に対応するために必要な体制の整備その他の雇用管理上必要な措置を講じなければならない」と規定されるとともに、具体的な内容については、セクハラ指針（「事業主が職場における性的な言動に起因する問題に関して雇用管理上講ずべき措置についての指針」2006年10月11日厚生労働省告示615号、最終改正2016年8月2日厚生労働省告示314号）で定められている。

セクハラに関する法的規制については、男女雇用機会均等法のほかには、これを規制する特別の法律は存在しない。そのため、セクハラによって従業員の権利が侵害された場合には、民法や刑法などの一般法が適用されることになる。したがって、セクハラによって従業員が精神障害を発症した場合の企業の責任を考えると、一般に民法に基づく損害賠償責任（ただし、法的構成としては契約責任と不法行為責任の2つが存在）と、労働基準法に基づく災害補償責任（ただし、これをカバーするものとして労災保険法に基づく保険給付の制度が設けられている）が問題となる。

なお、厚生労働省の「平成28年度雇用均等基本調査」（２０１６年10月１日現在）によれば、常用従業員10人以上を雇用する民営企業から抽出した５９５２社のうち、有効回答のあった３８０９社（有効回答率64・0％）中、セクハラ防止対策に取り組んでいる企業は58・２％。取り組み内容（複数回答）としては、「就業規則、労働協約等の書面でセクハラについての方針を明確にし、周知した」39・７％、「相談・苦情対応窓口を設置した」25・５％、「セクハラについての方針を定めたマニュアル、ポスター、パンフレット等を作成したり、ミーティング時などを利用して説明したりするなどして周知した」14・７％という結果となっている。

②パワーハラスメント

パワハラについては、もともとその概念自体が明確ではなかった。しかし、２０１２年３月に厚生労働省の職場のいじめ・嫌がらせ問題に関する円卓会議から「職場のパワーハラスメントの予防・解決に向けた提言」が出され、そのなかで、職場のパワハラとは、「同じ職場で働く者に対して、職務上の地位や人間関係等の職場内の優位性を背景に、業務の適正な範囲を超えて、精神的・身体的苦痛を与える又は職場環境を悪化させる行為をいう」と定義づけがなされた。

そして、パワハラの行為類型として、次の６つが掲げられている。

①暴行・傷害（身体的な攻撃）
②脅迫・名誉毀損・侮辱・ひどい暴言（精神的な攻撃）
③隔離・仲間外し・無視（人間関係からの切り離し）
④業務上明らかに不要なことや遂行不可能なことの強制、仕事の妨害（過大な要求）
⑤業務上の合理性がなく、能力や経験とかけ離れた程度の低い仕事を命じることや仕事を与えないこと（過小な要求）
⑥私的なことに過度に立ち入ること（個の侵害）

ワハラと感じたからといって、ただちに違法性のあるパワハラに該当するわけではないのである。

そのため、冒頭に述べたように、そもそもパワハラに該当するのかどうかという争いを含め、職場におけるいじめ・嫌がらせに関する紛争が後を絶たない状況が続いている。

＊

そのような状況のもと、厚生労働省では有識者検討会を立ち上げ、パワハラに該当するかどうかを事業主が判断する際の新たな基準について検討が重ねられ、法制化に向けた作業が進められている。

そして、有識者検討会では、その判断基準として、次の３要件が示され、これら３要件すべてを満たす場合に限り、パワハラと評価するとしている。

①優越的な関係に基づいて（優位性を背景に）行われること

②業務の適正な範囲を超えて行われること

③身体的もしくは精神的な苦痛を与えること、または就業環境を害すること。ただし、その判断にあたっては、平均的な労働者の感じ方を基準とすること

この３つの判断基準のなかで特に留意すべきは、③の点である。

つまり、これまでは被害者がパワハラだと感じさえすればこれに該当するかのような誤解がしばしばみられたことから、あえてその点を明確にするため、精神的苦痛は「平均的な労働者の感じ方」を基準に判断すべきことを求めたものである。

この点を明確にした意義は大きく、これまでのように「少し注意しただけでも、本人が『苦痛に感じた』からパワハラだ」といった紛争は、かなり抑制されるであろうし、また、企業側もパワハラの予防・事後対応が行いやすくなるのではないかと期待される。

＊

もちろんパワハラを防ぐためには、その根本的な原因である職場における「コミュニケーション不全」の解消が最大の課題である。

パワハラを防止し、よりよい職場環境を整備・保持するには、上司と部下との間の円滑なコミュニケーション、同僚間の円滑なコミュニケーションが不可欠であって、企業および経営者にはそのための研修の実施などが強く求められる。まさに、「健康経営」の推進そのものがこれに資するものということになる。

健康経営ミニ知識

パワハラをめぐる誤解

「少し注意しただけでパワハラだと騒ぎたてる部下がいるため、注意すらまともにできない」

このような悩みを打ち明ける管理職が後を絶たない。

＊

厚生労働省「平成28年度個別労働紛争解決制度の施行状況」によれば、民事上の個別労働紛争の相談件数で５年連続トップとなっているのは「いじめ・嫌がらせ」を理由とするもので、全体の22.8%を占め、しかも増加の一途をたどっている。

厚生労働省「職場のいじめ・嫌がらせ問題に関する円卓会議」は、2012年3月に出された提言ではじめてパワハラ（パワーハラスメント）の定義づけを行ったが（157ページ参照）、いまだ法律上の概念として確立しているわけではない。

そのため、セクハラ（セクシュアルハラスメント）についてしばしばいわれるのと同様に、「被害者がパワハラだと感じれば、パワハラが成立する」という誤った理解が一部にみられる。そのような誤った理解も手伝って、冒頭に述べたような悩める管理職の声が後を絶たない状況が続いている。

＊

セクハラに関しては、男女雇用機会均等法に基づいて設けられたセクハラ指針で、職場における「性的な言動」（セクハラ）とは、次のような言動を指すと規定されている。

- 性的な内容の発言（性的な事実関係を尋ねること、性的な内容の情報を意図的に流布すること等）
- 性的な行動（性的な関係を強要すること、必要なく身体に触ること、わいせつな図画を配布すること等）

これらは客観的にみて職務に関連するものでは決してなく、それ自体違法性が認められ、また、通常このような言動を受けた者は苦痛に感じるものであることから、被害者が不快に感じるかぎり（いいかえれば、精神的損害が生じているかぎり）法的責任が問われることになる。

＊

一方、パワハラに関しては、「業務上行われる注意・指導」と「違法性が認められるパワハラ」とをどのように区分するのかという議論がある。これについては、「社会通念上、許される範囲を超えるものといえるのかどうか」という、いわば総合判断によって両者の区分がなされている。

したがって、被害者とされる者がパ

さらに、この提言を踏まえ、2015年5月に厚生労働省から「パワーハラスメント対策導入マニュアル」（2016年7月に2版が公表）が出された。そのなかで、パワハラ対策の基本となる次の7つの取り組みの実施手順などが示されている。

①トップのメッセージ……組織のトップが、職場のパワハラはなくすべきであることを明確に示す

②ルールを決める……就業規則に関係規定を設けたり、労使協定を締結する、予防・解決についての方針やガイドラインを作成する

③実態を把握する……従業員へのアンケートを実施する

④教育する……研修を実施する

⑤周知する……組織の方針や取り組みについて周知・啓発を実施する

⑥相談や解決の場を設置する……企業内外に相談窓口を設置したり、職場の対応責任者を決める、外部専門家と連携する

⑦再発防止のための取り組み……行為者に対する再発防止研修などを行う

パワハラについては、これを規制する特別の法律は一切存在しないため、パワハラによって従業員の権利が侵害された場合には、もっぱら民法や刑法などの一般法が適用されることになる。したがって、パワハラによって従業員が精神障害を発症した場合の企業の責任については、セクハラの場合と同様、民法に基づく損害賠償責任と、労働基準法に基づく災害補償責任が問題となる。実際の裁判例については、第1章（29ページ）および巻末資料（238ページ）を参照されたい。

なお、パワハラに関しては、実務上、上司の行った部下に対する注意・指導が適正な範囲にとどまるのか、それとも適正な範囲を超え、パワハラと評価されるのかをめぐってしばしば争われている。

パワハラに限らず、ハラスメント一般に共通する

ことではあるが、上司の言動が問題である（パワハラである）と部下から訴えられる根本原因は、上司と部下との間のコミュニケーションギャップにある。

したがって、上司の部下に対する言動が、適正な注意・指導の範囲にとどまるのか否かを判断するに際しては、次の点がポイントになる。

①上司と部下との間の信頼関係がどのようなものであるか
②注意・指導の必要性がどの程度あるのか
③注意・指導の内容（言動の具体的内容）が業務の改善、人材育成につながるものか否か
④注意・指導の場所や人数、態様などに配慮がなされているか否か

ちなみに、パワハラの予防・解決に向けた企業の取り組み状況については、厚生労働省から２０１７年４月に「平成28年度 職場のパワーハラスメントに関する実態調査報告書」が公表されている。

この報告書によれば、「実施している」企業は52・２％、「現在実施していないが、取組みを検討中」の企業が22・１％、「特に取組みを考えていない」企業が25・３％、「無回答」が０・４％。また、パワハラの予防・解決のために実施している取り組みの内容やその効果を実感できた取り組みの割合は、**図表49**（次ページ参照）のとおりである。

③マタニティハラスメント

従来、女性従業員が結婚し、妊娠し、または出産したことを退職理由として予定する定めをしたり、女性従業員が結婚したことを理由に解雇したり、妊娠または出産したことや産前産後休業など法律で認められた権利を行使・取得したことを理由に不利益な取り扱いをすることは、男女雇用機会均等法で禁止されていた。

ところが、**広島中央保健生活協同組合事件**（最高裁２０１４年10月23日判決）を契機に、女性従業員が妊娠、出産、あるいは産前産後休業などを取得したことを

図表49　職場のパワハラ予防・解決のために実施している取り組みとその効果

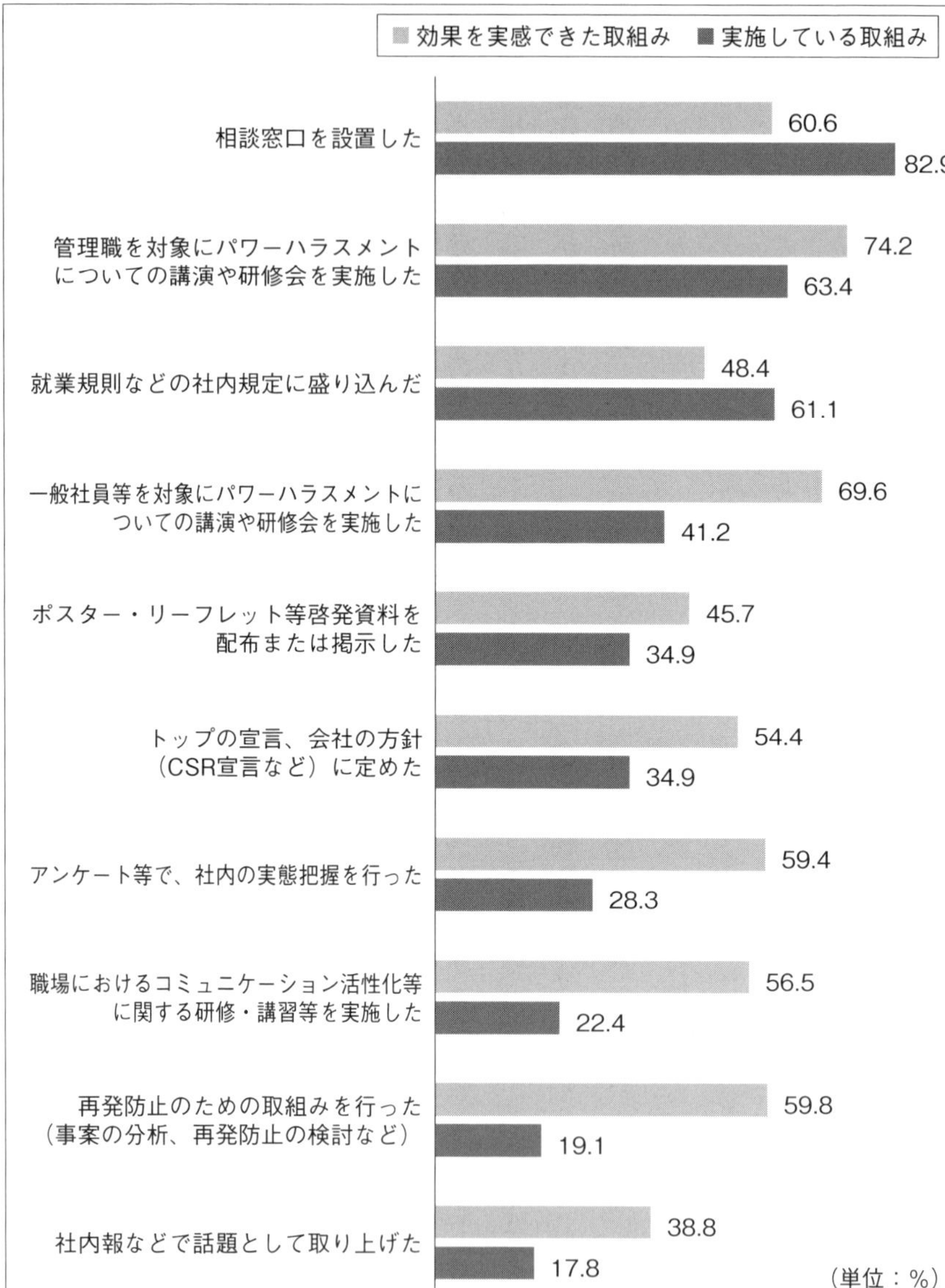

※【実施している取組み】パワハラ予防・解決のための取組みを実施している企業：2394件＝100.0
※【効果を実感できた取組み】それぞれの取組みを実施している企業＝100.0
出典：「平成28年度 職場のパワーハラスメントに関する実態調査報告書」2017年４月、厚生労働省

理由に不利益な取り扱いを受けることを「マタハラ」とよび、これに対するさらなる法的規制が検討されることとなった。

そして最終的には、男女雇用機会均等法（および育児・介護休業法）の改正によって、2017年1月以降、セクハラと同様の措置義務が事業者に課されるに至っている。すなわち、セクハラの場合と同様に、法律上は「当該（女性）労働者からの相談に応じ、適切に対応するために必要な体制の整備その他の雇用管理上必要な措置を講じなければならない」と規定されるとともに、具体的な内容はマタハラ指針（「事業主が職場における妊娠、出産等に関する言動に起因する問題に関して雇用管理上講ずべき措置についての指針」2016年8月2日厚生労働省告示312号）で定められている。

マタハラについても、これを規制する法律は男女雇用機会均等法（および育児・介護休業法）のほかに特別の法律は存在しない。したがって、これもセクハラやパワハラの場合と同様、マタハラによって従業員が精神障害を発症した場合の企業の責任については、民法に基づく損害賠償責任と、労働基準法に基づく災害補償責任が問題となる。

また、職場におけるハラスメントについては、企業は職場環境配慮義務を負っており、企業はその防止のため、次のような対策を講じることが求められている。これらの内容は、セクハラに関してはセクハラ指針に、マタハラに関してはマタハラ指針に、それぞれ明記されており、パワハラに関しても当てはまるものである。

①方針等の明確化と周知・啓発
②相談体制の整備
③事後の迅速かつ適切な対応…事実関係の迅速かつ正確な確認、行為者および被害者に対する適正な措置、再発防止に向けた措置

なお、先の厚生労働省「雇用均等基本調査」によれば、マタハラ防止対策に取り組んでいる企業は52・8％であり、その取り組み内容（複数回答）は、

「就業規則、労働協約等の書面で妊娠・出産・育児休業等に関するハラスメントについての方針を明確化し、周知した」28・8％、「相談・苦情対応窓口を設置した」17・9％、「業務体制の整備など、事業主や妊娠した労働者その他労働者の実情に応じ、必要な措置を行った」16・9％となっている。

職場復帰の支援

健康経営は、生産性（企業利益）と企業利益を生み出す従業員を一体としてとらえたうえで、人に由来する生産性の損失（アブセンティーズム＝健康問題による欠勤、プレゼンティーズム＝健康問題による生産性低下といった損失）を最小限にとどめられれば、企業の利益率をさらに高めることにつながるとの考え方をしており、このような観点からすると、休職中の従業員をいかにスムーズに復職させるかは重要な意味をもってくる。

そこでここでは、私傷病休職制度の趣旨、復職判定、復職条件の決定、解雇・退職について、裁判例をあげながら説明する。

①私傷病休職制度の趣旨

わが国の企業では、一般に私傷病休職制度は「解雇猶予のために設けられた制度」とされている。

つまり、うつ病の発症など私傷病によって労務に従事させることが不能または不適当になった場合、本来なら労働契約を解消（解雇）するのが原則であるが、わが国の雇用慣行のひとつである終身雇用（長期雇用）制との関係から、長年企業に貢献してきた（あるいは貢献することが期待される）従業員の功績や将来への期待に応えるべく、労働契約関係を維持させながら労務への従事を免除ないし禁止する。これが私傷病休職制度の趣旨である。

民間企業には、公務員とは異なり、私傷病休職に関する法律上の根拠規定は一切存在せず、それぞれの企業が独自に就業規則や労働協約によって規定している。いいかえれば、私傷病休職制度を設けるか否か、設けるとして、休職発令の要件、休職期間、休職中の処遇をどうするかなど、すべて企業側が自由に制度設計できるものである。ちなみに、多くの場合、私傷病休職制度の趣旨を踏まえ、勤続年数や傷病の性質に応じて、休職発令の要件や休職期間が定められる。

②復職判定

休職期間中に傷病から回復（いわゆる治癒）して就労可能となれば、休職は終了し、復職となる。他方、回復せず休職期間満了に至ったときは、後述するとおり、解雇もしくは自然退職となる。

休職・復職に関して最も争われることが多いのは、復職判定（復職の可否）、つまり、「治癒しているか否か」の点をめぐってである。

この点について、従来の裁判例は大きく2つの立場に分かれていた。ひとつは「復職を申し出てきた時点で、従前の仕事を通常程度なしうるか否か」を判断基準とする立場（昭和電工事件・千葉地裁1985年5月31日判決等）、もうひとつは「今後の完治の見込みや配置換えなどを含めて、企業側に一定の配慮を求める」という立場（エール・フランス事件・東京地裁1984年1月27日判決等）である。

ところがその後、従業員が労務の提供を申し出てきた時点で、以前の仕事を通常程度にはなしえない場合に、「債務の本旨に従った労務の提供といえるか否か」をめぐって争われた**片山組事件**（最高裁1998年4月9日判決）で、「労働者が職種や業務内容を特定せずに労働契約を締結した場合においては、現に就業を命じられた特定の業務について労務の提供が十全にはできないとしても、その能力、経験、地位、当該企業の規模、業種、当該企業における労働者の配置・異動の実情および難易等に照らして当該労働者が配置される現実的可能性があると認められる他の業務について労務の提供をすることができ、かつ、その提供を申し出ているならば、なお債務の本旨に従った履行の提供があると解するのが相当である」との判断が示された。

そして、それ以降は復職の可否の判断についても、先の２つの立場のうち、後者の「今後の完治の見込みや配置換えなどを含め、事業者側に一定の配慮を求める」という立場に立脚する裁判例がくり返されている（北産機工事件・札幌地裁１９９９年９月21日判決、キヤノンソフト情報システム事件・大阪地裁２００８年１月25日判決等）。

【会社指定医への受診を命じることができるか】

復職判定のために従業員に会社指定医（産業医を含む）の診断を受けるよう命じることができるか否かをめぐって争われることもしばしば生じる。

この点については、法定外の健康診断と同様に、就業規則などに受診義務に関する規定がある場合には、それを根拠に受診を命じ（電電公社帯広局事件・最高裁１９８６年３月13日判決）、就業規則などに規定が設けられていない場合には、原則として従業員の個別の同意を得たうえで受診させることになるが、一定の場合には信義則等を根拠に受診を命じることになる（京セラ事件・東京高裁１９８６年11月13日判決等）。

特に、厚生労働省「心の健康問題により休業した労働者の職場復帰支援の手引き」でも指摘されているように、主治医の診断書の取り扱いには慎重な配慮が求められることから、復職判定に際しては信義則等を根拠に広く会社指定医（産業医を含む）への受診を命じることができると解すべきである。

【主治医と産業医の意見が分かれる場合】

復職可否の判定に際し、主治医の意見と産業医や会社指定医の意見が分かれることがしばしば生じる。

復職可否の判定を行うのは、あくまで企業であるが、企業としていずれの意見を尊重すべきか。

従来の裁判例のなかには、「原則として主治医ないし専門医の意見を尊重すべきであり、これと異なる判断をする場合には、企業は労働者に対してその理由を明示すべきである」と判示する立場（マルヤタクシー事件・仙台地裁１９８６年10月17日判決）もあるが、問題は、従業員の業務の実態を十分に調査・把握したうえで復職可否の意見が出されているか否かである。

このような観点から、主治医の意見よりも産業医の意見を優先させた事案として、**カントラ事件**（大阪高裁２００２年６月19日判決）、**日本ヒューレット・パッカード事件**（東京高裁２０１６年２月25日判決）などがあげられる。また、「復職可能」とする主治医の診断書が提出されたものの、そこに従業員の意向が反映されている疑いがあると判示された事案として、**コンチネンタル・オートモーティブ事件**（横浜地裁２０１５年１月14日決定）がある。

③復職条件の決定

復職が可能となれば、あわせて具体的な復職条件を決定することになるが、その際には、安全配慮義務のうち適正労働配置義務の履行が問題となる。

具体的には、うつ病など精神疾患が発症するに至った経過（原因）、治療状況や病状の回復状況などを踏まえ、作業時間の制限や職務内容の変更の要否など、復職条件を決定することが求められる。

復職時に本来の健康状態にまで戻っていなかったにもかかわらず、復職と同時に以前と同様の業務に従事させたことをもって安全配慮義務違反とされた**石川島興業事件**（神戸地裁姫路支部１９９５年７月31日判決）や、復職と同時に遠隔地への異動を命じたことが人事権の濫用にあたるとして異動命令は無効とされた**損害保険リサーチ事件**（旭川地裁１９９４年５月10日決定）などの裁判例もあるので注意を要する。

【試し出勤期間中の対応】

なお、正式な復帰の決定前に、職場復帰のためのリハビリの場を提供することを目的としたり、復職の可否判断の材料を得ることを目的に、試し出勤の制度を設けている企業もあるが、こうした制度を設けることは法的義務ではなく、あくまで企業の裁量に委ねられているものである。

そのため、試し出勤期間中の処遇や災害が発生した場合の対応など、人事労務管理上の位置づけについては、「心の健康問題により休業した労働者の職場復帰支援の手引き」で指摘されているとおり、あらかじめ一定のルールを定めておく必要がある。

試し出勤が問題となった裁判例としては、**日本テレビ放送網事件**（東京地裁2014年5月13日判決）、**日本電気事件**（東京地裁2015年7月29日判決）、**NHK（名古屋放送局）事件**（名古屋地裁2017年3月28日判決）などがある。

NHK（名古屋放送局）事件では、第2章でも述べたとおり、同局が実施した試し出勤（テスト出局）について、傷病休職中の職員に対する安全配慮義務（健康配慮義務）に基づく職場復帰援助措置の一環として制度化されたものとこれを評価している（74ページ参照）。

④退職・解雇

休職期間内に傷病が回復しないまま、期間が満了するに至ったときは、就業規則などの規定に基づき解雇もしくは自然退職となる。

なお、私傷病休職の制度が設けられている場合でも、休職を命じるまでの欠勤期間中に解雇されない利益を従業員に保障したものとはいえず（岡田運送事件・東京地裁2002年4月24日判決）、たとえ休職期間を設けたとしても治癒する見込みがないような事例については、休職を命ずるまでもなく解雇できる。

私傷病休職の対象となるのは、あくまで業務外の傷病である。ところが、私傷病休職が発令された当初は、従業員から特に異議が出されなかったにもかかわらず、休職期間満了にともない解雇もしくは自然退職となる時点で、突然、「この病気は業務に起因するものであるから、解雇や自然退職の取り扱いは無効である」と従業員から主張され、しばしば争いになることがある。業務上疾病となれば、労働基準法19条１項により「療養のために休業する期間及びその後30日間」は解雇ができないからである。

裁判例でも、**東芝**（うつ病・解雇）**事件**（東京高裁２０１１年２月23日判決）、**医療法人健進会事件**（大阪地裁２０１２年４月13日判決）などでは、「そもそも業務上疾病に該当する」として、解雇ないし自然退職の取り扱いが無効と判断されている。

⑤「手引き」が提示する職場復帰支援の５つのステップ

これまで述べてきたように、メンタルヘルス不調によって休業した従業員の職場復帰に関しては、厚生労働省より「心の健康問題により休業した労働者の職場復帰支援の手引き」が出されている。

この「手引き」では、職場復帰の支援を**図表50**（次ページ参照）のような５つのステップに区分し、それぞれのステップに応じた支援を提示している。

なお、「手引き」は、ただちに事業者に法的義務を課すものではないが、過去の裁判例にみるように、安全配慮義務違反の有無や賃金請求権の有無などを判断するに際し、一定の範囲で考慮する必要がある（大阪府保健医療財団事件・大阪地裁２００６年３月24日判決、建設技術研究所事件・大阪地裁２０１２年２月15日判決、四国化工機ほか１社事件・高松高裁２０１５年10月30日判決等）。

働き方改革実行計画とメンタルヘルス対策

第３章で述べたとおり、２０１７年３月に策定された「働き方改革実行計画」は、健康経営と同じ方向性をもつものである。

メンタルヘルス対策についても、同実行計画では、独立した検討テーマとしては取り上げていないものの、「長時間労働の是正」という検討テーマのなかで、次のように言及されている。「労働者が健康に働くための職場環境の整備に必要なことは、労働時

図表50　職場復帰の支援――５つのステップ

【第１ステップ】病気休業開始及び休業中のケア
ア　病気休業開始時の労働者からの診断書（病気休業診断書）の提出
イ　管理監督者によるケア及び事業場内産業保健スタッフ等によるケア
ウ　病気休業期間中の労働者の安心感の醸成のための対応
エ　その他

↓

【第２ステップ】主治医による職場復帰可能の判断
ア　労働者からの職場復帰の意思表示と職場復帰可能の判断が記された診断書の提出
イ　産業医等による精査
ウ　主治医への情報提供

↓

【第３ステップ】職場復帰の可否の判断及び職場復帰支援プランの作成
ア　情報の収集と評価
（ア）労働者の職場復帰に対する意思の確認
（イ）産業医等による主治医からの意見収集
（ウ）労働者の状態等の評価
（エ）職場環境等の評価
（オ）その他
イ　職場復帰の可否についての判断
ウ　職場復帰支援プランの作成
（ア）職場復帰日
（イ）管理監督者による就業上の配慮
（ウ）人事労務管理上の対応
（エ）産業医等による医学的見地からみた意見
（オ）フォローアップ
（カ）その他

↓

【第４ステップ】最終的な職場復帰の決定
ア　労働者の状態の最終確認
イ　就業上の配慮等に関する意見書の作成
ウ　事業者による最終的な職場復帰の決定
エ　その他

↓

職場復帰

↓

【第５ステップ】職場復帰後のフォローアップ
ア　疾患の再燃・再発、新しい問題の発生等の有無の確認
イ　勤務状況及び業務遂行能力の評価
ウ　職場復帰支援プランの実施状況の確認
エ　治療状況の確認
オ　職場復帰支援プランの評価と見直し
カ　職場環境等の改善等
キ　管理監督者、同僚等への配慮等

間管理の厳格化だけではない。上司や同僚との良好な人間関係づくりを併せて推進する。このため、職場のパワーハラスメント防止を強化するため、政府は労使関係者を交えた場で対策の検討を行う。併せて、過労死等防止対策推進法に基づく大綱においてメンタルヘルス対策等の新たな目標を掲げることを検討するなど、政府目標を見直す」。

加えて、健康経営が重視するワークエンゲージメントとの関係でいえば、ワークエンゲージメントの高低を規定する要因のうち、仕事に対する裁量の度合いや報酬といった事柄については、「働き方改革実行計画」でも取り上げられている。

たとえば、裁量度合いの問題に関しては、「柔軟な働き方がしやすい環境整備」というテーマのなかで、「時間や空間の制約にとらわれることなく働くことができる」制度として、テレワークの活用などが取り上げられている。また、報酬の問題に関しては、「同一労働同一賃金など非正規雇用の処遇改善」というテーマとともに、「賃金引上げと労働生産性向上」というテーマのなかで報酬面での改善が取り上げられており、それらの対応策を講じることにより、意欲をもって仕事に取り組み、生産性向上につなげていくことを目指している。

【第5章】

多様化する雇用形態と多様な人材活用

日本型雇用システムとその変容

日本型雇用システムとは、毎年定期的に新規学卒者が職務や勤務地を限定せずに採用され、定年制のもと仕事の習熟度などを高めつつ長期の勤続がなされるとともに、こうした仕事の習熟度や経験年数などを考慮した人事・賃金制度のもとで昇格・昇給が重ねられていく雇用システムをいう。

このような日本型雇用システムは、１９６０年代から１９７０年代初め、高度経済成長期の日本の企業（とりわけ大企業）で発展・確立したものであるが、それを支えたのは、当時の人口構成であり、産業構造であった。当時、団塊の世代の若年労働者が大量に新規採用され、また、製造業など第二次産業を中心とした産業構造をもっていた。

しかし、その後、企業を取り巻く経営環境は一変し、少子高齢化による人口構成の変化、技術革新にともなう産業構造の変化など、日本型雇用システムを支えたものが失われつつ現在に至っている。

人口構成の変化についていえば、**図表51**のようにピラミッド型から逆ピラミッド型へと移行しつつあり、特に生産年齢人口は１９９７年を境に減少に転じている。また、産業構造の変化については、「労働基準監督年報」（厚生労働省（旧労働省）労働基準局発行）の業種別適用労働者数を比較すると、１９６５年当時、製造業などの第二次産業（工業的業種）に従事する労働者は全体の62・5%を占めていたが、２０１５年時点では27・3%にすぎない。

要するに、長期雇用、年功賃金制度を特徴とする日本型雇用システムは、経験を積みながら仕事の習

図表51　人口ピラミッドの変化

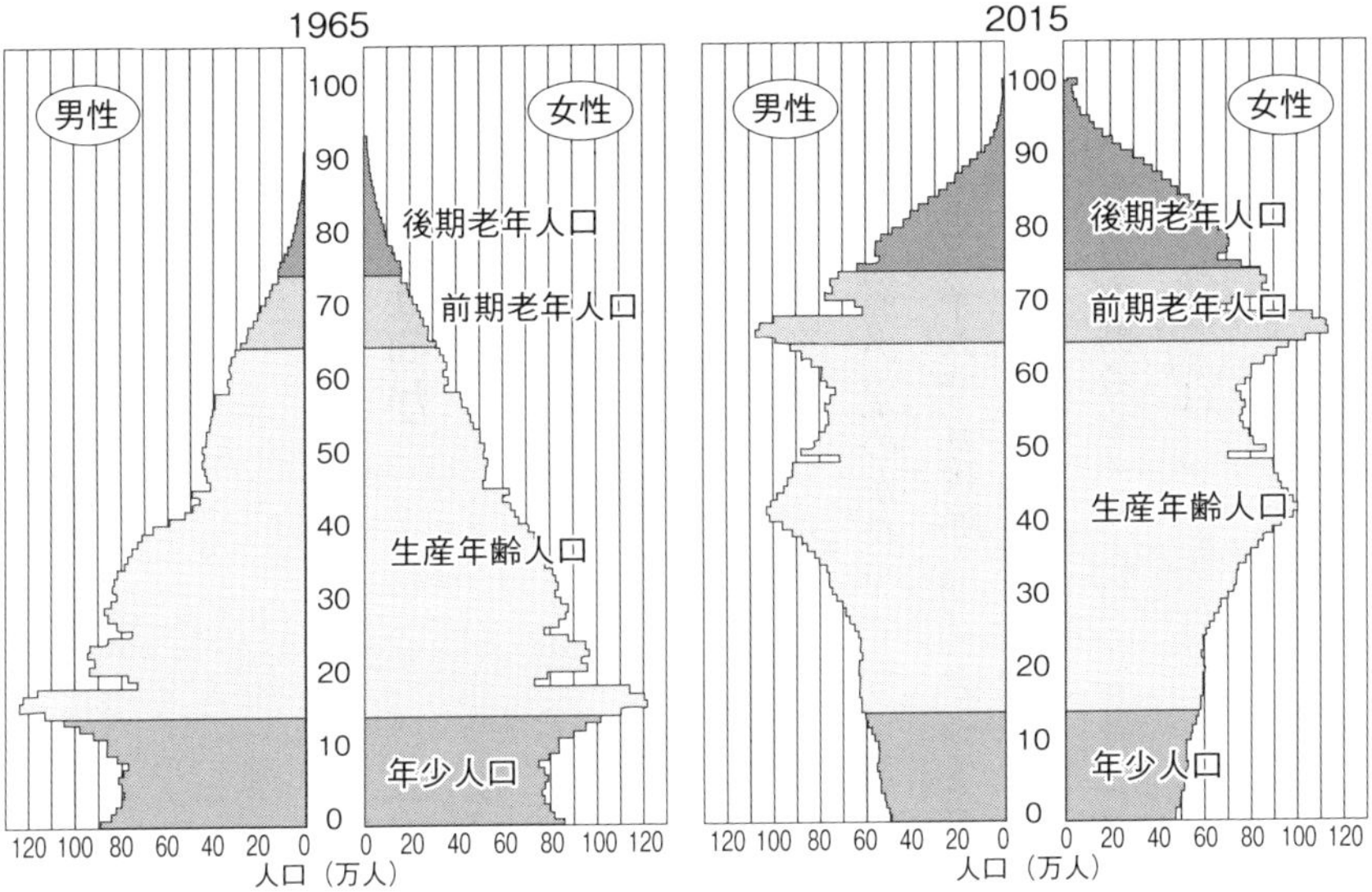

出典：国立社会保障・人口問題研究所

熟度を上げていく製造業など第二次産業や、ピラミッド型の人口構成においては適合的なシステムであったが、その前提が崩れると、決して適合的なシステムとはいえなくなっているのである。

加えて、60年代から70年代にかけて発展・確立した日本型雇用システムは、男女役割分担意識（男性は仕事、女性は家事・育児）に根ざした男性労働者中心のものであり、男女役割分担意識が薄まれば、日本型雇用システムの妥当性にも影響を与えることとなる。

このような企業を取り巻く経営環境の変化、具体的には人口構成の変化（とりわけ生産年齢人口の減少）や技術革新にともなう産業構造の変化、男女役割分担意識の変化、さらにはグローバル化なども相まって、従来の日本型雇用システムは変容を余儀なくされ、以下に述べるような雇用形態の多様化や多様な人材活用の要請が高まっている。

非正規雇用をめぐる課題と法規制

非正規雇用とは何か

正規・非正規を区分する法律上の規定は存在しない。ただし、「非正規労働者」という呼称自体は1980年ころから用いられるようになったといわれており、また、典型的な「正規労働者」とは、通常、企業と契約期間の定めがなく（無期）、かつ所定労働時間がフルタイムで直接雇用されている者を指すのに対し、有期契約労働者、短時間労働者（パートタイム労働者）、派遣労働者を「非正規労働者」とよんでいる。さらに最近では、「限定正社員」（そこには職務・勤務地のみならず、労働時間を限定された正社員が含まれている）の導入の可否が議論されており、いずれにしても正規・非正規の概念は相対的なものである。

非正規労働者の数は、1970年代後半から増加しはじめ、特にバブル経済が崩壊した1990年代半ば以降急増し、現在では4割近くを非正規労働者が占めるに至っている。このような非正規労働者の急増は、バブル経済崩壊後の日本経済の不況を反映して、雇用調整がしやすく、かつ人件費が安く抑えられる労働力として、企業が非正規労働者の活用を

【参考】総務省「労働力調査」における正規・非正規の概念

総務省が実施する「労働力調査」では、役員を除く雇用者を「正規の職員・従業員」と「非正規の職員・従業員」に分けたうえで、「非正規の職員・従業員」を「パート・アルバイト」「労働者派遣事業所の派遣社員」「契約社員・嘱託」「その他」に分けて集計している。

積極的に行っていることを示すものである。ちなみに、厚生労働省「平成28年 パートタイム労働者総合実態調査」によれば、パートを雇用する理由（複数回答）として、「1日の忙しい時間帯に対処するため」41・6％、「人件費が割安なため（労務コストの効率化）」41・3％という結果となっている。

その一方で、非正規労働者の雇用の不安定さや処遇の低さ（正規労働者との処遇面での格差）が社会問題化しており、その是正に向けて法改正などがくり返されている。ただし、先の「平成28年 パートタイム労働者総合実態調査」によれば、「今後の希望する働き方」として、「パートで仕事を続けたい」が72・0％と圧倒的に多く、「正社員になりたい」は18・9％にすぎない。法改正などを行うにあたっては、こうした調査結果にも留意する必要があるだろう。

【参考】非正規労働者の業務による心理的負荷

厚生労働省「心理的負荷による精神障害の認定基準」では、業務による心理的負荷に関する具体的出来事のひとつとして「非正規社員であるとの理由等により、仕事上の差別、不利益取扱いを受けた」があげられている。

以下では、特にストレス要因となりうる雇用の不安定さや処遇の低さをめぐる問題を中心に、有期契約労働者、パートタイム労働者、派遣労働者それぞれについて法規制の概要などを述べることとする。

なお、雇用形態が多様化するなかで、雇用形態によって従業員の待遇や雇用の安定性に格差が生じ、それが社会における格差の固定化につながることが懸念されている。こうした状況を是正するため、２０１５年に「労働者の職務に応じた待遇の確保等のための施策の推進に関する法律」が制定され、是正に向けた国の責務などが定められている。

有期契約労働者

有期契約労働者とは、期間の定めのある労働契約によって雇用される労働者をいい、日雇い、臨時、期間社員、アルバイト、嘱託、パート社員、契約社員など、さまざまな呼称の者を含む。

このような有期契約労働者に関する法規制として特別の法律が制定されているわけではなく、民法および労働契約法のほか、労働基準法で一定の規定が設けられているにとどまる。

●雇用の不安定さに対する「雇止めの法理」

有期契約労働者の雇用の不安定さは、契約期間の上限が原則3年であり（労働基準法14条1項）、契約の更新がなされないかぎり、契約期間満了によって雇用関係は終了するという点にある。

しかし実際には、判例によって「**雇止**《やといど》**めの法理**」が確立され、有期契約であっても、反復更新されることにより実質的に無期契約と同様の状態となった場合（東芝柳町工場事件・最高裁1974年7月22日判決）や、雇用継続に対する従業員の期待に合理性が認められる場合（日立メディコ事件・最高裁1986年12月4日判決）には、期間満了によって契約が終了するのではなく、解雇の場合と同様に客観的・合理的な理由が必要であるとして、有期契約労働者の雇用の不安定さに一定の歯止めがかけられることとなった。そして、このような判例法理は、その後、労働契約法において明文化されている（同法19条）。

また、労働契約法では、通算契約期間が5年を超える従業員に対して「**無期転換申込権**」（申込みにより期間の定めのない無期労働契約に転換される権利）を付与することにより雇用の不安定さを緩和する手当てを行っている（同法18条）。なお、「専門的知識等を有する有期雇用労働者等に関する特別措置法」により、医師、弁護士、大学教員等の専門職種に従事する労働者や定年後の再雇用者については、無期転換申込権が一定期間発生しない等の特例が認められている。

そのほか、民法628条と労働契約法17条において、契約期間途中の解雇は「やむを得ない事由」が認められないかぎりなしえない旨を規定し、有期契約労働者の保護を図っている。

●労働条件の相違をめぐる争い

処遇の低さについては、労働契約法20条で、有期契約労働者と無期契約労働者との間で労働条件が相違する場合には、「当該労働条件の相違は、労働者の業務の内容及び当該業務に伴う責任の程度、当該職務の内容及び配置の変更の範囲その他の事情を考慮して、不合理と認められるものであってはならない」と規定し、期間の定めがあることによる不合理な労働条件を禁じている。なお、有期契約労働者と後述するパートタイム労働者を別々の法律で別々に規定する意味はないため、有期契約労働者についても同20条を削除し、パートタイム労働法によって統一的に規制することが検討されている。

最近、労働契約法20条の適用をめぐって紛争が急増し、有期契約労働者と無期契約労働者との労働条件の相違が「不合理」と認められるか否かが争われている。代表的な事案として、**ハマキョウレックス（第２次）事件**（大阪高裁２０１６年７月26日判決）、**長澤運輸事件**（東京高裁２０１６年11月２日判決）、**メトロコマース事件**（東京地裁２０１７年３月23日判決）、**ヤマト運輸（賞与）事件**（仙台地裁２０１７年３月30日判決）、**日本郵便（時給制契約社員ら）事件**（東京地裁２０１７年９月14日判決）などがある。

長澤運輸事件は、定年後、嘱託社員として再雇用されたトラック運転手が、定年前と同じ業務（正社員と同等）に従事しているのに正社員と賃金が違うことを不合理であるとして会社を訴えた事案であるが、この点について裁判所は、「労働契約法20条は、有期契約労働者と無期契約労働者の間の労働条件の相違が不合理なものであることを禁止する趣旨の規定であると解されるところ、同条の『期間の定めがあることにより』という文言は、有期契約労働者の労働条件が無期契約労働者の労働条件と相違するというだけで、当然に同条の規定が適用されることにはなら（ない）」として、定年後再雇用の賃金引き下げが広く行われていること、賃金引き下げ幅が約2割減と大きくないこと、労働組合と協議して定年後再雇用者の労働条件の改善に努めていることなどを考慮して、嘱託社員と正社員との賃金格差は不合理であるとは認められないと判示している。

パートタイム労働者

パートタイム労働者に関する特別法として、1993年に制定された「短時間労働者の雇用管理の改善等に関する法律」、いわゆるパートタイム労働法がある。

パートタイム労働法の適用対象となる労働者とは、「1週間の所定労働時間が同一の事業所に雇用される通常の労働者の1週間の所定労働時間に比し短い労働者」（同法2条）を指し、たとえパートと呼称されていても、正社員と同じ所定労働時間（たとえば週40時間）の者はこれに該当しない。

パートタイム労働法では「雇用管理の改善等に関する措置」として、事業主に対し、労働条件に関する文書の交付義務（6条）や事業主の措置の内容等に関する説明義務（14条）などを定めるほか、雇用の不安定さや処遇の低さに対する改善措置について、次のとおり特別な手当てを行っている。

●雇用の不安定さに対する改善措置

雇用の不安定さに対する改善措置としては、正社員への転換を推進するため、事業主に対し次のいずれかの措置を講じるよう義務づけている（13条）。

①正社員の募集を行う場合には、募集内容をパートタイム労働者に周知すること（周知することでパートタイム労働者に応募の機会を与える）

②正社員の配置を新たに行う場合には、当該配置の希望を申し出る機会をパートタイム労働者に与えること

③一定の資格をもつパートタイム労働者を対象と

した正社員への転換のための試験制度を設けること

なお、パートタイム労働者であっても、先に述べた有期労働契約者に該当する場合には、労働契約法18条や19条が適用されることはいうまでもない。

●処遇の低さに対する改善措置

処遇の低さに対する改善措置については、次のとおり、待遇の原則規定を設けている。

「事業主が、その雇用する短時間労働者の待遇を、当該事業所に雇用される通常の労働者の待遇と相違するものとする場合においては、当該待遇の相違は、当該短時間労働者及び通常の労働者の業務の内容及び当該業務に伴う責任の程度（以下「職務の内容」という。）、当該職務の内容及び配置の変更の範囲その他の事情を考慮して、不合理と認められるものであってはならない」（8条）

また、正社員と同視すべきパートタイム労働者に対する差別的取り扱いを禁止する規定（9条）、正社員と同視すべきとはいえないパートタイム労働者に対する賃金の決定、教育訓練の実施、福利厚生施設の利用に関する均衡待遇の努力義務等の規定（10～12条）をも設けている。

派遣労働者

派遣労働者に関する特別法として、1985年に制定された「労働者派遣事業の適正な運営の確保及び派遣労働者の保護等に関する法律」、いわゆる労働者派遣法がある。

同法では、労働者派遣とは「自己の雇用する労働者を、当該雇用関係の下に、かつ、他人の指揮命令を受けて、当該他人のために労働に従事させることをいい、当該他人に対し当該労働者を当該他人に雇用させることを約してするものを含まないものとする」（2条1号）と定義され、また、派遣労働者とは

「事業主が雇用する労働者であって、労働者派遣の対象となるものをいう」（2条2号）と定義されている。

労働者派遣は、労働者を他人に供給するという性格をもつことから、職業安定法44条が禁止する労働者供給事業との抵触問題が生じたため、労働者派遣法を制定し、明文の規定（職業安定法4条6項）をもって禁止の対象から除外したものである。

労働者派遣法では、労働者派遣事業の適正な運営に関する措置を規定するほか（4～25条）、派遣労働者の保護に関する措置として、雇用の不安定さと処遇の低さに関連する定めなどが、次のとおり設けられている。

●雇用安定のための措置

派遣労働者の雇用安定のための措置については、派遣会社（派遣元）が講ずべき措置についての定めがある。すなわち、有期雇用派遣労働者（期間を定めて雇用される派遣労働者）が、派遣先の同じ組織の業務に継続して3年間従事する見込みがあり、かつ派遣期間終了後も継続して就業することを希望している場合、派遣会社（派遣元）は、次のいずれかの措置を講じなければならないというものである（30条2項）。

①就業先に対して直接雇用を求めること
②派遣労働者として就業させることができるように労働者の能力、経験などに照らして合理的な条件での就業の機会を提供すること
③派遣労働者以外の労働者として無期雇用できるように雇用の機会を確保し提供すること
④雇用の安定に特に資する教育訓練などの措置を講じること

なお、個人単位の派遣可能期間については、派遣会社は、派遣先の同じ組織の業務に3年を超えて継続して同一の労働者を派遣してはならないとされている（35条の3）。

また、同じく派遣会社は、有期雇用派遣労働者が派遣先の同じ組織の業務に継続して1年以上従事す

る見込みがあり、かつ派遣期間終了後も継続して就業することを希望している場合には、この①～④のいずれかの措置を講じるよう努めなければならない（30条1項）。さらに、前記以外の有期雇用派遣労働者で一定の者（雇用の安定を図る必要性が高いと認められる者）に対しても、②～④のいずれかの措置を講じるよう努めなければならない（30条1項）。

●処遇の低さに対し派遣会社が講ずべき措置

処遇の低さ（派遣先の労働者との均衡に考慮した派遣労働者の処遇）に関しても、派遣会社が講ずべき措置についての定めがある。

まず、派遣会社は、派遣労働者が従事する業務と同種の業務に従事する派遣先の労働者の賃金水準との均衡を考慮しつつ、同種の業務に従事する一般の労働者の賃金水準、派遣労働者の職務内容・職務の成果・意欲・能力・経験などを勘案し、派遣労働者の賃金を決定するよう配慮しなければならない。

また、教育訓練や福利厚生の実施など、派遣労働者の円滑な派遣就業の確保のために必要な措置を講ずるように配慮しなければならない（30条の3）。

そして、これらの点については、不合理な待遇の禁止等、処遇の低さの是正に向け、さらなる規制の強化が検討されている。

非正規雇用と労働者の健康問題

有期契約労働者であれパートタイム労働者であれ、雇用主である企業は、労働安全衛生法上、従業員の健康に関するさまざまな義務を負うとともに、民事上も安全配慮義務を負うのは当然である。

ちなみに、労働安全衛生法により事業者に義務づけられている定期健康診断については、パートタイム労働者の場合、契約期間が1年（一定の有害業務従事者の場合は6カ月）以上である者や、契約の更新により1年以上雇用されているか雇用される予定のある者で、

１週間の所定労働時間が同種の業務に従事する正社員の４分の３以上であるときは、健康診断を実施すべきとされている。また、１週間の労働時間が正社員の４分の３未満でも、おおむね２分の１以上であれば、健康診断を実施することが望ましいとされている。

一方、派遣労働者については、派遣会社が雇用主として同様の義務を負うが、あわせて派遣先も労働者派遣法の規定に基づき一定の事項について労働安全衛生法上の事業者としての義務を負う（同法45条）とともに、民事上の安全配慮義務を負う。

なお、「過労死等の労災補償状況」（２０１６年度）では、脳・心臓疾患については、労災認定件数が「正規職員・従業員」２４０件、「契約社員・パート・アルバイト」８件、「派遣労働者」３件（そのほか「その他（特別加入者等）」９件）。また、精神障害については、「正規職員・従業員」４４８件、「契約社員・パート・アルバイト」41件、「派遣労働者」５件となっている（そのほか「その他（特別加入者等）」４件）。

総務省の「労働力調査（基本集計）２０１６年度平均」によれば、役員を除く雇用者数５４１３万人のうち、正規が３３８８万人（62・６％）、非正規が２０２４万人（37・４％）とされている。この調査結果を、先の労災認定件数と比較すると、脳・心臓疾患、精神疾患いずれについても、非正規労働者よりも正規労働者のほうが、より深刻な状況にあることがうかがえる。ただし、もとよりそれは総体としての話であって、実際には、正規労働者より過重な業務を非正規労働者に担当させる職場も少なからず存在する。

ちなみに、非正規労働者に関する裁判例としては、アルバイト社員の過労死事案である**ジェイ・シー・エム事件**（大阪地裁２００４年８月30日判決）や、**山元事件**（大阪地裁２０１６年11月25日判決）、また、派遣労働者の精神疾患発症事案である**フィット産業事件**（大阪地裁２０１０年９月15日判決）などがあげられる。

雇用関係によらない働き方

日本型雇用システムを見直す契機として

雇用関係とは、働き手（労働者）が企業（使用者）の指揮命令のもとで働き、それに対する報酬（賃金）を企業が働き手に支払う契約関係をいう。

わが国では、先に述べたとおり長期雇用や年功型賃金といった日本型雇用システムが高度経済成長を支えつつ確立していったが、他方で、長時間労働などの弊害を生み出す結果となり、現在、日本型雇用システム自体が変容、その見直しを迫られている。そして、そのような状況のもと、いわば日本型雇用システムの対極にある、雇用関係によらない働き方が注目をあびている。

雇用関係によらない働き方の典型は、個人請負型就業者、あるいはフリーランスとよばれる働き手である。ただし、広義のフリーランスには、常時雇用されているが副業としてフリーランスの仕事を行う者や、雇用形態に関係なく2社以上の企業と契約して仕事を行う者なども含まれることがある。

雇用関係によらない働き方は、企業の指揮命令を受けずに働けることから、仕事の自由度・非拘束度、やりがいといった点で働き手に高い満足度を与えるものであり、働き手にとっては重要な選択肢となりうる。とりわけ、人生100年時代を迎えるわが国にとって、「働き手のライフステージに応じて、ある時は企業に雇用され、ある時は雇用関係によらず働く、ということを自由に選択できるようにし、柔軟な働き方を広げることは、来るべき長寿命社会においても重要である」（『雇用関係によらない働き方』に関する研究会報告書」２０１７年３月）。

もっとも、雇用関係によらない働き方をする場合には、働き手は労働法上「労働者」に該当せず、原則としてその保護対象から外れることとなる。いいかえれば、働き手は、取引相手となる企業（発注企業）と対等な当事者として契約関係に立つのである。

ただし、個人請負型就業者であっても、ひとつの企業と専属の請負契約（業務委託契約）を交わし、常駐に近いかたちで就業する者、いわゆるディペンデント・コントラクターについては、「労働者性」の判断を含め、一定の労働法上の保護の必要性をめぐって、厚生労働省政策統括室（労働担当）「個人請負型就業者に関する研究会報告書（２０１０年４月）」などで議論がなされている。

雇用関係によらない働き方における働き手と健康問題

雇用関係によらない働き方をする場合には、その働き手は非正規雇用労働者とは異なり、自身の健康については自ら責任をもつ（自分の健康は自分で守る）のが大原則である。ただし、労働安全衛生法では、関係請負人の労働者の健康障害を防止するための措置について、注文者（発注企業）に対して一定の義務を課し、また、労災保険との関係では、ひとり親方であっても特別加入者として被保険者となりうる。

請負会社の従業員の過労自殺をめぐって就業先

【参考】ディペンデント・コントラクター

雇用関係によらない働き方をする者をフリーランス、フリーエージェント、インディペンデント・コントラクターなどとよぶが、なかにはひとつの企業と専属的な契約関係にあり、主な収入源をその企業に依存している者もいる。このような場合は、企業からの独立性に乏しい点から、ディペンデント・コントラクター、雇用的自営、経済的従属ワーカーなどとよばれることがある。

（発注）企業の責任が争われた**アテスト**（ニコン熊谷製作所）**事件**（東京高裁２００９年７月28日判決）では、就業先の企業が請負会社の従業員に対して直接業務上の指示を行うなど、両者の間に一定の指揮命令関係があることから、就業先企業にこの従業員に対する安全配慮義務が認められている。

したがって、個人請負型就業者であっても、発注企業から直接業務上の指示がなされるなどの関係が存在する場合には、発注企業の健康管理責任が問題となる可能性が生じる。

健康経営ミニ知識

フリーランスという働き方

近年、企業が不特定多数の人に向けて業務委託先を募集する「クラウドソーシング」とよばれる就労形態が注目をあびている。

従来のアウトソーシング（外部の専門業者や専門技術者等への業務委託）に対して、昨今はインターネットの普及により、社外の不特定多数の人に業務を外注するケースが増えてきた。それらを総称してクラウドソーシングとよぶ。

ネット上で企業と働き手双方のニーズを結びつける事業者（プラットフォーマー）の存在もこの流れを加速させているといわれるが、雇用関係によらない働き方が普及しつつある今、プラットフォーマーを介さず直接企業と請負契約を結んだり、複数の働き手が連携して企業の仕事を請負うケースもある。

プラットフォーマーのひとつであるランサーズ社の「フリーランス実態調査」（2016年版）によれば、わが国でいわゆるフリーランスとして働いている人は、推計1064万人。前年比17%増と、増加傾向にあることがうかがえる。

雇用関係によらない働き方は、仕事の自由度が高く、自分のライフスタイルやライフステージに合わせて柔軟な働き方ができることから、多様な働き方のひとつとして認知度が高まっている。

しかし、その一方で、雇用契約下にある労働者に比べ、社会保障、労働法制、税制、教育訓練の機会などに大きな差がみられる。また、収入の途絶・減少リスクに対する支援策もいまだなく、さまざまな課題が残されているのが現状である。

多様な働き手がやりがいをもって働くための法整備、環境整備が望まれる。

多様な人材活用をめぐる課題と法規制

ダイバーシティの意義

経営戦略の観点からいえば、企業にとってダイバーシティ（多様な人材を積極的に活用しようという考え方）とは、女性、高齢者、障害者、外国人など、さまざまな人材のもつ能力を最大限発揮できる機会を提供することによりイノベーション（技術革新）を生み出し、生産性の向上、競争力の強化に資するものである。

かつての工業化社会では「同質的なチームワーク」が有効に機能したが、AIやロボットなどに代表される超スマート社会では、多様な人材が参画する「異質なチームワーク」こそが、イノベーション創出に向けて有効に機能するものとされている。

一方、多様な人材の側からしても、自分のもてる能力を最大限に発揮することによって、やりがいやる気をもつことができる。

従業員のエンゲージメントを高め、企業の生産性を向上させるという意味で、まさに多様な人材活用は健康経営に寄与するものといえよう。

【参考】 超スマート社会

超スマート社会とは、サイバー空間と現実社会が高度に融合した未来像をいう。内閣府資料では「必要なもの・サービスを、必要な人に、必要な時に、必要なだけ提供し、社会のさまざまなニーズにきめ細かに対応でき、あらゆる人が質の高いサービスを受けられ、年齢、性別、地域、言語といったさまざまな違いを乗り越え、活き活きと快適に暮らすことのできる社会」と定義され、政府は2020年までの実現を目指すとしている。

少子高齢化の進展によって生産年齢人口が減少しつづけるという状況に立ち至った日本では、これまで活躍の機会が十分に確保されてこなかった女性や高齢者などにその機会を提供し、能力を最大限に発揮してもらうことが不可欠である。

ここでは、健康問題との関係で特に注意を要する女性労働、高齢者雇用、障害者雇用について、それぞれ法規制の概要と健康管理をめぐる問題状況を述べることとする。

女性労働に関する労働法上の規制の概要

①平等取扱原則との関係

【労働基準法と公序法理】

労働基準法3条は、均等待遇原則を定める規定であるが、そこでは「性別」による労働条件全般の差別の禁止を定めておらず、同法4条で賃金についてのみ男女の平等取り扱いを規定するにとどまっている。これは、もともと労働基準法が後述するように、女性労働者を男性労働者と比べて生理的・肉体的に弱い面のある労働者とみて、時間外労働の制限や休日・深夜労働の禁止など、広範な保護規定を設けていたためである。

もっとも、労働基準法上、賃金以外の男女差別が規制されていないといっても、裁判例を通じて、女性労働者の結婚退職制や若年定年制などが民法90条の「公の秩序」に反するとして無効とされるなど（たとえば、女性若年定年制に関する日産自動車事件・最高裁1981年3月24日判決等）、男女平等取扱原則は「性別」による差別を規制する法理（公序法理）として確立している。

そして、1985年には、「性別」による差別を一般的に規制する法律として男女雇用機会均等法が制定され、その後、数次にわたる改正を経て、現在に至っている。

【男女雇用機会均等法による規制内容】

禁止されるべき差別的取り扱いの具体的な内容は、男女雇用機会均等法5条、6条、9条、同施行規則1条~2条の2に規定されている。

そのほか、男女雇用機会均等法の規定に基づき、「労働者に対する性別を理由とする差別の禁止等に関する規定に定める事項に関し、事業主が適切に対処するための指針」(2006年10月11日厚生労働省告示614号)で、**図表52**のように、雇用ステージごとに定められている。

なお、第4章で述べたとおり、最近、女性従業員が妊娠、出産、あるいは産前産後休業などを取得したことを理由に不利益な取り扱いを受けることを「マタニティハラスメント」とよび、これに対するさらなる法的規制が議論され、セクハラと同様の措置義務が2017年1月以降、事業者に課されることとなった(法11条の2等)。

【非正規雇用の拡大と男女間の賃金格差】

厚生労働省の「平成29年 賃金構造基本統計調査」では、常用労働者を一般労働者と短時間労働者に区分したうえで、男女の賃金の比較を行っている。

同調査によれば、一般労働者の場合(1カ月当たり賃金)、男性33万5500円に対して女性24万6100円、短時間労働者の場合(1時間当たり賃金)、男性1154円に対して女性1074円となっている。

また、一般労働者については同調査で雇用形態による賃金格差が示されており、「正社員・正職員」を100とした場合、「正社員・正職員以外」は男性67・3、女性72・0と、非正規労働者の処遇の低さが目立つ結果となっている。

他方、総務省の「労働力調査(基本集計)2016年度平均」によれば、「非正規の職員・従業員」は、男性649万人に対し、女性1375万人となっており、非正規労働者に占める女性の割合は3分の2を超えている。要するに、非正規雇用の拡大などを

図表52　男女雇用機会均等法による規制内容（禁止されるべき差別的取り扱い）

●募集・採用（法5条）

①募集・採用にあたって、その対象から男女のいずれかを排除すること、②募集・採用にあたっての条件を男女で異なるものとすること、③採用選考で能力・資質の有無などを判断する場合に、その方法や基準について男女で異なる取り扱いをすること、④募集・採用にあたって男女のいずれかを優先すること、⑤求人の内容の説明など、募集・採用に関する情報の提供について、男女で異なる取り扱いをすること、が禁止されている。

●配置・昇進・降格・教育訓練（法6条1号）

従業員の配置（業務の配分および権限の付与を含む）・昇進（昇格を含む）・降格・教育訓練について、性別を理由とする差別的取り扱いが禁止されている。

●福利厚生（法6条2号）

①住宅資金の貸し付け、②生活資金、教育資金その他従業員の福祉の増進のために行われる資金の貸し付け、③従業員の福祉の増進のために定期的に行われる金銭の給付、④従業員の資産形成のために行われる金銭の給付、⑤住宅の貸与について、性別を理由とする差別的取り扱いが禁止されている。

●職種・雇用形態の変更（法6条3号）

従業員の職種の変更(たとえば、一般職から総合職への変更）や、雇用形態の変更(たとえば、契約社員から正社員への変更）について、性別を理由とする差別的取り扱いが禁止されている。

●退職の勧奨・定年・解雇・労働契約の更新（法6条4号）

従業員の退職の勧奨・定年・解雇・労働契約の更新について、性別を理由とする差別的取り扱いが禁止されている。

●婚姻・妊娠・出産等を理由とする不利益取り扱い（法9条）

女性従業員が、婚姻、妊娠、出産したことを退職理由として予定する定めをしたり、婚姻したことを理由に解雇したり、あるいは、妊娠や出産をしたこと、産前産後休業など法律上認められた権利を行使・取得したことを理由として不利益な取り扱いをすることが禁止されている。

そして、不利益な取り扱いの具体例として、①解雇すること、②期間を定めて雇用される者について、契約の更新をしないこと、③あらかじめ契約の更新回数の上限が明示されている場合に、その回数を引き下げること、④退職させたり、正社員をパートタイム労働者等の非正規社員とするような労働契約内容の変更の強要を行うこと、⑤降格させること、⑥就業環境を害すること、⑦不利益な自宅待機を命ずること、⑧減給したり、賞与等で不利益な算定を行うこと、⑨昇進・昇格の人事考課で不利益な評価を行うこと、⑩不利益な配置の変更を行うこと、⑪派遣労働者として就業する者について、派遣先がその派遣労働者に関する労働者派遣の役務の提供を拒むこと、の11の類型があげられている。

通じて、男女間の賃金格差はいまだに根強く残っているのである。

なお、非正規労働者と正規労働者との格差問題については、176ページ以降で詳述したとおり、パートタイム労働法や労働者派遣法、労働契約法などでも一定の手当てがなされているところである。

②母性保護との関係

【労働基準法の立場】

先に述べたとおり、もともと労働基準法は、女性労働者を男性労働者と比べて生理的・肉体的に弱い面のある労働者とみて、時間外労働の制限や休日・深夜労働の禁止など、広範な女性保護規定を設けていた。

その後、女子差別撤廃条約の批准のための国内法整備の一環として、1985年の男女雇用機会均等法の制定、1997年の同法改正とともに、労働基準法が改正され、一般的な女性保護規定を廃止し、母性保護に特化した内容に整理し直された。

【労働基準法による規制内容】

母性保護に関する具体的な内容は、労働基準法64条の2～68条に規定するほか、女性労働基準規則で**図表53**のとおり定められている。

【男女雇用機会均等法による手当て】

労働基準法による母性保護規定とは別に、男女雇用機会均等法12条、13条でも、妊娠中や出産後の健康管理に関する措置として、

①保健指導または健康診査を受けるための時間の確保

②医師などからの指導事項を守ることができるようにするための措置（たとえば、勤務時間の変更や勤務の軽減など）

を講じることが義務づけられている。

図表53　労働基準法による規制内容（母性保護に関する内容）

●坑内業務の就業制限（法64条の２）

①妊娠中の女性や坑内で行われる業務に従事しない旨を使用者に申し出た産後１年を経過しない女性については、坑内で行われるすべての業務、②上記以外の満18歳以上の女性については、人力により行われる掘削の業務や動力により行われる掘削の業務、発破による掘削の業務等女性労働基準規則１条が定める業務、に就かせることが禁止されている。

●危険有害業務の就業制限（法64条の３）

①妊産婦（妊娠中の女性や産後１年を経過しない女性）については、重量物を取り扱う業務や有害ガスを発散させる場所での業務、ボイラー取り扱い業務など、女性労働基準規則２条が定める業務（ただし、一部の業務については、その業務に従事しない旨申し出がなされた場合に限る）、②上記以外の女性についても、重量物を取り扱う業務や有害ガスを発散させる場所での業務に就かせることが禁止されている。

●産前産後の保護（法65条、66条）

①産前産後休業

６週間（多胎妊娠の場合は14週間）以内に出産する予定の女性が休業を請求した場合、および産後８週間を経過しない女性については、それぞれ就業させてはならない。ただし、産後６週間を経過した女性が請求した場合に、医師が支障がないと認めた業務に就かせることは差し支えない。

②軽易業務への転換

妊娠中の女性が請求した場合には、他の軽易な業務に転換させなければならない。

③時間外労働の禁止等

妊産婦が請求した場合には、変形労働時間制によっても１週・１日の法定労働時間を超える労働をさせてはならず、また、時間外・休日労働をさせてはならない。さらに、妊産婦が請求した場合には深夜業をさせてはならない。

●育児時間（法67条）

生後満１年に達しない生児を育てる女性が請求した場合には、法定の休憩時間のほか、１日２回それぞれ少なくとも30分の育児時間を与えなければならない。

●生理日の就業が著しく困難な場合の休暇（法68条）

生理日の就業が著しく困難な女性が休暇を請求した場合には、生理日に就業させてはならない。

③少子高齢化と就業支援

【少子高齢社会の到来と育児・介護の支援の必要性】

少子高齢社会の到来とともに、女性労働者の就業支援の要請がますます高まり、職業生活と家庭生活の調和（ワーク・ライフ・バランス）の観点からも、法整備が進むこととなった。具体的には、１９９１年の育児休業法の制定、１９９５年の育児・介護休業法への改正、さらに、その後の数次にわたる育児・介護休業法の改正がそれである。

【育児・介護休業法による規制内容】

育児・介護休業法では、育児の支援、介護の支援、それぞれについて、ほぼ同趣旨の規定が設けられているので、ここでは育児の支援に関する規制内容を述べる。

●育児休業（法5条～9条の2）

１歳未満の子どもを養育する労働者は、子どもが１歳になるまでの一定期間を特定して育児休業を取得することができる（一定の要件を備えた場合、2歳まで延長可能）。ただし、父母がともに育児休業を取得する場合は、子どもが1歳2カ月までの間とされている。

なお、先に述べた厚生労働省の「雇用均等基本調査」によれば、２０１４年10月１日から２０１５年９月30日までの１年間に在職中に出産した女性がいた事業所のうち、女性の育児休業者がいた事業所の割合は85・９％。対して、男性の育児休業者がいた事業所の割合は５・４％であった。

●子の看護休暇（法16条の2と3）

小学校就学の始期に達するまで（小学校入学前の3月31日まで）の子を養育する労働者は、１年に５日（子が2人以上の場合は10日）を限度として、病気やケガをした子の看護または予防接種や健康診断を受けさせるための休暇を取得することができる。

●所定外労働の制限（法16条の8）

育児休業を取得せずに３歳までの子を養育する労

働者が希望する場合には、所定労働時間を超えて労働させてはならない。ただし、事業の正常な運営を妨げる場合はこの限りでない。

●時間外労働の制限（法17条）

小学校就学の始期に達するまでの子を養育する労働者が請求したときは、1月24時間、1年150時間を超えて労働時間を延長してはならない。ただし、事業の正常な運営を妨げる場合はこの限りでない。

●深夜業の制限（法19条）

小学校就学の始期に達するまでの子を養育する労働者が請求したときは、深夜（午後10時から午前5時まで）に労働させてはならない。ただし、事業の正常な運営を妨げる場合は、この限りでない。

●所定労働時間の短縮（短時間勤務）等の措置（法23条）

育児休業を取得せずに3歳までの子を養育する労働者が希望する場合には、1日の所定労働時間を原則として6時間とするなどの措置を講じなければならない。

●育児休業等の申出・取得を理由とする不利益取り扱いの禁止（法10条、16条の4、16条の9、18条の2、20条の2、23条の2）

労働者が育児休業あるいは子の看護休暇を申出・取得し、もしくは所定外労働・時間外労働・深夜業の制限、所定労働時間の短縮措置等を受けたことを理由として不利益取り扱いをすることが禁止されている。

女性活躍推進法の制定

①制定の経緯と法律の概要

これまで述べてきたように、女性労働については、「平等取扱原則」との関係、「母性保護」との関係、「少子高齢化と就業支援」の関係という3つの視点から、職業生活における女性の活躍を後押しするために労働法上の規制を行ってきた。

しかし、男女間の格差は、採用の場面（新規学卒者では男性のみを採用する企業が約4割）、配置や教育訓練などの場面（性別による大きなかたより）、退職の場面（第1子出産を機に退職する女性が約6割）で事実上存在したままであった。このような格差の背景には、固定的な男女役割分担意識とそれに結びついた長時間労働等の働き方があるとの指摘がなされていた。

そのため、こうした男女間の事実上の格差を解消しようと制定されたのが、女性活躍推進法（2015年8月成立）である。

②女性活躍推進法の概要

女性活躍推進法では、法律の目的・基本原則、国および地方公共団体等の責務、女性の活躍を推進するための支援措置に関する規定のほか、「行動計画」の策定などに関する事業主の責務について規定が設けられている。

この事業主（常時雇用する従業員が300人を超える一般事業主）の責務として策定が義務づけられている「行動計画」に関しては、次の4項目が定められている。

①自社の女性の活躍に関する状況の把握・課題分析
②行動計画の策定・社内周知・公表
③行動計画を策定した旨の労働局への届出
④取組の実施・効果の測定

また、具体的に「行動計画」を策定する際は、2015年11月に内閣官房・内閣府・総務省・厚生労働省告示1号として定められた「事業主行動計画指針」に依拠することとされている。

同指針では、次にあげる状況等を把握し、その結果を勘案したうえで、達成目標や取り組みの内容などを計画に盛り込むこととなっている。

①採用者に占める女性の割合
②男女の勤続年数の差異
③月ごとの平均残業時間など長時間労働の状況
④管理職に占める女性の割合

なお、女性活躍推進法の施行状況については、２０１７年3月末日時点で「行動計画」の策定・届出率は99・９％（義務対象企業数１万５８４７社中、届出企業数は1万５８２４社）となっている。

女性労働と健康管理問題

先に述べた「過労死等の労災補償状況」を男女別にみると、２０１６年度の認定件数は、脳・心臓疾患については、男性２４８件に対して女性が12件。また、認定率（決定件数に対する認定件数の比率）も、男性40・7％に対して女性16・９％となっている。

他方、総務省「労働力調査（基本集計）２０１６年度平均」によれば、役員を除く雇用者数５４１３万人のうち、男性２９５１万人に対し、女性２４６２万人。正規の職員・従業員に限っても、男性２３０１万人に対し、女性１０８７万人となっている。

こうした労働力調査の結果を先の労災認定結果と比較すると、脳・心臓疾患については女性よりも男性のほうが深刻な状況にあることがうかがえる。長時間労働の問題は、女性よりも男性のほうがより深刻であることを反映したものといえよう。

また、精神障害に関する２０１６年度の労災認定件数は、男性３３０件、女性１６８件。認定率は男性38・5％、女性33・８％となっている。これを先の労働力調査の結果と照らし合わせると、精神障害については性別による差はさほど認められない。

これは、女性の労災認定件数１６８件を「出来事」別にみると、「（重度の）病気やケガをした」「悲惨な事故や災害の体験、目撃をした」など事故や災害に関するもの（38件）のほか、「（ひどい）嫌がらせ、いじめ、又は暴行を受けた」（28件）、「上司とのトラブルがあった」（5件）、「セクシュアルハラスメントを受けた」（28件）など職場の人間関係やハラスメント関係の出来事が多数を占めており、男性の場合も、セクシュアルハラスメントは別として、事故や災害は、それなりの評価に値する。

＊

子育て世代の女性が働くためには、男性（夫）の育児参加・協力が不可欠である。ところが、現状は先に述べたとおりであって、きわめて不十分な状況が続いている。

そのひとつの大きな要因になっているのが、長時間労働を余儀なくされる男性労働者の働き方であり、また、根強く残る男女役割分担意識である。男性労働者にとって育児休業を取得しにくい職場の雰囲気というのも、まさにそのあらわれであろう。

したがって、子育て世代の女性が、そのもてる能力を十分に発揮して働きつづけるためには、男性（夫）の長時間労働を抑制し、男女役割分担意識を変えることが必要である。

まさに、働き方改革実行計画によって示された「日本の企業文化、日本人のライフスタイル、日本の働くということに対する考え方そのものに手を付けていく改革」が、今、求められているのである。

＊

長時間労働が、仕事と家庭生活との両立をさまたげ、少子化改善の一助となる男性の家庭参加を困難にし、女性の職業生活における活躍推進をはばむ原因となっていることは明らかである。

また、男女役割分担意識が結婚や出産を機に女性の離職を促し、さらに、子育てが一段落したあと「非正規」労働者として低い賃金を甘受しつつ再就職するといった現実を後押しする結果となっていることも明らかである。

今後、「M字カーブ現象」の解消・改善をさらに推進していくためには、長時間労働の是正をはじめとする働き方の見直しはもちろん、待機児童の解消に向けた保育所の整備など、女性が働きつづけるための環境整備も当然、必要となる。

しかし、より抜本的には、男性・女性を問わず労働者全員が「健康で、かつ、意欲（熱意）をもって働くことにより、労働生産性の向上につなげてゆく」ことが、「M字カーブ現象」の解消、そして、女性労働者の活躍推進に結びつくものである。

［注］労働力率：労働力人口比率ともいう。生産年齢に達している人口のうち、労働力として経済活動に参加している者の比率を指す。

健康経営ミニ知識

「M字カーブ現象」の解消に向けて

女性労働者が出産や育児によって離職し、子育てが一段落したあとにパートなどで再就職するという現象、いいかえれば、子育て期にあたる30代を中心に女性労働者が減少する現象を、「M字カーブ現象」という。

＊

少子高齢化による労働力人口の減少に歯止めをかけるため、女性労働者の活躍推進が社会的な課題となって久しい。その間、育児・介護休業法の制定・改正等を通じて、育児休業者などへの就業支援措置の拡充が図られ、今日に至っている。

総務省の労働力調査によれば、最近の30～34歳の女性労働力率（右ページ[注]参照）は75.2％に上昇し、40～44歳の77.0％とほぼ同じ水準にまで達している。

30年前の労働力率が５割程度であったことを考えると、「M字カーブ現象」は大きく改善されたといえる。その結果、15～64歳で働く女性の割合も69.4％に達し、男性の労働力率85.6％に比べるといまだ差があるものの、女性労働者の活躍推進も着実に進んでいる。

＊

とはいえ、男性労働者と比べて女性労働者の活躍推進が十分になされているかといえば、決してそうではない。

たとえば、育児休業の男女別の取得率を比べてみれば、その差は明らかである。育児のための休業は、育児・介護休業法によって男性・女性の区別なく権利として等しく認められている。

それにもかかわらず、厚生労働省が2017年7月に公表した「平成28年度雇用均等基本調査」によれば、女性の取得率（過去１年間に在職中に出産した女性のうち、育児休業を申出・開始した者の割合）が81.8％であるのに対し、男性の取得率（過去１年間に配偶者が出産した男性のうち、育児休業を申出・開始した者の割合）はわずか3.16％にとどまっている。

女性の育児休業取得率が平成８年度の調査では49.1％であったものが81.8％に上昇している点は、「M字カーブ現象」の解消・改善に大いに貢献しているのではないかと思われる。

しかし、その一方で、男性の取得率の低さはきわめて重要な意味をもっている。なお、男性についても、平成８年度の調査では0.12％であったものが、3.16％と上昇していること自体に関する出来事（男性では57件）と、「（ひどい）嫌がらせ、いじめ、又は暴行を受けた」（男性では46件）、「上司とのトラブルがあった」（男性では19件）など職場の人間関係に関するものが、女性の場合と同様、多数を占めていることを反映するものである。

高齢者雇用

①高齢者雇用に関する法規制の概要

高齢者雇用に関する特別法として、「高年齢者等の雇用の安定等に関する法律」（高年齢者雇用安定法）がある。高年齢者雇用安定法では、高年齢者の再就職の促進等を図る措置に関する規定（12～28条）やシルバー人材センターに関する規定（37～40条）などを定めるほか、事業主に対して、定年を定める場合には「60歳を下回ることができない」（8条）と規定するとともに、65歳までの雇用確保措置を講じることを義務づけている（9条）。

雇用確保措置の具体的な内容としては、①定年年齢の引き上げ、②継続雇用制度（再雇用など）の導入、③定年の廃止、の3つの措置が定められている。

ちなみに、厚生労働省「高年齢者の雇用状況」の集計結果（2017年）によれば、65歳以上の定年制を採用する企業が17・1％（うち65歳定年企業15・3％）、定年制を廃止した企業2・6％、再雇用などの継続雇用制度を導入する企業が80・3％となっている。定年年齢を65歳に引き上げたり、定年制を廃止する企業の割合が増えているとはいえ、依然として再雇用などの継続雇用制度を導入している企業の割合が高いことがわかる。

解雇規制が厳しいわが国では、定年制のもつ雇用終了機能を何とか維持したいと考え、また、60歳を超えると気力・体力ともに個人差が大きいため、一律・無条件に定年年齢を引き上げることに抵抗を感じる企業が今なお多数を占めることはやむをえないところがあるだろう。もっとも、国家公務員について65歳定年制が導入されることになれば、民間企業でも65歳定年制への動きがよりいっそう加速される可能性が考えられる。

なお、先の「高年齢者の雇用状況」によれば、70歳以上まで働ける企業の割合も22・6％（前年比1・4％増）となっており、深刻化する人手不足を受け、高年齢者を雇用する企業はますます増加することが見込まれる。

【定年後の再雇用制度をめぐる紛争】

ところで、定年後の再雇用制度に関して、どのような労働条件を提示すれば65歳までの雇用確保措置を講じたといえるのか、また、定年前に比べてどの程度まで賃金水準を引き下げても均衡待遇の原則に反しないのかをめぐって多数の紛争が生じている。

前者の問題については、**トヨタ自動車ほか事件**（名古屋高裁2016年9月28日判決）が重要な意味をもっている。判決では、定年後の継続雇用としてどのような労働条件を提示するかは事業者側に一定の裁量があるとしても、提示した労働条件が、無年金・無収入の期間の発生を防ぐという趣旨に照らしてとうてい容認できない低額の給与水準であったり、社会通念に照らしてとうてい受け入れがたい職務内容を提示するなど、実質的に継続雇用の機会を与えたとは認められない場合には、事業者の対応は改正高年齢者雇用安定法の趣旨に明らかに反するものであるといわざるをえないとされている。

なお、同旨の裁判例として、**九州総菜事件**（福岡高裁2017年9月7日判決）がある。

また、後者の問題については、**長澤運輸事件**（東京高裁2016年11月2日判決）が重要である。判決では、事業者が定年退職者に対する雇用確保措置として選択した継続雇用である有期労働契約は、社会一般で広く行われており、定年後の継続雇用者の賃金を定年時より引き下げること自体が不合理であるということはできないこと、また、定年前後で、職務内容、当該職務の内容および配置の変更の範囲が変わらないままで、相当程度賃金を引き下げることは広く行われていることから、再雇用後の賃金額が定年前に比べて20～24％程度減額となったとしても、社会的に妥当性を欠くとはいえないとされている。

なお、この事案については、有期契約労働者の項（179ページ）でもふれており、そちらも参照されたい。

【再雇用時の賃金低下をどうとらえるか】

わが国では、いわゆる日本型雇用システムが変容しつつあるとはいえ、現在なお賃金制度については年功的要素を含んだ制度を維持する企業が大半を占めている。そこでは、若年期は実際の成果（実績）よりも賃金の額は低く設定される一方、中高年期にいわばその未払部分が後払いされながら定年時に清算されるという経過をたどることとなる。

そのため、定年時に支払われる賃金の額は、その時点の実際の成果（実績）よりも相当程度高く設定されている。したがって、定年後に再雇用されて同じ仕事を続ける場合、定年時の賃金額をその後も維持することは決して合理性があるとはいえない。

まして定年後に再雇用されるに際して、職責が低下したり、転勤や残業の面で一定の制約をともなう場合には、定年時の賃金額より大幅に低下したとしてもやむをえないと考えられる。先の長澤運輸事件も、そのような観点から評価しうるものである。

なお、先の「高年齢者の雇用状況」集計結果によれば、常時雇用する従業員（常用労働者）が31人以上の企業における常用労働者数のうち、60歳以上の者の占める比率は、２００９年時点で８・２％（常用労働者２６３５万７８２９人のうち、60歳以上が２１５万９７５６人）であったのが、２０１７年時点では11・３％（常用労働者３０８０万４２９５人のうち、60歳以上が３４７万４４８２人）に増加している。

②高齢者雇用と健康問題

高齢者雇用については、労働安全衛生法で「事業者は、中高年齢者その他労働災害の防止上その就業に当たって特に配慮を必要とする者については、これらの者の心身の条件に応じて適正な配置を行なうように努めなければならない」（62条）との規定が設けられている。

これは、加齢にともない心身機能の低下がみられることは一般的に明らかであり、労働災害発生の要因のひとつとなることを考慮したものである。

【上昇しつづける従業員の有所見率】

このことは、生産年齢人口に占める中高年齢者の比率の増加にともない、定期健康診断における従業員の有所見率が上昇している事実からも裏づけられる。厚生労働省（旧労働省）「労働基準監督年報」で有所見率の推移をみると、２０００年には44・５％であったものが、２００５年には48・４％、２０１０年52・５％、２０１５年53・６％と増加しつづけている。なお、２０１５年の項目別の有所見率は、**図表54**（次ページ参照）のとおりである。ちなみに、このような有所見率の上昇傾向を受けて、厚生労働省は、２０１０年３月25日付で「定期健康診断における有所見率の改善に向けた取組について」（基発０３２５第１号）を出し、改善を図るべく努めている。

また、高齢者については、老人保健法が改正されて、２００８年４月から高齢者の医療の確保に関する法律（高齢者医療確保法）が施行され、同法で特定健康診査（特定健診）と特定保健指導が医療保険者（健康保険組合や協会けんぽなど）に義務づけられている。

企業における特定健診の対象者は、労働安全衛生法に基づく健診受診対象者のうち、40歳から75歳未満の者である。特定健診・特定保健指導の目的は、あくまで対象者が自らの生活習慣を振り返り、生活習慣病の患者やその予備軍を減少させることにあり、

図表54　定期健康診断実施結果（項目別の有所見率、2015年）

		有所見率（%）
項目別の有所見率	聴　力（1000Hz）	3.5
	聴　力（4000Hz）	7.4
	胸部X線検査	4.2
	喀痰検査	1.8
	血圧	15.2
	貧血検査	7.6
	肝機能検査	14.7
	血中脂質検査	32.6
	血糖検査	10.9
	尿検査（糖）	2.5
	尿検査（蛋白）	4.3
	心電図検査	9.8

図表55　定期健康診断と特定健康診査の比較

	労働安全衛生法に基づく定期健康診断	高齢者医療確保法に基づく特定健康診査
目的	労働者の健康状態を把握し、事後措置につなげる	内臓脂肪症候群（メタボリックシンドローム）を予防するため、特定保健指導につなげる
実施者	事業者	保険者（健保組合等）
対象者	常用労働者全員	40歳から74歳までの常用労働者
頻度	1年以内ごとに1回	年度ごとに1回
保健指導	努力義務にとどまる	特定保健指導として実施義務あり

労働安全衛生法が定める定期健康診断やその事後措置・保健指導とは目的を異にするものである。しかし、健康経営の立場からすれば、特定健診・特定保健指導も重要な意味をもつものであり、そのため、事業者と健保組合など保険者とのコラボヘルスが重要となる。

労働安全衛生法に基づく定期健康診断と、高齢者医療確保法に基づく特定健康診査を対比すれば、**図表55**のとおりとなる。

【高齢者雇用と労働災害】

なお、厚生労働省「２０１６年労働安全衛生調査（実態調査）」によれば、高年齢者の労働災害防止対策に取り組んでいる事業所は55・７％であり、取り組み内容（複数回答）としては、「作業前に、体調不良等の異常がないか確認している」41・６％が最も多く、次いで「時間外労働の制限、所定労働時間の短縮等を行っている」38・０％となっている。

また、「過労死等の労災補償状況」を年齢別にみると、２０１６年度の場合、脳・心臓疾患については、認定件数２６０件のうち、「19歳以下」０件、「20～29歳」４件、「30～39歳」34件、「40～49歳」90件、「50～59歳」99件、「60歳以上」33件となっている。

一方、精神障害については、認定件数４９８件のうち、「19歳以下」９件、「20～29歳」１０７件、「30～39歳」１３６件、「40～49歳」１４４件、「50～59歳」82件、「60歳以上」20件である。

このような結果は、脳・心臓疾患については、加齢がリスク因子のひとつとされていることからも当然であると考えられ、他方、精神疾患については、特に30代から40代のミドル層において職場の人間関係を含めストレス過多となっていることをうかがわせる。

障害者の活躍推進

①障害者雇用に関する法規制の概要

【雇用義務】

障害者雇用促進法は、障害者の雇用促進のため事業主に対して身体障害者、知的障害者、精神障害者（精神障害者保健福祉手帳の交付を受けている者に限る）を一定比率（法定雇用率。２０１８年４月より2・2％）以上雇用すべき義務を負わせている（37条、43条）。以前は身体障害者と知的障害者が対象とされていたが、２０１８年４月より精神障害者もこれに加わった。

そして、雇用率達成企業と未達成企業間の経済的負担を調整する雇用納付金制度が設けられ、達成企業に対しては、これを超える人数に応じて障害者雇用調整金等を支給し、未達成企業に対しては、不足する人数に応じて障害者雇用納付金を徴収することとされている（49～56条）。

なお、厚生労働省「障害者雇用状況」の集計結果によれば、２０１７年６月時点における民間企業の障害者の雇用者数は、身体障害者33・３万人、知的障害者11・２万人、精神障害者５・０万人、合わせて49・５万人である。

【差別的取り扱いの禁止】

障害者雇用促進法では、事業主は、従業員の募集・採用について、障害者に対し、障害者でない者と均等な機会を与えなければならないと規定するとともに（34条）、賃金の決定、教育訓練の実施、福利厚生施設の利用その他の待遇について、障害者であることを理由に、障害者でない者と不当な差別的取り扱いをしてはならないと規定している（35条）。

そして、障害者に対する差別的取り扱いとして禁止される具体的な行為類型については、同法36条１項に基づき、障害者差別禁止指針（２０１５年厚生労働省告示116号）が策定されている。

同指針は、**図表56**のように「基本的な考え方」を示すとともに、禁止されるべき差別の内容について、①募集及び採用、②賃金、③配置（業務の配分及び権限の付与を含む）、④昇進、⑤降格、⑥教育訓練、⑦福利厚生、⑧職種の変更、⑨雇用形態の変更、⑩退職の勧奨、⑪定年、⑫解雇、⑬労働契約の更新、の13項目にわたって具体的に定めている。

また、最後に「⑭法違反とならない場合」として、これら①～⑬について、次に掲げる措置を講じることは、障害者であることを理由とする差別に該当しないとしている。

・積極的差別是正措置として、障害者でない者と比較して障害者を有利に取り扱うこと。
・合理的配慮を提供し、労働能力等を適正に評価した結果として障害者でない者と異なる取り扱いをすること。
・合理的配慮に係る措置を講ずること（その結果とし

図表56　障害者差別禁止指針

【基本的な考え方】

全ての事業主は、法第34条及び第35条の規定に基づき、労働者の募集及び採用について、障害者（身体障害、知的障害、精神障害（発達障害を含む。）その他の心身の機能の障害（以下「障害」と総称する。）があるため、長期にわたり、職業生活に相当の制限を受け、又は職業生活を営むことが著しく困難な者をいう。以下同じ。）に対して、障害者でない者と均等な機会を与えなければならず、また、賃金の決定、教育訓練の実施、福利厚生施設の利用その他の待遇について、労働者が障害者であることを理由として、障害者でない者と不当な差別的取扱いをしてはならない。

ここで禁止される差別は、障害者であることを理由とする差別（直接差別をいい、車いす、補助犬その他の支援器具等の利用、介助者の付添い等の社会的不利を補う手段の利用等を理由とする不当な不利益取扱いを含む。）である。

また、障害者に対する差別を防止するという観点を踏まえ、障害者も共に働く一人の労働者であるとの認識の下、事業主や同じ職場で働く者が障害の特性に関する正しい知識の取得や理解を深めることが重要である。

出典：障害者に対する差別の禁止に関する規定に定める事項に関し、事業主が適切に対処するための指針（平成27年厚生労働省告示第116号）

て、障害者でない者と異なる取り扱いとなること）。

・障害者専用の求人の採用選考又は採用後において、仕事をする上での能力及び適性の判断、合理的配慮の提供のためなど、雇用管理上必要な範囲で、プライバシーに配慮しつつ、障害者に障害の状況等を確認すること。

なお、同指針の詳しい内容については、巻末資料（268ページ）を参照されたい。

【障害者に対する合理的配慮の提供義務】

また、障害者雇用促進法では、事業主は、募集・採用過程における措置と採用後の職場における措置それぞれについて、障害者に対する合理的な配慮の提供を義務づけている（36条の2、36条の3）。

提供されるべき合理的な配慮は、個々の従業員の障害の特性に配慮したものでなければならない一方、事業主に対して過重な負担を及ぼさないものであることが求められる。そのため、合理的配慮の具体的内容は、各人の障害や職場の状況に応じて多様かつ個別的に決定されるべきものであり、実際には、障害者の意向を尊重しながら両者の話し合いを通じて個別に決定していくことが求められている。

また、事業主が合理的配慮の提供に関して講ずべき措置の具体的内容については、同法36条の5の1項に基づいて、合理的配慮指針（2015年厚生労働省告示117号）が策定されている。

同指針は、**図表57**のように「基本的な考え方」を示すとともに、募集・採用時および採用後に合理的配慮を提供するための手続きと合理的配慮の内容について定めている。

また、合理的配慮の提供の義務については、事業主に対して「過重な負担」を及ぼすこととなる場合は除くとされており、「過重な負担」に当たるか否かは、次に掲げる要素を総合的に勘案しながら、個別に判断することとしている。

①事業活動への影響の程度

図表57　合理的配慮指針

【基本的な考え方】

全ての事業主は、法第36条の２から第36条の４までの規定に基づき、労働者の募集及び採用について、障害者（身体障害、知的障害、精神障害（発達障害を含む。）その他の心身の機能の障害（以下「障害」と総称する。）があるため、長期にわたり、職業生活に相当の制限を受け、又は職業生活を営むことが著しく困難な者をいう。以下同じ。）と障害者でない者との均等な機会の確保の支障となっている事情を改善するため、労働者の募集及び採用に当たり障害者からの申出により当該障害者の障害の特性に配慮した必要な措置を講じなければならず、また、障害者である労働者について、障害者でない労働者との均等な待遇の確保又は障害者である労働者の有する能力の有効な発揮の支障となっている事情を改善するため、その雇用する障害者である労働者の障害の特性に配慮した職務の円滑な遂行に必要な施設の整備、援助を行う者の配置その他の必要な措置を講じなければならない。ただし、事業主に対して過重な負担を及ぼすこととなるときは、この限りでない。

合理的配慮に関する基本的な考え方は、以下のとおりである。

1　合理的配慮は、個々の事情を有する障害者と事業主との相互理解の中で提供されるべき性質のものであること。

2　合理的配慮の提供は事業主の義務であるが、採用後の合理的配慮について、事業主が必要な注意を払ってもその雇用する労働者が障害者であることを知り得なかった場合には、合理的配慮の提供義務違反を問われないこと。

3　過重な負担にならない範囲で、職場において支障となっている事情等を改善する合理的配慮に係る措置が複数あるとき、事業主が、障害者との話合いの下、その意向を十分に尊重した上で、より提供しやすい措置を講ずることは差し支えないこと。

　また、障害者が希望する合理的配慮に係る措置が過重な負担であるとき、事業主は、当該障害者との話合いの下、その意向を十分に尊重した上で、過重な負担にならない範囲で合理的配慮に係る措置を講ずること。

4　合理的配慮の提供が円滑になされるようにするという観点を踏まえ、障害者も共に働く一人の労働者であるとの認識の下、事業主や同じ職場で働く者が障害の特性に関する正しい知識の取得や理解を深めることが重要であること。

出典：雇用の分野における障害者と障害者でない者との均等な機会若しくは待遇の確保又は障害者である労働者の有する能力の有効な発揮の支障となっている事情を改善するために事業主が講ずべき措置に関する指針（平成27年厚生労働省告示第117号）

②実現困難度
③費用・負担の程度
④企業の規模
⑤企業の財務状況
⑥公的支援の有無

さらに、「相談体制の整備等」として、事業主は、法36条の3に規定する措置に関して、障害者である従業員からの相談に応じ、適切に対応するために、雇用管理上、次の措置を講じなければならないとしている。

①相談に応じ、適切に対応するために必要な体制の整備
②採用後における合理的配慮に関する相談があったときの適切な対応
③相談者のプライバシーを保護するために必要な措置
④相談をしたことを理由とする不利益取り扱いの禁止

図表58　合理的配慮の事例（発達障害の場合）

障害区分	場面	事例
発達障害	募集及び採用時	・面接時に、就労支援機関の職員等の同席を認めること。 ・面接・採用試験について、文字によるやりとりや試験時間の延長等を行うこと。
	採用後	・業務指導や相談に関し、担当者を定めること。 ・業務指示やスケジュールを明確にし、指示を一つずつ出す、作業手順について図等を活用したマニュアルを作成する等の対応を行うこと。 ・出退勤時刻・休暇・休憩に関し、通院・体調に配慮すること。 ・感覚過敏を緩和するため、サングラスの着用や耳栓の使用を認める等の対応を行うこと。 ・本人のプライバシーに配慮した上で、他の労働者に対し、障害の内容や必要な配慮等を説明すること。

なお、合理的配慮指針では、合理的配慮の事例として多くの事業者が対応できると考えられる具体例を、障害区分・場面に応じて別表のかたちで示している。たとえば、発達障害については、**図表58**のとおりである。

同指針の詳しい内容については、巻末資料（276ページ）を参照されたい。

②障害者雇用と健康問題

障害者雇用に関しても、特に身体障害者については、先に述べた中高年齢者と同様、労働安全衛生法62条で「その他労働災害の防止上その就業に当たって特に配慮を要する者」に該当するとして、心身の条件に応じた適正な配置についての配慮が求められている（1972年9月18日基発602号）。

【就労可能か否かをめぐる事案の増加】

障害者雇用促進法の改正によって事業主に合理的配慮の提供義務が明記されたことも手伝い、障害者雇用に関する健康問題をめぐって裁判で争われる事案も増加している。その一例として、**日本電気事件**（東京地裁２０１５年7月29日判決）がある。

この事件は、発達障害（アスペルガー症候群）を理由に休職していた従業員が休職期間満了により退職扱いとされたことに対し、休職期間満了時にはすでに就労が可能な状態にあり、退職扱いは無効であるとして、その効力が争われた事案である。

裁判所は、休職期間満了時でもこの従業員は指導を要する事項について上司とのコミュニケーションが成立せず（第2章、72ページ参照）、不穏な行動により周囲に不安を与えかねない状態のままであるとして、退職扱いを有効と判断している。

本件で問題とされたのは、障害者基本法や発達障害者支援法の定める雇用安定義務、あるいは２０１６年4月1日に施行された改正障害者雇用促進法の定める合理的配慮の提供義務との関係である。

この点について裁判所は、雇用安定義務といっても努力義務にすぎず、また、合理的配慮の提供義務も、労働契約の内容を逸脱する過度な負担をともなう義務まで事業主に課すものではないとして、結論的には、休職期間満了時点の従業員の状態が「就労可能とは認められない」と判断している。

確かに、雇用安定義務は公法上の努力義務であり、合理的配慮の提供義務が事業主の過度の負担にならない範囲にとどまることは、裁判所が指摘するとおりである。しかし、使用者は従業員に対して、労働契約上（私法上）一種の雇用安定義務（一般的には、解雇権濫用の法理等との関係で議論がなされる）を負い、復職に際しても一定の配慮義務を負うことは、これまでの裁判例でも認められてきたところである。

たとえば、障害者に対する合理的配慮の提供義務については、改正障害者雇用促進法の施行を待つまでもなく、**阪神バス（勤務配慮）事件**（神戸地裁尼崎支部2012年4月9日決定）において、信義則を根拠に勤務配慮を行う必要性・相当性と、これを行うことによる使用者の負担の程度とを総合的に判断すべきであると判示されている。

したがって、就労可能か否かの判断に際しても、使用者が一定の配慮（合理的配慮）を行ったとしても、就労可能と評価できるかどうかを問題とすべきであることは当然であり、その理は発達障害が問題となった本件にも当てはまるものである。

加えて、発達障害に関しては、改正障害者雇用促進法において新たに合理的配慮の提供義務の対象者として発達障害者を含むことが明記され、また、2016年5月に成立した改正発達障害者支援法でも、事業主は発達障害者の能力を適切に評価し、特性に応じた雇用管理を行う旨、新たな努力義務が設けられた。これらのことから、その点は今後ますます重要な意味をもってくると考えられる。

健康経営と多様化する雇用形態、多様な人材活用

健康経営とは、従業員の健康管理問題を経営的視点から考え、戦略的に実践することを意味する。そして、それは単に従業員の健康を確保・維持するだけでなく、従業員が「やる気」をもって仕事に取り組むことによってその創造性を高め、「生産性」の向上につなげ、結果として、企業価値の向上と持続的成長を達成しようというものである。

このような視点からすれば、多様化する雇用形態、多様な人材活用は、まさに現在のわが国で必然的に求められているものである。

なぜなら、生産年齢人口の減少、産業構造の変化、男女役割分担意識の変化、グローバル化など、企業を取り巻く経営環境の変化によって、終身雇用制度や年功賃金制度を特徴とする日本型雇用システムは変容を余儀なくされ、雇用形態の多様化、多様な人材活用の要請が高まっているからである。

働き方改革実行計画にみる雇用形態の多様化・多様な人材活用

これまで指摘しているように、「働き方改革実行計画」は、健康経営の考え方と方向性を同じくするものである。そして、同実行計画では、現在の多様化する雇用形態や多様な人材活用の問題を、以下に述べる検討テーマのなかで取り上げている。

たとえば、「**非正規雇用の処遇改善**」というテーマでは、非正規雇用労働者の正社員化などキャリアアップの推進とともに、同一労働同一賃金の実効性を確保する法制度とガイドラインの整備がその対応

策として求められている。

特に、後者については、「同一労働同一賃金の導入は、仕事ぶりや能力が適正に評価され、意欲をもって働けるよう、同一企業・団体におけるいわゆる正規雇用労働者（無期雇用フルタイム労働者）と非正規雇用労働者（有期雇用労働者、パートタイム労働者、派遣労働者）の間の不合理な待遇差の解消を目指す」とされており、意欲をもって働くこと（いいかえれば「やる気」）が強調されている。

「**柔軟な働き方がしやすい環境整備**」というテーマでは、雇用型テレワーク・非雇用型テレワークそれぞれのガイドラインの刷新や働き手への支援、副業・兼業に向けたガイドラインの策定などがその対応策として求められるとともに、「テレワークは、時間や空間の制約にとらわれることなく働くことができるため、子育て、介護と仕事の両立の手段となり、多様な人材の能力発揮が可能となる」と指摘されている。まさに、多様な働き方、柔軟な働き方を通して、働き手の「やる気」を向上させ、「生産性の向上」につなげていこうというものである。

また、「**病気の治療と仕事の両立**」「**子育て・介護等と仕事の両立、障害者の就労**」というテーマでは、治療と仕事の両立に向けたトライアングル型支援（主治医、会社・産業医、患者に寄り添う両立支援コーディネーターの三者によるサポート体制）の推進、子育て・介護と仕事の両立支援策の充実・活用促進、障害者等の希望や能力を生かした就労支援の推進がその対応策として求められている。

特に、病気の治療と仕事の両立について、「企業トップ自らがリーダーシップを発揮し、働く人の心身の健康の保持増進を経営課題として明確に位置づけ、病気の治療と仕事の両立支援を含め積極的に取り組むことを強力に推進する」とされており、まさに健康経営の考え方が強調されている。

そして、「**女性・若者の人材育成など活躍しやすい環境整備**」というテーマでは、女性のリカレント教育（社会人の学び直し、生涯教育の一形態）など個人の学び直しへの支援や職業訓練等の充実、パートタイム女性が就業調整を意識せずに働くことのできる環境の整備や正社員女性の復職など多様な女性活躍の推進がその対応策として求められている。

特に、健康経営が目指す「生産性の向上」との関係でいえば、女性の活躍推進について、「我が国では正社員だった女性が育児で一旦離職すると、復職や再就職を目指す際に、過去の経験、職業能力を活かせない職業に就かざるを得ないことが、労働生産性の向上の点でも問題を生じさせている。大学等における職務遂行能力向上に資するリカレント教育を受け、その後再就職支援を受けることで、一人ひとりのライフステージに合った仕事を選択しやすくする」と指摘されている。

さらに、「**高齢者の就業促進**」というテーマでは、継続雇用延長・定年延長への支援と高齢者のマッチング支援がその対応策として求められている。

特に、「高齢者の就業促進のポイントは、年齢に関わりなく公正な職務能力評価により働き続けられる『エイジレス社会』の実現であり、これが、若者のやる気、そして企業全体の活力の増進にもつながる。高齢者の7割近くが、65歳を超えても働きたいと願っているが、実際に働いている人は2割にとどまっている。労働力人口が減少している中で我が国の成長力を確保していくためにも、意欲ある高齢者がエイジレスに働くための多様な就業機会を提供していく必要がある」と指摘されている点に留意する必要がある。

このように「働き方改革実行計画」は、第3章、第4章で述べた長時間労働対策、メンタルヘルス対策を含め、健康経営が目指すもの、つまり、経営資源としての「ヒト」を事業活動の中核ととらえ、「ヒト」が健康でやる気をもって働くことのできる職場を確立することによって生産性を向上させるとの考え方と、その方向性を同じくするものである。

これは、日本人のライフスタイル、働くことに対する考え方そのものにも影響するものではあるが、少子高齢化、生産年齢人口の減少という構造的な問題を抱える日本にとって、回避することのできない課題であり、健康経営という考え方は、この課題を解決する有効な視点を提示するものである。

【第6章】

これからの健康経営のあり方

わが国における「働くこと」の意義

２００５年（公表）のギャラップ社の調査によれば、わが国における「熱意ある社員」の割合は９％にすぎず、これが２０１７年（同）には６％にまで落ち込み、いわゆるエンゲージメント（仕事に対するやる気・熱意）の高い社員がますます減少していることが報告された。

ここで、労働に関するさまざまな調査結果から、わが国の労働の現状について概説してみたい。

ケネクサ社が２０１２年に発表した従業員のエンゲージメントに関する調査結果によれば、わが国のエンゲージメント指数は28カ国中最下位で、「Low」のランクと位置づけされている。

ＯＥＣＤによる「How's Life? 2013」では、ＯＥＣＤ加盟諸国と比較した日本の幸福度の調査結果が示されているが、「仕事と生活のバランス」「健康状態」は下位20％にランクされている。また、仕事や健康に関する幸福度が低いためか、「主観的幸福感」も低い状況となっている。

なお、国連が発表した「World Happiness Report 2018」は、ＧＤＰ、社会的支援、健康寿命、人生の選択肢、寛容度、汚職のなさを指標とした幸福度をランクづけしているが、日本は世界で54位である。

２０１４年のＯＥＣＤ「Better Life Index（よりよい暮らし指標）」では、長時間（週50時間以上）働いている従業員の割合が韓国に次いで高く、かつ睡眠時間も韓国に次いで短いという結果となった。

アメリカのＰＲ会社エデルマン社が２０１６年に発表した信頼度調査（Edelman Trust Barometer）によれば、「社員は自分が働いている会社を信頼しているか」

図表59　社員は自分が働いている会社を信頼しているか
——自分が働いている会社に対する信頼度（%）

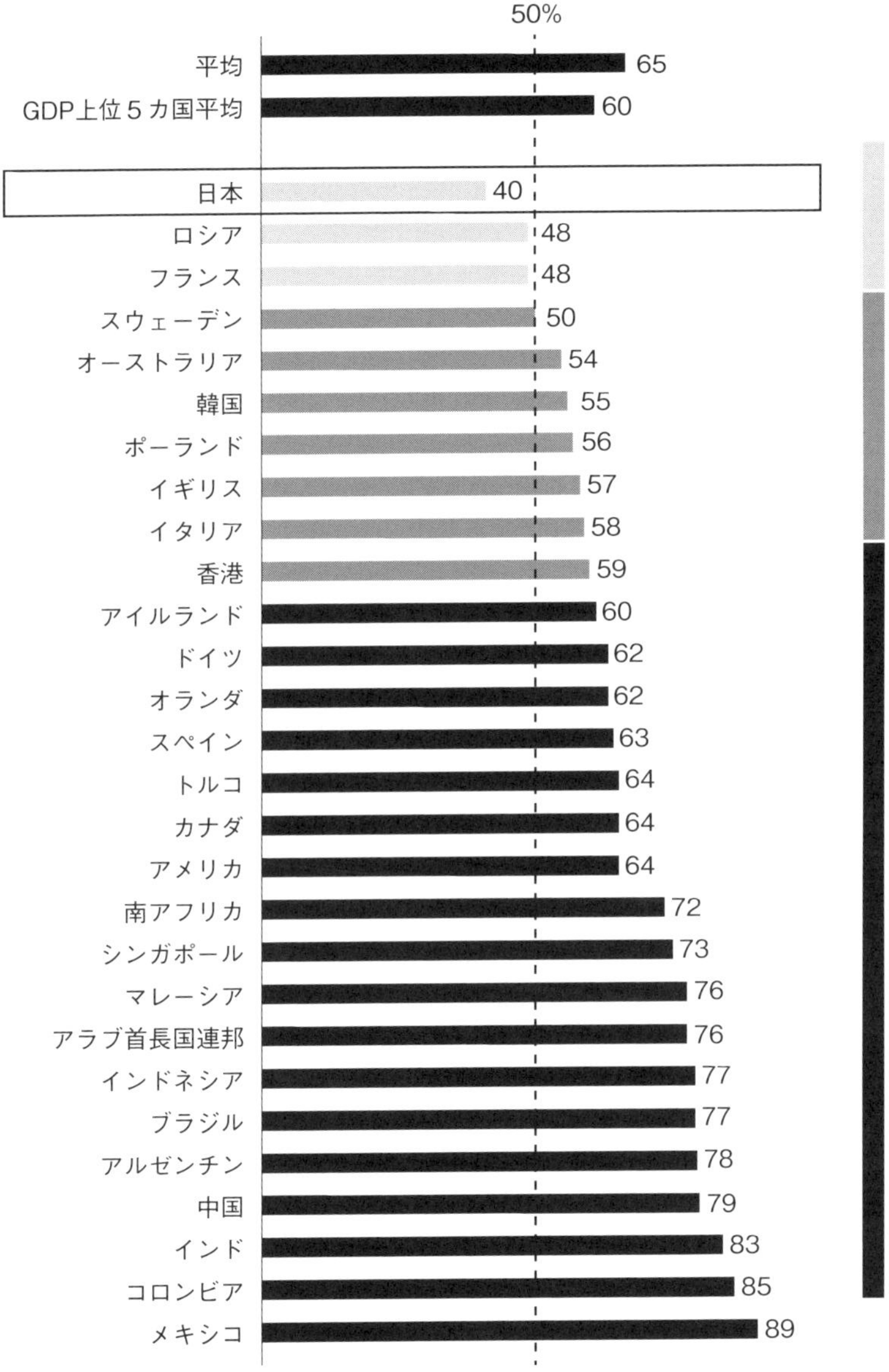

GDP上位5カ国：アメリカ、中国、日本、ドイツ、イギリス

出典：Edelman Trust Barometer, 2016年

という設問に対し、日本の従業員の会社への信頼度は**図表59**（前ページ参照）のように、40％と先進国中最も低く、評価も「Not Trusted」。ちなみに平均値は65％である。信頼度の低い会社で就業することは、すなわちモチベーションが低く、働きがいがないと判断して間違いないだろう。そうだとすれば、労働生産性は必ずしも高いとはいえないことになる。

スイスのビジネススクールＩＭＤ（Institute for Management Development）が発表した「World Talent Ranking 2017」によれば、「海外の優秀な人材にとって働く環境として魅力がある国はどこか」についての調査結果で日本は63カ国中51位であった。

日本生産性本部によれば、２０１６年のわが国の一人当たりの労働生産性はＯＥＣＤ加盟35カ国中21位。２０１０年の22位（図表60）から大きな変化はみられない。長時間の労働にもかかわらず労働生産性が低いとの評価をどう受けとめればよいのだろうか。

一方、「２０１７年度 新入社員 働くことの意識

図表60　労働生産性 上位10カ国の変遷

	1970年	1980年	1990年	2000年	2010年	2015年
1	ルクセンブルク	ルクセンブルク	ルクセンブルク	ルクセンブルク	ルクセンブルク	アイルランド
2	アメリカ	オランダ	ベルギー	アメリカ	ノルウェー	ルクセンブルク
3	カナダ	アメリカ	アメリカ	ノルウェー	アメリカ	アメリカ
4	オランダ	ベルギー	イタリア	イタリア	アイルランド	ノルウェー
5	オーストラリア	イタリア	ドイツ	ベルギー	ベルギー	スイス
6	ベルギー	ドイツ	オランダ	イスラエル	スイス	ベルギー
7	ドイツ	カナダ	オーストリア	フランス	イタリア	フランス
8	スウェーデン	オーストリア	フランス	アイルランド	フランス	オーストリア
9	ニュージーランド	ギリシャ	カナダ	スイス	オランダ	オランダ
10	イタリア	オーストラリア	スペイン	オランダ	オーストリア	イタリア
—	日本（19位）	日本（20位）	日本（16位）	日本（21位）	日本（22位）	日本（22位）

出典：労働生産性の国際比較 2016年版、公益財団法人日本生産性本部、2017.8.21修正

調査」（日本生産性本部）では、「働く目的」として「楽しい生活をしたい」が42・６％で、前年の41・７％より微増している。職場の人間関係に関する質問では、「上司や同僚が残業していても自分の仕事が終わったら帰る」が前年の38・８％から48・７％に、「同僚、上司、部下と勤務時間以外はつきあいたくない」が20・７％から30・８％に上昇している。

●労働時間は長く、生産性は低いという現状

これらの調査結果から、わが国における労働者の現状を評すれば、短い睡眠時間で長時間労働をしているが、エンゲージメントの点からは指示待ち人間が多く、したがって労働生産性が低いということになる。また、仕事で強いストレスを感じる従業員が多いことから、職場では一見元気そうでも覇気がないのでは、と考えてもよさそうである。

さらに問題は、従業員の心身の健康問題が労働災害、民事賠償などに波及しており、企業責任の追及や多額の賠償請求となっている事実が存在することである。企業には、創造性や自律性のない従業員があふれているのだろうか。それでは暗雲ただよう企業未来しか選択の余地がなさそうである。これから就職しようとする人たちは、このような現状を敏感に感じとっているのかもしれない。就職に対する考え方が甘いと言い切るには、一考を要するだろう。

少子化が急速に進展しつつある現在、厚生労働省が発表した２０１７年人口動態統計の年間推計は、出生数94万１０００人、死亡数１３４万４０００人、よって自然増減数はマイナス40万３０００人となっている。ちなみに、婚姻件数は60万７０００組、離婚件数は21万２０００組と推計されている。

急速な生産年齢人口の減少により、すでに「人手不足倒産」が広がりつつある。このような状況下、定年が事実上撤廃され、今後、企業は未来を見据えた従業員の雇用について真剣に考えなければならない時代に突入した。

雇い方・働かせ方・働き方の重要性

厚生労働省の「平成28年度 職場のパワーハラスメントに関する実態調査報告書」（2017年4月28日）によれば、従業員から相談の多いテーマの1位は「パワーハラスメント」、2位は「メンタルヘルス」であった（図表61）。

また、「パワーハラスメントを受けたと感じても何もしなかった理由」として、男女ともに飛び抜けて多いのは「何をしても解決にならないと思ったから」（全体68・5％）、次いで「職務上不利益が生じると思ったから」（全体24・9％）となっている（図表62）。

これらの結果は、職場の問題に対する従業員の無力感を示すものであり、健康経営が営まれているとはいえない状況と判断せざるをえない。「快適な職場の醸成」は、単に物理的な環境だけではなく、心理的な環境も重要であることは、昨今のメンタルヘルス不調者の増加からも明らかである。

健康経営は、経営の視点から従業員の健康をとらえることであり、健康を人事労務管理の枠を超えた経営戦略上の収益事業（内部収益）として計画的・組織的・長期的に進めることを意味する。そして、経営者は「雇い方」（雇用のあり方と組織基盤の構築、人材育成についての長期的な展望：計画のグレシャムの法則、59ページ参照）、管理監督者は「働かせ方」（ワークリテラシーの向上のための指導：職育）、従業員は「働き方」（職務遂行能力の維持とヘルスリテラシーの向上：自己保健）と、三者それぞれに意識改革が求められている。

雇い方とは経営者の方針であり、雇用のあり方や処遇、業績評価などを決め、未来の企業の担い手を育成することであり、また、管理監督者は自分を超える存在となる部下の育成をミッション（働かせ方）とし、個々の従業員は自らの職務の遂行の積み重ねのなかで未来への夢を育む（働き方）ものである。

図表61　従業員から相談の多いテーマ（２つまで）

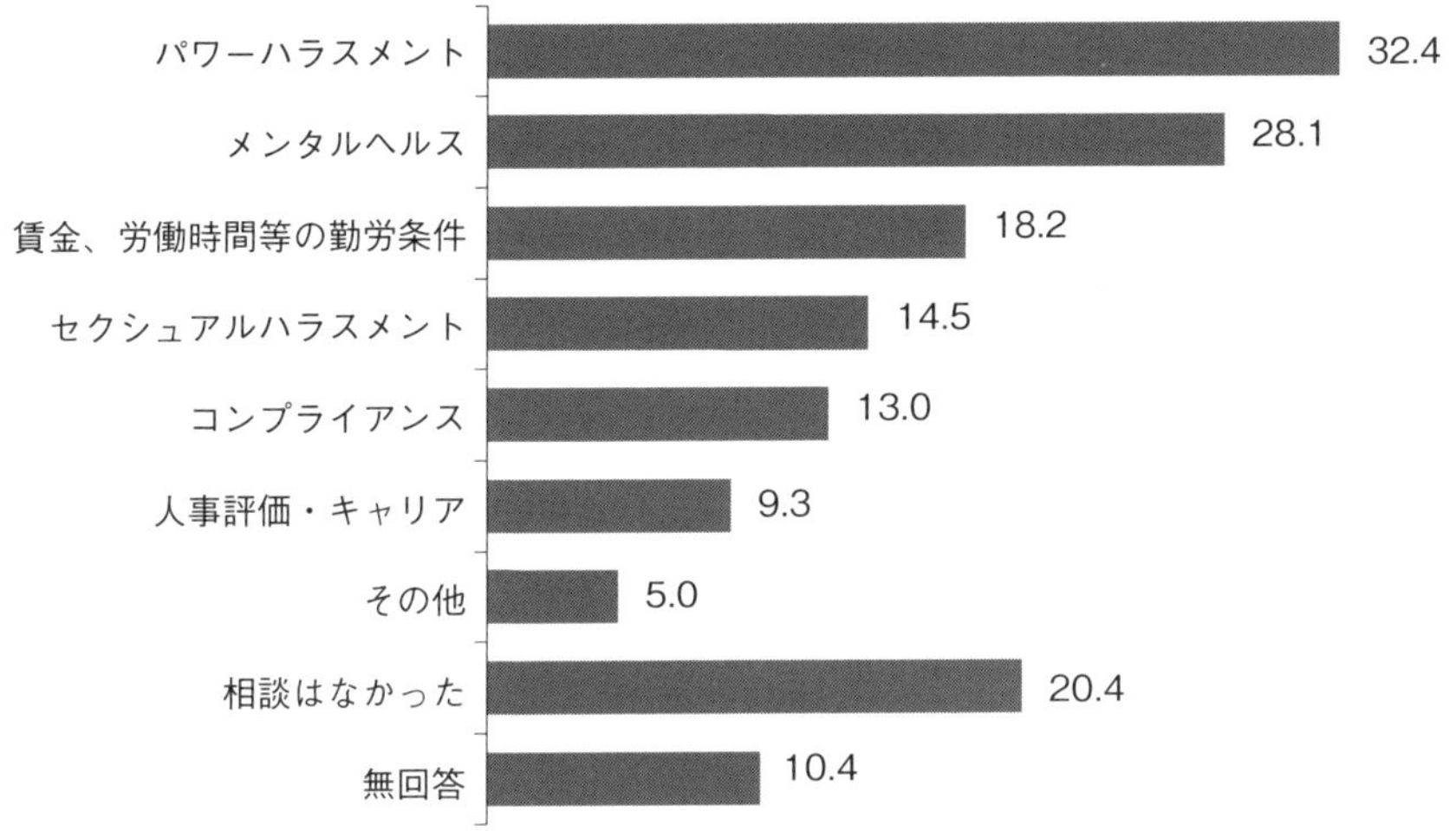

対象：相談窓口を設置している企業（n=3365）、単位％

図表62　パワーハラスメントを受けたと感じても何もしなかった理由（複数回答、男女別）

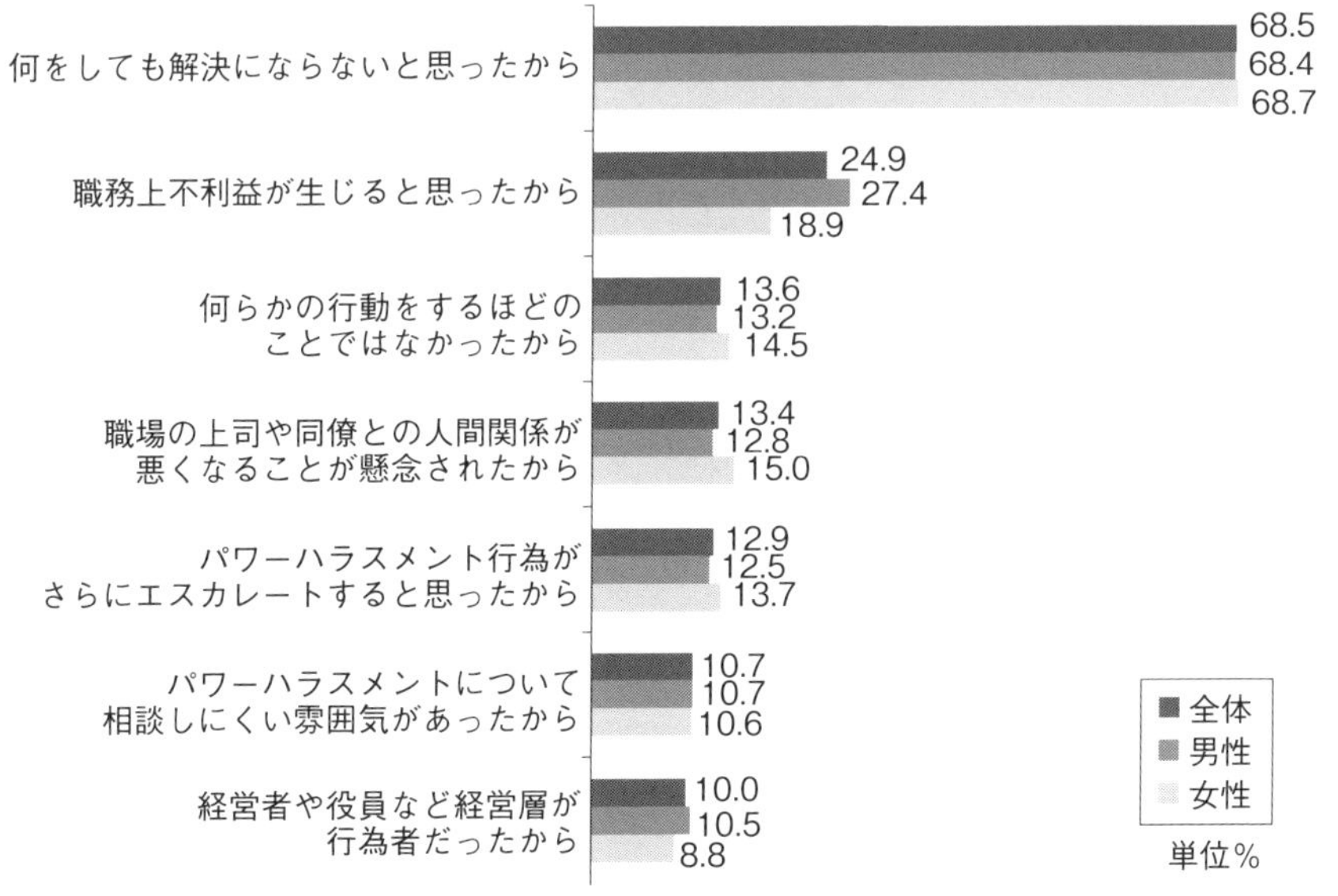

出典：図表61・62ともに、厚生労働省「平成28年度 職場のパワーハラスメントに関する実態調査報告書」2017年4月28日

働き方改革と健康経営

２０１７年3月、働き方改革実現会議から「働き方改革実行計画」が発表された。その基本的な考え方は、次のように記載されている。

「日本経済再生に向けて、最大のチャレンジは働き方改革である。『働き方』は『暮らし方』そのものであり、働き方改革は、日本の企業文化、日本人のライフスタイル、日本の働くということに対する考え方そのものに手を付けていく改革である」

そして、わが国の労働生産性を改善するための最良の手段がこの改革であり、その成果を働く人に分配することで、賃金の上昇、需要の拡大を通じた成長を図る「成長と分配の好循環」が構築される、としている。同会議が決定した「働き方改革実行計画」の内容の概要を**図表63**に、また、主な計画とその対策の概要を**図表64**に示す。

実行計画では、働きがいを醸成し、労働生産性を高めるために、従来から問題となっていた雇用の問題、つまり「雇い方」についての取り組み、そして、柔軟な働き方がしやすい環境整備、長時間労働の是正、高齢者雇用の推進、病気の治療と仕事の両立支援などの「働かせ方」の改善、さらに、働く人一人ひとりの「働き方」が含まれている。

これらを実現するためには、働く人の健康が根本となることから、まず、経営者にとっては雇用継続の基盤として従業員が健全な労務を提供できることが基本条件となる。

また、働く人も、未来を見据えたときに健康という基礎がなければ前に進むことができない。したがって、経営者は経営戦略として健康づくり事業を展開し、健全な労務を提供できる従業員の確保を図り、また、働く人は自己研鑽を積むとともに、やはり健全な労務を提供できるよう自己保健に努めることが必要となる。

図表63　働き方改革実行計画の概要

1．働く人の視点に立った働き方改革の意義
2．同一労働同一賃金など非正規雇用の処遇改善
3．賃金引上げと労働生産性向上
4．罰則付き時間外労働の上限規制の導入など長時間労働の是正
5．柔軟な働き方がしやすい環境整備
6．女性・若者の人材育成など活躍しやすい環境整備
7．病気の治療と仕事の両立
8．子育て・介護等と仕事の両立、障害者の就労
9．雇用吸収力、付加価値の高い産業への転職・再就職支援
10．誰にでもチャンスのある教育環境の整備
11．高齢者の就業促進
12．外国人材の受入れ
13．10年先の未来を見据えたロードマップ

図表64　働き方改革実行計画——主な計画とその対策

1.	非正規雇用の処遇改善	同一労働同一賃金
2.	賃金引上げと労働生産性向上	賃上げの働きかけ
3.	長時間労働の是正	上限規制
4.	柔軟な働き方がしやすい環境整備	雇用型テレワーク、副業・兼業
5.	病気の治療、子育て・介護等と仕事の両立、障害者就労の推進	トライアングル型支援（両立支援コーディネーター、主治医、会社）
6.	外国人材の受入れ	環境整備
7.	女性・若者が活躍しやすい環境	リカレント教育
8.	雇用吸収力、付加価値の高い産業への転職、再就職支援、人材育成、格差を固定化させない教育の充実	転職・再就職者の採用拡大
9.	高齢者の就業促進	継続雇用延長

出典：「働き方改革実行計画」働き方改革実現会議決定、2017年３月28日

●変わりつつある「働く人と企業の関係」

「働き方の未来2035～一人ひとりが輝くために～」（「働き方の未来2035：一人ひとりが輝くために」懇談会、2016年8月）では、働く人と企業の関係について、**図表65**のように記載されている。

今後、働き方が大きく変化するなかで社会の構造も変化し、そのなかで自分の能力をいかに生かしていくかが問われることになる。そこで求められるのは、個々の従業員の就業持続能力であり、その基盤が健康であることはいうまでもない。

現在、私たちが提唱している「健康経営」は、経営者が経営戦略として働く人の健康づくりを展開することで労働生産性を高める、つまり、企業利益の創造と従業員の健康増進の両立を目指しているが、今後は労働者一人ひとりが経営者として自らの健康に投資し、就業持続能力を高める自己投資を怠らないようにしなければならない。

このような社会の変化にともない、現在、健康経営ビジネスで展開されている、たとえばウェアラブル端末を活用した健康づくりが、これからは自分自身に健康投資をして自らの就業能力を高めることにつながると考えられる。

「保健医療2035提言書」（「保健医療2035」策定懇談会、2015年6月）では、2035年をターゲットとするビジョンの必要性について、「団塊ジュニアの世代が65歳に到達し始める2035年頃までには、保健医療の一つの『発展形』が求められることになる」と指摘している。そのための2035年の保健医療のあるべき姿のなかで、**図表66**のような変化を念頭に置く必要があると指摘している。

【参考】ウェアラブル端末

身につけるタイプの端末のこと。リストバンド型、メガネ型、クリップ型などがある。つけるだけで毎日の活動量や睡眠時間などを計測でき、その情報をスマホやタブレットに転送してデータ管理できるものもある。

図表65　「働き方の未来2035」（働く人と企業の関係）

働く人は仕事内容に応じて、一日のうちに働く時間を自由に選択するため、フルタイムで働いた人だけが正規の働き方という考え方が成立しなくなる。同様に、それより短い時間働く人は、フルタイマーではないパートタイマーという分類も意味がないものになる。

さらに兼業や副業、あるいは複業は当たり前のこととなる。多くの人が、複数の仕事をこなし、それによって収入を形成することになるだろう。複数の仕事は、必ずしも金銭的報酬のためとは限らない、社会的貢献等を主目的にする場合もあるだろう。このように、複数の仕事をすることによって、人々はより多様な働く目的を実現することができる。また、一つの会社に頼り切る必要もなくなるため、働く側の交渉力を高め、不当な働き方や報酬を押し付けられる可能性を減らすことができる。

このような働き方になれば、当然、今とは違って、人は、一つの企業に「就社」するという意識は希薄になる。専門的な能力を身に着けて、専門的な仕事をするのが通常になるからだ。どのような専門的な能力を身に着けたかで、どのような職業に就くかが決まるという、文字通りの意味での「就職」が実現する。

ただし、技術革新のスピードが速いことを考えると、専門的な能力は、環境の変化に合わせて変化させていく必要があり、一つの職業に「就職」をしても、「転職」は柔軟に行える社会になっている必要がある。

出典：「働き方の未来2035～一人ひとりが輝くために～」、「働き方の未来2035：一人ひとりが輝くために」懇談会、2016年８月

図表66　保健医療2035提言書（保健医療のあるべき姿として念頭に置く必要のある変化）

・少子高齢化や人口減少が加速し、地方によっては、生活インフラが維持できない、あるいは財政困難に直面する。また、都市部においても急速な高齢化が進み、それを支える人材の確保が重要な課題となる。
・後期高齢者の急増、独居者の増加により、保健医療サービスに対する量的・質的な需要は増大・多様化する。
・保健医療に活用し得るテクノロジーの進展が期待できる。
　①ウェアラブル端末などの測定ツールが普及し、個人ごとの健康情報を活用できる仕組みが構築され、健康データによる疾病管理・健康管理などの個別化医療が進む
　②がんの新たな治療法の開発、認知症の早期診断・治療の大幅な進展、再生医療や遺伝子治療によって多くの難病に治療法が開発される
　③診療支援機器、看護機器、介護機器、ロボット開発により、遠隔医療や自動診断が汎用化されるなど医療、介護の効率化、省力化が大幅に進む
　などが想定される。
・グローバル化の進展によって、経済的・社会的な各国との相互依存・補完関係が強まる。それに伴い、保健医療人材やサービス面での交流や連携が大幅に進む。

出典：「保健医療2035提言書」、「保健医療2035」策定懇談会、2015年６月

働くひとのモティベーションやキャリアに配慮する健康経営への視点

神戸大学大学院経営学研究科教授
Ph.D.（マサチューセッツ工科大学）、博士（神戸大学）
金井壽宏

経営学には、会社全体の方向づけ（経営戦略）、経営が効果的に行われているかどうかの記録や分析（管理会計、マネジメント・コントロール）、組織で働くひとびとの行動（組織行動論）など、いくつかのテーマがあるが、わたしの専門分野は、このなかの組織行動論にあたる。

この分野の4大テーマは、モティベーション、キャリア、リーダーシップ、組織変革と組織開発から成り立っている。

モティベーションはそのときどきの働くひとのやる気を扱い、その時間軸を長くすると、長い人生とも重なり合うキャリアの話となる。ひとは、毎日、会社に行って働くだけでなく、同じ組織に生涯キャリアに近いほど長い期間にわたってコミット（ライフロング・コミットメント）することもあれば、キャリアの節目で転職することもある。長年、同じ会社で働くにせよ、転職して複数の会社で働くにせよ、学部卒なら22～23歳、修士課程まで終えたひとなら24～25歳、博士課程には年数を要するテーマもあるが最短なら27歳で博士の学位を取得したあと、定年まで、あるいは役員にまでなったひとならさらに長くフルタイムで仕事につくことになる。

キャリアの研究は、そのときどきにがんばってみせるというモティベーションよりも、より長期的な視点をもっている。経営学において組織行動論を専門にしてきた研究者は、主として、モティベーション、キャリア、そして、（キャリアのある段階から入門する）リーダーシップについて丁寧にまた理論的・実証的に論じてきた。

しかし、だれもが見逃していた重要なテーマは、そもそも健康でなければ、やる気満々に自分を鼓舞する（自分のモティベーションを高める）ことは難しいという点である。また、健康を徐々に犠牲にしながら長いキャリアを通じて疲れが溜まったままになっているようでは、会社にも長期的によい貢献はできない。職場、会社に対してだけでなく、自分自身にとっても家族にとっても、よく働いたが、あまりにも長時間にわたって働きすぎてどんどん不健康になっていったということでは困るのである。

わたしは、30代前半の若いころに、長年にわたって日本を代表する証券会社の全支店長の研修に携わっていたことがある。そのときに、研修の講師陣全員のなかでリーダーであった著名な経営学者は、支店長に肥満ぎみのひとが多いことを問題として提起された。

証券という変動商品を扱っているので、相場の動きによっては読みが違って、自分が顧客に推奨した金融商品が大きな損失をもたらすこともある。そういうストレスのなかで、他方では、数字で評価がなされてきた。

その証券会社では、「ペロ（売り上げ伝票）は人格」というような標語めいた言葉まであり、ときに、大口の得意客によかれと思って推奨した株が損失を招き、大切な顧客のクレームに精神的に参ってしまうひとも出てくる。肥満のひとが多いという背景には、このような変動商品を扱うストレスもある。また、営業の現場である支店では業績をきちんとあげられないと、支店長や上司にきびしく「つめられる」という長年の慣習もあった。

会社の核となって働く経営幹部はもとより、縁あって新人として会社に入った若手社員も、仕事のあり方、評価のあり方、職場の人間関係のあり方、出世の仕組みともからんでくるが、より責任の重いポジションにつくにつれてクローズアップされてくるのが、文字どおりの体の健康と精神面での健康である。その双方が問われてくるのである。責任が重くなるほどストレスも増える。

わたしは、個人的にも敬意を払い、またお互いに情報共有や議論をすることもある、ロート製薬の山田邦雄会長兼CEO（最高経営責任者）が率先垂範する健康経営、つまり、働くひと、ひとりひとりの健康が大切だということを基盤にした経営と人材マネジメントにとても興味がある。そして、折にふれ、その進展を長く見届けたいと願ってもいる。

そもそも働くひとが健康でなくては、その時点でがんばるべき課題に取り組むためのやる気（モティベーション）は生まれてこない。また、入社後20年、30年、そして、定年退職するまでには40年以上も働くことになる会社でのキャリアを通じて活躍するためには、経営トップ、人事のリーダー、そして職場ごとのリーダーが、そのもとで働くひとの健康に関心をもち、そのケアに取り組まなければならない。それが継続的・体系的に実践され尊重されるような、風土と仕組みの双方が大切になってくる。

管理職の方々には、自分の部下が入社後、怪我も病気も多いということであれば、人事管理という営みの大本・土台に、働くひとりひとりの健康管理へのよい継続的刺激が必要であることを自覚していただきたいと思う。その点について、あらためて経営者、管理職、人事のリーダーに注意を喚起したい。

先に述べたように、わたしが専門とする経営学における組織行動論の主要４大トピックは、モティベーション（仕事意欲）、キャリア（長期にわたる仕事生活での異動）、リーダーシップ（指導力を発揮し、フォロワーを育て、鍛える役割も果たす立場）、組織変革・組織開発から成り立つ。

しかし、わたし自身の自戒的な反省としては、これまで経営学における組織行動論の学者のだれもが、働くひとがモティベーションを高く維持するためにも、また、リーダーとして危機的な状況でも正しい判断が常にできる状態であるためにも、健康がその土台に必要であることを見落としていた。すくなくとも明示的に健康の大切さにあまり言及してこなかった。

そのような意識を高めるうえで、健康経営という考え方、その実践、そして効果について、経営者、また人事のリーダー、さらには働くひとりひとりの個人の自覚が高まっていくことを心より期待したい。

そのためにも、本書の編著者・岡田邦夫氏が医師の立場から、そして産業医の視点から健康経営について発言されていること、また、ロート製薬の山田会長のように最高経営責任者自らが自社で働くひとりひとりの健康を体系的にケアする仕組みを志向されていることは、心強いかぎりである。

加えて、本書の読者の方々がひとりひとりの職場で、あるいは会社として、人事部におられる方は人事の視点から何ができるか、ぜひ健康経営という視点を付加していただくことをお願いしたい。そして、社内によい動きが出てきたら、同じように健康経営を志向するさまざまな会社と交流しながら、相互に健康経営の実践を高度化しつつ、働くひとりひとりに寄り添う身近な仕組みに高めていってほしい。

そういう試みが、お互いに情報として共有される場が増えることを望みたい。

企業と従業員がウィンウィンの関係に

安全と健康の両立を図るルールづくり

経営者は、企業の存続のために企業利益の向上を経営戦略とするが、現代社会では生産年齢人口の減少が急速に進展していることから、また、転倒転落事故、メンタルヘルス不調の増加などの問題から、従業員の健康対策についても経営課題としてとらえなければならない社会的要請がある。

企業リスクとしては、安全と健康の両者を考えることが必要不可欠であるが、仕事の進め方について一定のルールをつくることで、両者に対する意識を高めることができる。

たとえば昨今、業務用車両運転中の事故が報告されている。業務用車両の運転に際しては、アルコールのチェックが基本であるが、さらに血圧のチェックを義務づけ、産業医の協力を得て、一定の血圧値を超えた場合には乗務できないルールをつくることは可能であろう。

年2回の健康診断での血圧チェックだけでは体調管理は不十分であり、乗務のたびにチェックを受けることで、「健康（労働法上の）でなければ業務はできない」という経営者の強い安全管理意識が伝わり、結果として、従業員の健康管理意識の向上につながるのである。

就業日の血圧測定というルールづくりによって、従業員は日々の体調管理の一環として自己保健に努め、乗務を命じる上司は安全運転のための健康管理面でのチェックを行うことができ、安全と健康の両立が可能となる。そのための投資は、おそらく血圧計のみで事足りるはずである（図表67）。事前に話し合うための時間投資は必要となるが、上司と部下、お互いのコミュニケーションを図るためにも重要な時間となるだろう。

安全管理の基本は、「Fail Safe（機械は故障するものである）とFool Proof（人は間違うものである）という2つの原則を理解することである。

機械は故障するものであるという前提で準備を怠らないこと、また、人は間違いをおかすものとして、間違っても重大な事故にならないよう対策を講じておくことが重要である。これらは、安全配慮義務における「予知予見の義務」と「結果回避の義務」の履行と同じである。教育＝指導、経験＝実地訓練の積み重ねを通じて、安全面と健康面の問題発生を抑制することが基本である。

図表67　乗務前のアルコールと血圧のチェックがもたらす効果
（安全管理の向上と健康管理意識の向上）

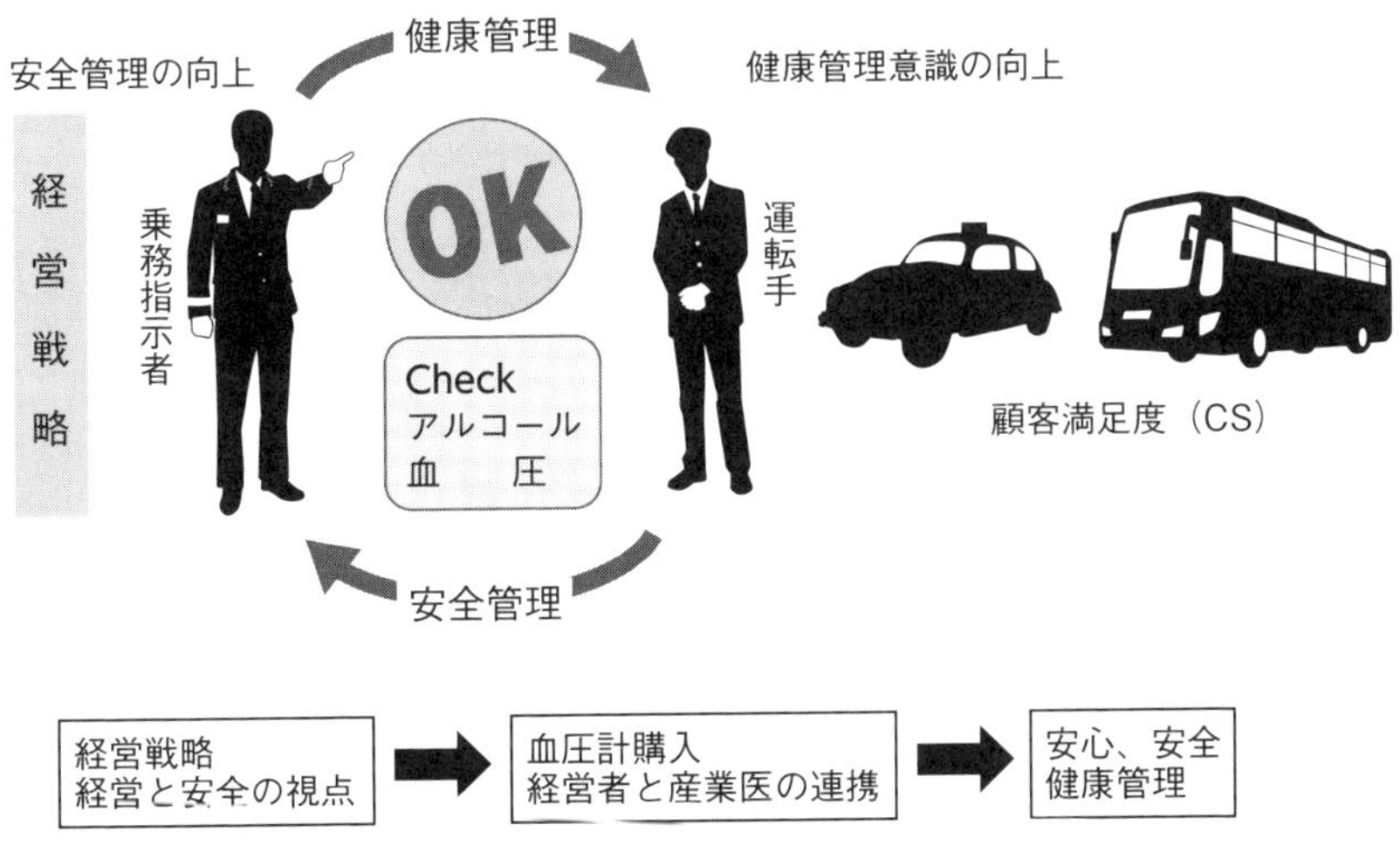

コラボヘルスの望ましいあり方

一方、従業員にとっても、企業を取り巻く環境が著しく変化するなかで自らの職能を高めていくことが必要となっている。また、その基盤には、健康と体力が必須となる。

このような状況のなかで、経営者と従業員がお互いに協働して労働生産性と健康増進の両立を図ることができれば、ウィンウィン（Win-Win）の関係が構築できることになる。

現在、経営者と健康保険組合等のコラボヘルスが求められているが、その望ましい姿とは、**図表68**に示すように、中心に働く人を据え、それを取り囲むようにして、経営者、医療保険者、産業保健スタッフが協力し、それぞれの強みを生かして、効果的に健康づくり事業を運営・確立することである。

そこに、「経営」「医療費」「健康的なライフスタ

図表68　コラボヘルス・マネジメント

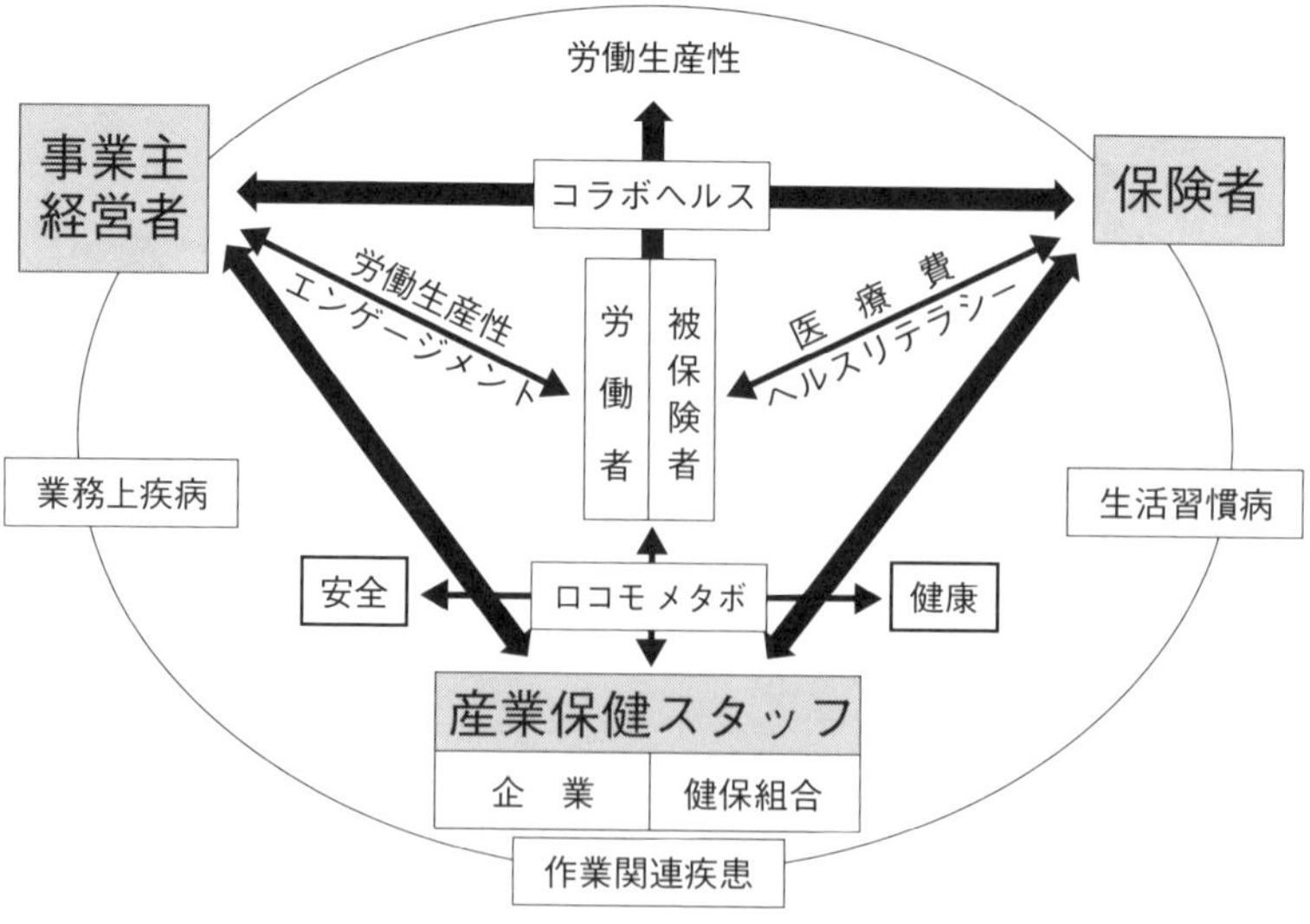

イル」の3点から好ましい効果が得られる可能性が秘められている。

健康経営による企業ブランドの確立を

企業価値と従業員の健康は、ともに大きな資産であるが、ともに形あるものではない無形財産でもある。企業価値は、経営者や管理職だけでなく、一人ひとりの従業員によって築かれるものであり、顧客と対応している一従業員はその企業の代表者として対峙していることになる。

また、企業価値に対するステークホルダー（利害関係者）の評価は企業収益であり、株主にとってはいかに多くの配当がなされるかによって企業価値が定まることになる。

しかし、社会責任投資の視点からいえば、企業ガバナンスや健康経営銘柄などの社会的評価もきわめて重要である。その意味でも、企業で多発する労働災害や長時間労働に起因する脳・心臓疾患の発症、ハラスメントによるメンタルヘルス不調や自殺などが民事訴訟となり、多額の賠償請求がなされた場合、企業価値は凋落し、社会的にも大きなダメージを受けることになる。その結果は、経営陣の責任追及や株価の低下、不買運動、取引中止やリクルート面での困難などが想定され、企業活動そのものが停止に追い込まれることにもなりかねない。

このような状況に陥らないためにも、健康経営を実践して企業価値を高め、多くの新入社員を迎えることができる企業活動を日々継続することが重要である（図表69、次ページ参照）。

生産年齢人口の減少は、労働現場における省力化、IT化、AIを駆使したロボット化などをもたらすことになるが、未来に向けての働き方を考えるのは人であるかぎり、健康という視点を外すことはできない。健康経営は、単に従業員の健康のみを追求するのではなく、企業の健康や持続性をも見据えたも

図表69　新たな企業ブランド——健康経営

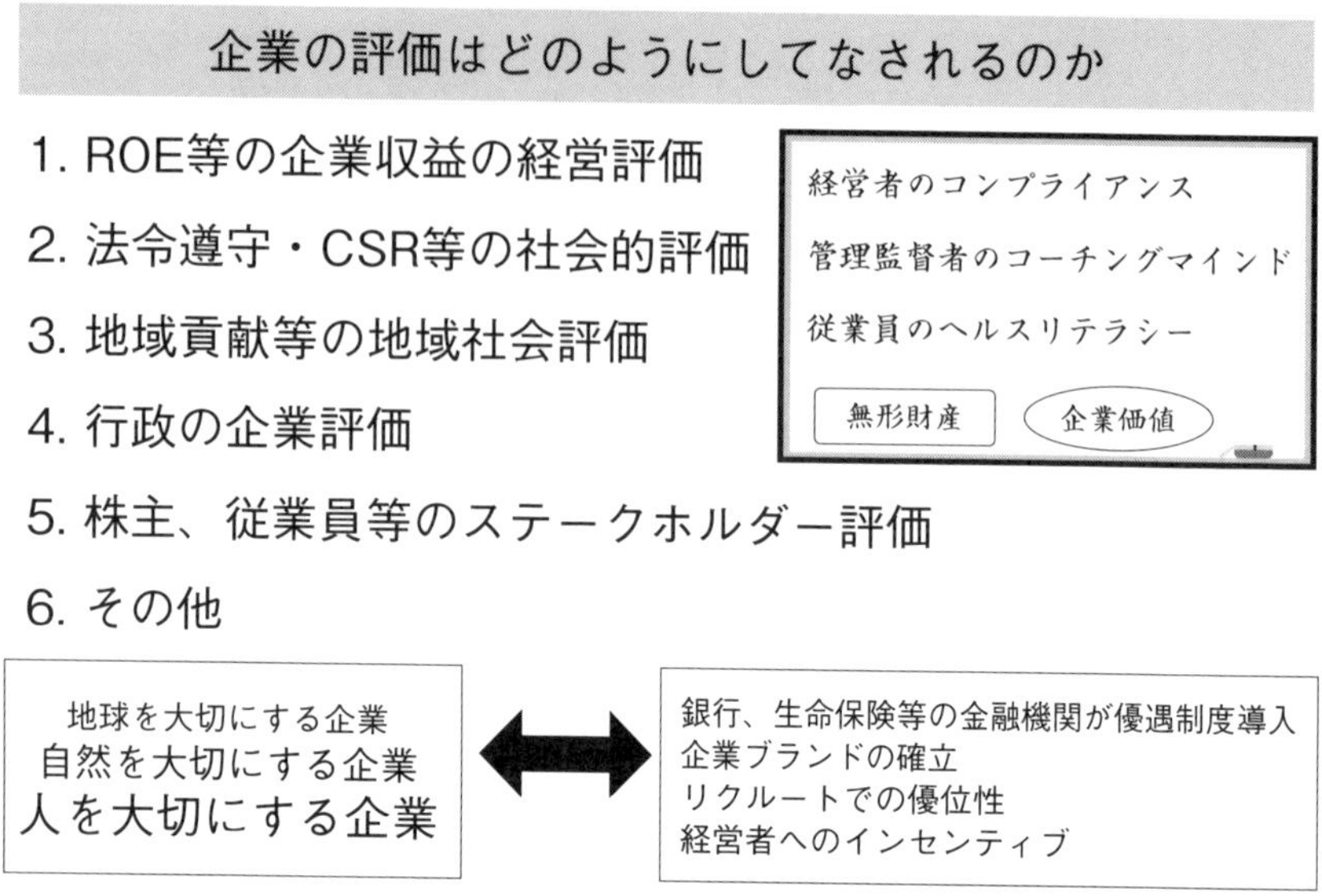
企業の評価はどのようにしてなされるのか
1. ROE等の企業収益の経営評価
2. 法令遵守・CSR等の社会的評価
3. 地域貢献等の地域社会評価
4. 行政の企業評価
5. 株主、従業員等のステークホルダー評価
6. その他
経営者のコンプライアンス
管理監督者のコーチングマインド
従業員のヘルスリテラシー
無形財産
企業価値
地球を大切にする企業
自然を大切にする企業
人を大切にする企業
銀行、生命保険等の金融機関が優遇制度導入
企業ブランドの確立
リクルートでの優位性
経営者へのインセンティブ

のである。企業の発展は地域の発展にも寄与することから、また、健康経営関連ビジネスは新たなビジネスチャンスを創造することから、経営者が企業価値を高めるとともに、そこに働く人々の健康価値を向上させ、労働の質と商品価値を高めることを通して、働きがいを見出していくことが必要となる。

今、経営者の強い推進力が求められている。

【巻末資料】

関連する最近の裁判例

関連する通達・ガイドライン

関連する最近の裁判例

不適切な言動（暴言、パワーハラスメントなど）として認められた事例

事件名・裁判所判決日	不適切な言動（認定事実）
三洋電機サービス事件 東京高裁 ２００２（平成14）年７月23日	①「人間死ぬ気になればどんなことでも頑張ることができる」 ②「自殺できるものならしてみろ」
国・静岡労働基準監督署長（日研化学）事件 東京地裁 ２００７（平成19）年10月15日	①「存在が目障りだ、居るだけでみんなが迷惑している。お前のカミさんも気がしれん、お願いだから消えてくれ」 ②「車のガソリン代がもったいない」 ③「何処へ飛ばされようと俺はＡ（自殺した従業員）は仕事をしない奴だと言い触らしたる」 ④「お前は会社を食いものにしている、給料泥棒」 ⑤「お前は対人恐怖症やろ」 ⑥「Ａは誰かがやってくれるだろうと思っているから、何にも堪えていないし、顔色ひとつ変わっていない」 ⑦「病院の廻り方がわからないのか。勘弁してよ。そんなことまで言わなきゃいけないの」

	⑧「肩にフケがベターと付いている。お前病気と違うか」
名古屋南労基署長(中部電力)事件 名古屋高裁 2007（平成19）年10月31日	①「目障りだから、そんなちゃらちゃらした物はつけるな。指輪は外せ」 ②「主任失格」 ③「お前なんか、いてもいなくても同じだ」
国・奈良労働基準監督署長（日本ヘルス工業）事件 大阪地裁 2007（平成19）年11月12日	①「妻が内緒で電話してきた」 ②「できが悪い」 ③「何をやらしてもアカン」
海上自衛隊事件 福岡高裁 2008（平成20）年8月25日	①「お前は三曹だろ。三曹らしい仕事をしろよ」 ②「お前は覚えが悪いな」「バカかお前は。三曹失格だ」 ③「お前なんか仕事もできないのに、レンジャーなんかに行けるか」 ④「百年の孤独要員」
美研事件 東京地裁 2008（平成20）年11月11日	①「営業成績が悪く、解約が多いのに、サプリメントアドバイザーの資格を名乗っているとみんな笑っている」 ②「あなたがいると会社がつぶれてしまう。言うことを聞けなければ自宅待機だ」
ヴィナリウス事件 東京地裁 2009（平成21）年1月16日	①「ばかやろう」「三浪してD大に入ったにもかかわらず、そんなことしかできないのか」「結局、大学出ても何にもならないんだな」 ②「お前はちょっと異常だから、医者にでも行ってみてもらってこい」「うつ病みたいな辛気くさいやつは、うちの会社にはいらん」 ③「会社にどれだけ迷惑をかけているのかわかっているのか」「クビだ」

マツダ（うつ病自殺）事件 神戸地裁姫路支部 2011（平成23）年2月28日	過重労働により部下Aが自殺したあとの上司らの発言 ①「Aが亡くなったわー」「この忙しいのにこんなこと……いろいろあるわ」 ②「泣かすよなー」（部下の弔意原稿に目を通しながら、冗談めいた口調で） ③「この辺ではこうなんか?」（会葬お礼をもらったことについて、笑いながら） ④「大っぴらにするな」（同僚がAの机上に花を用意しようとした際に） ⑤「全員にそのようなものを流すな」（同僚がAの通夜・葬儀の出席につきメールを流した際に）
産業医賠償命令事件 大阪地裁 2011（平成23）年10月25日	復職前の職員に対する産業医の発言 ①「それは病気やない、それは甘えなんや」「薬を飲まずに頑張れ」 ②「こんな状態が続いとったら生きとってもおもんないやろが」
地公災基金静岡県支部長（磐田市立J小学校）事件 静岡地裁 2011（平成23）年12月15日	①「悪いのは児童Nではない。お前だ。お前の授業が悪いからNが荒れる」 ②「同じ教室内にいて何で止められないんだ。お前は問題ばっかり起こしやがって」 ③「給料もらってるんだろう。アルバイトじゃないんだぞ。ちゃんと働け」
ザ・ウィンザー・ホテルズインターナショナル（自然退職）事件 東京地裁 2012（平成24）年3月9日	「でろよ! ちえっ、ちえっ、ぶっ殺すぞ、お前! Cとお前が。お前何やってるんだ! お前。辞めていいよ。辞めろ! 辞表を出せ! ぶっ殺すぞ、お前!」（留守電録音）
国・鳥取労基署長（富国生命・いじめ）事件	①「挙績が悪い」 ②「班員を育成していない」

鳥取地裁 ２０１２（平成24）年7月6日	③「この成績でマネージャーが務まるとおもっているのか」 ④「マネージャーをいつ降りてもらっても構わない」 ⑤「班員が辞めたのは全てマネージャーであるお前の責任だ」
兵庫県商工会連合会事件 神戸地裁姫路支部 ２０１２（平成24）年10月29日	①「管理者として不適格である」 ②「商工会の権威を失墜させている」 ③「君は人事一元化の対象に入っていない」 ④「異動先を自分で探せ」 ⑤「君は人事交流の要員である。50歳を過ぎているので勧奨の対象になっている。給料月額が高すぎて、どこの商工会もとってくれるところがない。自分で行き先を探してこい」 ⑥「奥さんから会長に直接電話したことに対して謝罪の気持ちはないのか。このようなことをするのは管理職の恥である。もう君は私の管理職の構想から外れている。中小企業診断士の勉強をしていると聴いているが、勧奨されていることでもあり、自分の次の就職先を見つけてはどうか。ラーメン屋でもしたらどうや」等
メイコウアドヴァンス事件 名古屋地裁 ２０１４（平成26）年1月15日	①「てめえ、何やってんだ」「どうしてくれるんだ」「ばかやろう」 ②「会社を辞めたければ７０００万円払え。払わないと辞めさせない」（ミスによって会社に与えた損害に対して）
岡山県貨物運送事件 仙台高裁 ２０１４（平成26）年6月27日	①「何でできないんだ」「何度も同じことを言わせるな」「そんなこともわからないのか」「なぜ手順通りにやらないんだ」「馬鹿」「馬鹿野郎」「帰れ」 ②「お酒を飲んで出勤し、何かあったり、警察に捕まったりした場合、会社がなくな

	ってしまう」「そういった行為は解雇に当たる」（適応障害が悪化した状態の新卒従業員に対して）
サン・チャレンジほか事件 東京地裁 2014（平成26）年11月4日	①A（自殺した従業員）の仕事上のミスに対し、「馬鹿だな」「使えねえな」などと発言するとともに、尻、頭、頬を叩くなどの暴行を加えた。 ②「馬鹿やろう」「早く言えよ」などと言って、Aを叩いた。
暁産業ほか事件 福井地裁 2014（平成26）年11月28日	①「学ぶ気持ちはあるのか、いつまで新人気分」 ②「毎日同じことを言う身にもなれ」 ③「詐欺と同じ、3万円を泥棒したのと同じ」 ④「わがまま」 ⑤「申し訳ない気持ちがあれば変わっているはず」 ⑥「待っていた時間が無駄になった」 ⑦「聞き間違いが多すぎる」「耳が遠いんじゃないか」 ⑧「嘘をつくような奴に点検をまかせられるわけがない」 ⑨「点検もしていないのに自分をよく見せようとしている」 ⑩「人の話をきかずに行動、動くのがのろい」 ⑪「相手するだけ時間の無駄」 ⑫「会社辞めたほうが皆のためになるんじゃないか、やめてもどうせ再就職はできないだろ、自分を変えるつもりがないのなら家でケーキ作れば、店でも出せば、どうせ働きたくないんだろう」 ⑬「いつまでも甘甘、学生気分はさっさと捨てろ」

	⑭「死んでしまえばいい」 ⑮「辞めればいい」　等
クレイン農協ほか事件 甲府地裁 2015（平成27）年1月13日	①自動車で迎えに来るのが遅れたことに腹を立て、A（自殺した従業員）に対し、顔を3回殴り、腹を10回蹴るという暴行を加えた。 ②Aが死にたいと発言したことを知って、笑いながら「自殺するなよ」という趣旨の発言をした。 ③「給料を返してもらわなければならない」
公立八鹿病院組合ほか事件 広島高裁松江支部 2015（平成27）年3月18日	①「田舎の病院だと思ってなめとるのか」 ②「両親に連絡しようか」

長時間労働による脳・心臓疾患の発症に関する労災認定の可否（業務上外の判断）をめぐる最近の裁判例

事件名・裁判所判決日	事案の概要・判決
国・島田労基署長（生科検）事件 東京高裁 2014（平成26）年8月29日	【職業・職種】検査所課長 【疾患名】来院時：心肺停止、蘇生後：低酸素性脳症 【長時間労働の内容】発症前1カ月間の時間外が63時間33分 【その他の過重業務】社用車を使った日帰り出張、上司の叱責と決裁拒否 【他のリスクファクター】認められない（高コレステロール血症、喫煙）

	【業務上外の判断】業務上 【備考】原審（静岡地裁２０１４（平成26）年4月18日判決）は「業務外」
国・福岡東労基署長（蒋田運送）事件 福岡地裁 ２０１４（平成26）年10月1日	【職業・職種】運送会社のトラック運転手 【疾患名】内因性疾患死 【長時間労働の内容】発症前6カ月間の時間外が1カ月当たり80時間超 【その他の過重業務】拘束時間の長さ、深夜勤務、精神的緊張をともなう業務 【他のリスクファクター】認められない（高血圧、脂質異常症、喫煙等） 【業務上外の判断】業務上
国・中央労基署長（ＪＦＥスチール）事件 東京地裁 ２０１４（平成26）年12月15日	【職業・職種】総合エンジニアリング会社のエンジニア 【疾患名】脳梗塞 【長時間労働の内容】発症前2カ月前後の時期に1カ月当たりの時間外が１００時間超 【その他の過重業務】海外出張、時差、精神的緊張をともなう業務 【他のリスクファクター】認められない（肥満） 【業務上外の判断】業務上 【備考】睡眠不足を問題とする
国・池袋労基署長（光通信グループ）事件 大阪高裁 ２０１５（平成27）年9月25日	【職業・職種】携帯電話等の販売会社の営業職マネージャー 【疾患名】虚血性心不全 【長時間労働の内容】発症前6カ月間の時間外は1カ月当たり62時間49分にとどまるものの、発症前7カ月～36カ月の30カ月間で1カ月当たり１００時間を超える月が15カ月

	【その他の過重業務】精神的緊張をともなう業務 【他のリスクファクター】認められない（喫煙、脂質異常症） 【業務上外の判断】業務上
地公災基金神奈川県支部長（甲市消防局）事件 東京地裁 2016（平成28）年4月22日	【職業・職種】消防署員 【疾患名】心筋梗塞 【長時間労働の内容】認められない（発症前1カ月間の時間外が18時間56分） 【その他の過重業務】認められない（火災の消火活動、交替勤務） 【他のリスクファクター】心筋梗塞や狭心症等の既往歴、糖尿病、脂質異常症、高血圧、肥満 【業務上外の判断】業務外
国・池袋労基署長（ライジングサンセキュリティーサービス）事件 東京地裁 2016（平成28）年7月14日	【職業・職種】警備会社の警備員 【疾患名】脳内出血 【長時間労働の内容】発症前1カ月間の時間外が148時間 【その他の過重業務】連続勤務、拘束時間の長さ、深夜勤務、不規則勤務、精神的緊張をともなう業務 【他のリスクファクター】認められない（高血圧、飲酒） 【業務上外の判断】業務上
国・半田労基署長（テー・エス・シー）事件 名古屋高裁	【職業・職種】自動車関連会社の部品取り付け業務担当者 【疾患名】心停止（心臓性突然死を含む） 【長時間労働の内容】発症前1カ月間の時間外が85時間48分

2017（平成29）年2月23日	【その他の過重業務】認められない 【他のリスクファクター】認められない（うつ病、ブルガダ症候群、喫煙） 【業務上外の判断】業務上 【備考】睡眠不足を問題とする。原審（名古屋地裁2016〔平成28〕年3月16日判決）は「業務外」
地公災基金愛知県支部長（県立商業高校教諭）事件 名古屋地裁 2017（平成29）年3月1日	【職業・職種】高校教諭 【疾患名】くも膜下出血 【長時間労働の内容】発症前1カ月間の時間外が95時間35分 【その他の過重業務】部活の顧問や分掌校務に関する職務等の精神的負荷 【他のリスクファクター】認められない（高血圧症、脳動脈瘤、飲酒） 【業務上外の判断】業務上
国・長野労基署長（観光バス会社）事件 東京高裁 2017（平成29）年7月11日	【職業・職種】観光バス会社の運転手 【疾患名】脳出血 【長時間労働の内容】認められない（発症前5カ月間の時間外が1カ月当たり39時間55分） 【その他の過重業務】認められない（不規則勤務、深夜勤務、拘束時間の長さ、精神的緊張をともなう業務） 【他のリスクファクター】脳動静脈奇形 【業務上外の判断】業務外 【備考】原審（長野地裁2016〔平成28〕年1月22日判決）は「業務上」

国・宮崎労基署長（宮交ショップアンドレストラン）事件 福岡高裁宮崎支部 2017（平成29）年8月23日	【職業・職種】菓子等の卸売会社の営業部係長 【疾患名】心停止（心臓性突然死） 【長時間労働の内容】発症前6カ月間の時間外が1カ月当たり56時間15分 【その他の過重業務】出張業務、クレーム対応等の精神的緊張をともなう業務 【他のリスクファクター】認められない（ブルガダ症候群） 【業務上外の判断】業務上

長時間労働による脳・心臓疾患の発症に関する民事上の損害賠償責任の有無をめぐる最近の裁判例

事件名・裁判所判決日	事案の概要・判決
新明和工業事件 神戸地裁 2011（平成23）年4月8日	【職業・職種】航空機等のメーカーの営業業務担当者 【疾患名】急性心筋梗塞（心臓機能障害） 【長時間労働の内容】発症前1カ月間の時間外が85時間30分 【その他の過重業務】自動車の運転等の移動による負担 【他のリスクファクター】脂質異常症（減額割合2割） 【責任の有無（認容額）】責任あり（2358万余円） 【備考】精神障害の発症も問題とされたケース
大庄ほか事件 大阪高裁	【職業・職種】飲食店の店員（新入社員） 【疾患名】急性心不全

2011（平成23）年5月25日	【長時間労働の内容】発症前1カ月間の時間外が95時間58分 【その他の過重業務】認められない 【他のリスクファクター】認められない 【責任の有無（認容額）】責任あり（7862万余円） 【備考】最高裁2013（平成25）年9月24日決定により確定
ニューメディア総研事件 福岡地裁 2012（平成24）年10月11日	【職業・職種】情報処理システム会社のSE 【疾患名】心臓性突然死を含む心停止 【長時間労働の内容】休業前1カ月間の時間外が100時間超 【その他の過重業務】精神的緊張をともなう業務 【他のリスクファクター】認められない 【責任の有無（認容額）】責任あり（6821万余円）
米八東日本事件 新潟地裁 2012（平成24）年12月6日	【職業・職種】百貨店の地下食料品売場の店長 【疾患名】心臓性突然死 【長時間労働の内容】死亡前4カ月間の時間外が1カ月当たり80時間超 【その他の過重業務】認められない 【他のリスクファクター】自己の業務量の調整、自己保健義務違反（減額割合3割） 【責任の有無（認容額）】責任あり（3985万余円）
O社事件 神戸地裁 2013（平成25）年3月13日	【職業・職種】総合専門小売会社の店舗従業員 【疾患名】心臓性突然死 【長時間労働の内容】発症前2カ月間の時間外が1カ月当たり80時間超

	【その他の過重業務】認められない 【他のリスクファクター】認められない 【責任の有無（認容額）】責任あり（7837万余円）
K社事件 東京高裁 2014（平成26）年4月23日	【職業・職種】レンタルビデオ店従業員 【疾患名】くも膜下出血 【長時間労働の内容】認められない（発症1年前に1カ月当たり90時間超の時間外が3カ月間継続） 【その他の過重業務】認められない（不規則勤務、深夜勤務） 【他のリスクファクター】脳動静脈奇形 【責任の有無（認容額）】責任なし 【備考】退社して6カ月後の発症
住友電工ツールネット事件 千葉地裁松戸支部 2014（平成26）年8月29日	【職業・職種】総合工具専門商社の営業所長 【疾患名】急性心筋梗塞 【長時間労働の内容】発症前2〜6カ月の時間外が1カ月当たりおおむね80時間超 【その他の過重業務】精神的緊張をともなう業務 【他のリスクファクター】認められない（不整脈、心電図異常） 【責任の有無（認容額）】責任あり（3605万余円）
社会福祉法人和歌山ひまわり会ほか事件 和歌山地裁	【職業・職種】介護施設の事務管理室長 【疾患名】くも膜下出血 【長時間労働の内容】発症前1〜4カ月の時間外が91時間50分〜146時間42分

メンタルヘルス不調（精神障害）の発症に関する労災認定の可否（業務上外の判断）をめぐる最近の裁判例

2015（平成27）年8月10日	【その他の過重業務】認められない 【他のリスクファクター】認められない（脂質異常症、喫煙、飲酒） 【責任の有無（認容額）】責任あり（6987万余円）
山元事件 大阪地裁 2016（平成28）年11月25日	【職業・職種】什器備品の賃貸・販売会社のアルバイト従業員 【疾患名】致死性不整脈 【長時間労働の内容】発症前1カ月間の時間外が84時間25分 【その他の過重業務】不規則勤務、深夜勤務 【他のリスクファクター】自己の業務量の調整、自己保健義務違反（減額割合3割） 【責任の有無（認容額）】責任あり（4865万余円）
竹屋ほか事件 津地裁 2017（平成29）年1月30日	【職業・職種】飲食店経営会社の店長 【疾患名】致死性不整脈 【長時間労働の内容】発症前6カ月間の時間外が1カ月当たり112時間35分 【その他の過重業務】認められない 【他のリスクファクター】虚血性心疾患、うっ血性心不全、脂質異常症、陳旧性心筋梗塞、糖尿病、高血圧症、肥満、家族歴、喫煙、自己保健義務違反（減額割合3割） 【責任の有無（認容額）】責任あり（4621万余円）

事件名・裁判所判決日	事案の概要・判決
国・京都下労基署長（セルバック）事件 京都地裁 2015（平成27）年9月18日	【職業・職種】半導体メーカーの在庫確認等担当者 【疾患名】うつ病 【業務上の心理的負荷の内容】長時間労働（発症前6カ月間の時間外が、一部期間を除き、1カ月当たり80時間弱）、パワハラ（上司の叱責） 【他のリスクファクター】認められない（B型肝炎の罹患等） 【業務上外の判断】業務上
国・広島中央労基署長（中国新聞システム開発）事件 広島高裁 2015（平成27）年10月22日	【職業・職種】ソフトウェア開発会社のシステム開発担当者 【疾患名】反復性うつ病性障害 【業務上の心理的負荷の内容】パワハラ（業務付与の内容等） 【他のリスクファクター】認められない（うつ病エピソードの発症歴） 【業務上外の判断】業務上 【備考】原審（広島地裁2015〔平成27〕年3月4日判決）は「業務外」
国・大分労基署長（NTT西日本・うつ病）事件 大分地裁 2015（平成27）年10月29日	【職業・職種】NTT関連会社の営業担当 【疾患名】ストレス性の適応障害ないしうつ病 【業務上の心理的負荷の内容】雇用形態（退職・再雇用型）の選択強要 【他のリスクファクター】認められない 【業務上外の判断】業務上
地公災基金高知県支部長（b村職員）事件	【職業・職種】教育委員会の主事 【疾患名】うつ病

高知地裁 ２０１５（平成27）年11月27日	【業務上の心理的負荷の内容】業務量の増加、支援体制の欠如等 【他のリスクファクター】認められない 【業務上外の判断】業務上
地公災基金名古屋市支部長（市営バス運転士）事件 名古屋高裁 ２０１６（平成28）年４月21日	【職業・職種】市営バスの運転士 【疾患名】抑うつ状態 【業務上の心理的負荷の内容】添乗指導、苦情、転倒事故 【他のリスクファクター】認められない 【業務上外の判断】業務上 【備考】原審（名古屋地裁２０１５〔平成27〕年３月30日判決）は「業務外」
国・三田労基署長（シー・ヴィ・エス・ベイエリア）事件 東京高裁 ２０１６（平成28）年９月１日	【職業・職種】コンビニ運営会社の店長 【疾患名】うつ病エピソードないし適応障害 【業務上の心理的負荷の内容】長時間労働（発症前３カ月間の時間外は１カ月当たり70時間前後であるものの、発症の７カ月～12カ月前の６カ月間の時間外は１カ月当たり１２０時間超）、ノルマの強制 【他のリスクファクター】認められない 【業務上外の判断】業務上 【備考】原審（東京地裁２０１５〔平成27〕年９月17日判決）は「業務外」
国・岐阜労基署長（アピコ関連会社）事件 名古屋高裁	【職業・職種】清掃用品販売会社の営業担当 【疾患名】うつ病 【業務上の心理的負荷の内容】長時間労働（自殺前１カ月間の時間外が１００時間

2016（平成28）年12月1日	超）、出張の増加、異動の打診等 【他のリスクファクター】認められない 【業務上外の判断】業務上
国・厚木労基署長（ソニー）事件 東京地裁 2016（平成28）年12月21日	【職業・職種】半導体等のメーカーの開発担当者 【疾患名】軽症うつ病エピソード 【業務上の心理的負荷の内容】認められない（退職強要等） 【他のリスクファクター】既往歴（適応障害） 【業務上外の判断】業務外
地公災基金東京都支部長（市立A小学校教諭）事件 東京高裁 2017（平成29）年2月23日	【職業・職種】小学校の新任教諭 【疾患名】うつ病エピソード 【業務上の心理的負荷の内容】度重なるクラスでの出来事等 【他のリスクファクター】認められない 【業務上外の判断】業務上
国・半田労基署長（医療法人B会D病院）事件 名古屋高裁 2017（平成29）年3月16日	【職業・職種】病院の臨床検査技師 【疾患名】精神障害 【業務上の心理的負荷の内容】パワハラ（退職強要等） 【他のリスクファクター】認められない 【業務上外の判断】業務上 【備考】原審（名古屋地裁2016〔平成28〕年8月30日判決）は「業務外」

メンタルヘルス不調（精神障害）の発症に関する民事上の損害賠償責任の有無をめぐる最近の裁判例

事件名・裁判所判決日	事案の概要・判決
四国化工機ほか1社事件 高松高裁 2015（平成27）年10月30日	【職業・職種】食品充填機メーカーの設計課技師 【疾患名】うつ病 【業務上の心理的負荷の内容】認められない（出向にともなう心理的負荷等） 【他のリスクファクター】認められない 【責任の有無（認容額）】責任なし 【備考】原審（徳島地裁2013〔平成25〕年7月18日判決）は責任肯定
ネットワークインフォメーションセンターほか事件 東京地裁 2016（平成28）年3月16日	【職業・職種】チョコレート販売会社の店舗管理業務担当者 【疾患名】気分障害などの精神障害 【業務上の心理的負荷の内容】長時間労働（発症前2カ月間の時間外が172時間と186時間） 【他のリスクファクター】認められない 【責任の有無（認容額）】責任あり（5417万余円） 【備考】出向先・出向元いずれの責任も肯定
仁和寺事件 京都地裁 2016（平成28）年4月12日	【職業・職種】宗教法人の宿泊施設料理長 【疾患名】抑うつ性神経症ないし適応障害 【業務上の心理的負荷の内容】長時間労働（発症前1年3カ月間の時間外が1カ月当

	たり140時間超（約65時間の1カ月を除く） 【他のリスクファクター】認められない 【責任の有無（認容額）】責任あり（2011万余円）
市川エフエム放送事件 東京高裁 2016（平成28）年4月27日	【職業・職種】FM放送局のDJ 【疾患名】適応障害 【業務上の心理的負荷の内容】自殺未遂直後の安易な職場復帰 【他のリスクファクター】既往歴、自己保健義務違反等（減額割合3割） 【責任の有無（認容額）】責任あり（2973万余円）
ヤマダ電機事件 前橋地裁高崎支部 2016（平成28）年5月19日	【職業・職種】家電量販店の接客販売担当者 【疾患名】精神障害の発症自体認められない 【業務上の心理的負荷の内容】認められない（長時間労働（自殺直前の1カ月間の時間外が94時間30分）） 【他のリスクファクター】認められない 【責任の有無（認容額）】責任なし
糸島市事件 福岡高裁 2016（平成28）年11月10日	【職業・職種】市の職員（担当課長） 【疾患名】うつ病 【業務上の心理的負荷の内容】長時間労働（自殺直前の1カ月間の時間外が約114時間）、条例案に関する業務 【他のリスクファクター】自己保健義務違反等（減額割合8割） 【責任の有無（認容額）】責任あり（1652万余円）

A庵経営者事件 福岡高裁 2017（平成29）年1月18日	【職業・職種】料理店の店員 【疾患名】精神疾患の発症までは認められない 【業務上の心理的負荷の内容】長時間労働（自殺前6カ月間の時間外が92時間25分～110時間4分）、パワハラ（社長の言動） 【他のリスクファクター】本人の度重なる仕事上のミス、短絡的自傷行為（減額割合5割） 【責任の有無（認容額）】責任あり（1730万余円）
SGSジャパン事件 東京地裁 2017（平成29）年1月26日	【職業・職種】認証サービス会社の審査業務担当者 【疾患名】うつ病 【業務上の心理的負荷の内容】認められない（長時間労働〔多い月でも時間外は1カ月40時間以下〕、パワハラ） 【他のリスクファクター】認められない 【責任の有無（認容額）】責任なし
さいたま市（環境局職員）事件 東京高裁 2017（平成29）年10月26日	【職業・職種】市の職員（業務主任） 【疾患名】うつ病 【業務上の心理的負荷の内容】パワハラ（上司の言動） 【他のリスクファクター】うつ病の既往歴等（減額割合7割） 【責任の有無（認容額）】責任あり（1919万余円）
加野青果事件 名古屋高裁	【職業・職種】仲卸会社の総務部員 【疾患名】うつ病

2017（平成29）年11月30日	【業務上の心理的負荷の内容】パワハラ（上司の言動）、支援体制の欠如 【他のリスクファクター】認められない 【責任の有無（認容額）】責任あり（5574万余円）

メンタルヘルス不調（精神障害）を理由とする休職者の復職可否の判断をめぐる最近の裁判例

事件名・裁判所判決日	事案の概要・判決
ワークスアプリケーションズ事件 東京地裁 2014（平成26）年8月20日	【職業・職種】ソフトウェア開発会社の営業部員（新入社員） 【疾患名】うつ病 【解雇・自然退職扱いの別】自然退職扱い 【解雇・自然退職扱いの効力】無効 【備考】産業医の意見を採用せず（訴訟提起後、退職扱いを撤回）
アメックス（休職期間満了）事件 東京地裁 2014（平成26）年11月26日	【職業・職種】支店の経理部給与課員 【疾患名】うつ状態 【解雇・自然退職扱いの別】自然退職扱い 【解雇・自然退職扱いの効力】無効 【備考】医学的判断を重視
コンチネンタル・オートモーティブ事件	【職業・職種】自動車部品メーカーの従業員 【疾患名】適応障害

横浜地裁 2015（平成27）年1月14日	【解雇・自然退職扱いの別】自然退職扱い 【解雇・自然退職扱いの効力】有効 【備考】主治医の診断書の記載内容と従業員本人の意向の反映
日本電気事件 東京地裁 2015（平成27）年7月29日	【職業・職種】予算管理業務担当者（総合職） 【疾患名】アスペルガー症候群 【解雇・自然退職扱いの別】自然退職扱い 【解雇・自然退職扱いの効力】有効 【備考】総合職としての現実的可能性のある他の業務の有無を検討
日本ヒューレット・パッカード（休職期間満了）事件 東京高裁 2016（平成28）年2月25日	【職業・職種】ソフトウェア開発会社のITスペシャリスト 【疾患名】妄想性障害 【解雇・自然退職扱いの別】自然退職扱い 【解雇・自然退職扱いの効力】有効 【備考】主治医の意見を排斥し、産業医の意見を採用
東芝（うつ病・解雇・差戻審）事件 東京高裁 2016（平成28）年8月31日	【職業・職種】工場（液晶ディスプレイ製造ライン）の製品開発業務等担当者 【疾患名】うつ病 【解雇・自然退職扱いの別】解雇 【解雇・自然退職扱いの効力】無効 【備考】そもそも「業務上疾病」に該当
綜企画設計事件 東京地裁	【職業・職種】設計会社の建築設計技師 【疾患名】うつ病

２０１６（平成28）年9月28日	【解雇・自然退職扱いの別】自然退職扱い・解雇 【解雇・自然退職扱いの効力】無効 【備考】リハビリ勤務後の退職扱い・解雇
トッパンメディアプリンテック東京事件 東京地裁立川支部 ２０１６（平成28）年11月15日	【職業・職種】製版印刷会社の印刷課員（工場勤務） 【疾患名】精神疾患（適応障害） 【解雇・自然退職扱いの別】解雇 【解雇・自然退職扱いの効力】有効 【備考】パワハラの事実なし
SGSジャパン事件 東京地裁 ２０１７（平成29）年1月26日	【職業・職種】認証サービス会社の審査業務担当者 【疾患名】うつ病 【解雇・自然退職扱いの別】自然退職扱い 【解雇・自然退職扱いの効力】有効 【備考】パワハラの事実なし
NHK（名古屋放送局）事件 名古屋地裁 ２０１７（平成29）年3月28日	【職業・職種】放送局の放送センター職員 【疾患名】うつ病 【解雇・自然退職扱いの別】解雇 【解雇・自然退職扱いの効力】有効 【備考】テスト出局（リハビリ出勤）後の解雇（解職）

関連する通達・ガイドライン

定期健康診断における有所見率の改善に向けた取組について

平成22年3月25日基発0325第1号

労働安全衛生規則（昭和47年労働省令第32号）第44条及び第45条の規定による定期の健康診断（以下「定期健康診断」という。）における有所見率（健康診断を受診した労働者のうち異常の所見（以下「有所見」という。）のある者（以下「有所見者」という。）の占める割合をいう。以下同じ。）は、平成20年には51％に達し、半数を超える労働者が有所見者という状況となっている。

また、脳血管疾患及び虚血性心疾患等（以下「脳・心臓疾患」という。）による労災支給決定件数も高水準にあり、脳・心臓疾患の発生防止の徹底を図ることが必要な状況にある。

さらに、第11次労働災害防止計画においては、「労働者の健康確保対策を推進し、定期健康診断における有所見率の増加傾向に歯止めをかけ、減少に転じさせること」を目標の1つとしている。

これらの状況を踏まえ、各局においては、労働者の健康の保持増進対策を推進し、定期健康診断における有所見率の改善が促進されるよう、下記のとおり、事業者に対する指導又は周知啓発、要請等に遺憾なきを期されたい。

1　趣旨等

定期健康診断における有所見率が増加し続けていること及び脳・心臓疾患による労災支給決定件数も高水準にある現状にかんがみると、脳・心臓疾患の発生防止の徹底を図るには、長時間労働者に対する労働安全衛生法（昭和47年法律第57号。以下「法」という。）第66条の8の規定に基づく面接指導等の実施だけでなく、定期健康診断における脳・心臓疾患関係の主な検査項目（血中脂質検査、血圧の測定、血糖検査、尿中の糖の検査及び心電図検査をいう。以下同じ。）における有所見となった状態の改善（以下「有所見の改善」という。）に取り組むことが重要である。また、職業性疾病としての熱中症等の予防においても、有所見の改善が重要である。

有所見の改善のためには、事業者が行う保健指導等に基づき、労働者が栄養改善、運動等に取り組むこと、また、事業者が就業上の措置を適切に行うことなどが必要である。

以上を踏まえ、都道府県労働局及び労働基準監督署は、事業者及び労働者をはじめとする関係者が、上記のような有所見率の改善に向けた取組（以下「有所見率改善の取組」という。）の必要性・重要性を十分に理解し、積極的に取り組むよう、上記の趣旨を十分説明し理解を得ること。

2　事業者及び労働者による有所見率改善の取組

(1) 事業者が次の事項について確実に取り組むよう指導すること。

ア　定期健康診断実施後の措置

法第66条の4の規定に基づく有所見についての医師からの意見聴取及び法第66条の5の規定に基づく作業の転換、労働時間の短縮等の措置は、労働者の健康保持及び有所見に関係した疾病発生リスクの低減のみならず、有所見の改善にも資することを踏まえ、事業者はこれらを適切に実施しなければならないものであること。

イ　定期健康診断の結果の労働者への通知

労働者が、その健康の保持増進のための取組に積極的に努めるようにするためには、自らの健康状況を把握することが重要であることも踏まえ、事業者は、法第66条の6の規定に基づき、定期健康診断の結果を労働者に通知しなければならないものであること。

(2) 事業者及び労働者が、次の事項について取り組むよう周知啓発、要請等を行うこと。

ア　定期健康診断の結果に基づく保健指導

（ア）法第66条の7第1項の規定に基づく医師又は保健師による保健指導（以下単に「保健指導」という。）は、これにより有所見者が、食生活の改善等に取り組むこと、医療機関で治療を受けることなどにより、有所見の改善に資するものであることから、事業者の努力義務であることも踏まえ、事業者は適切に実施するよう努めること。

　したがって、保健指導は、再検査若しくは精密検査又は治療の勧奨にとどまらず、有所見の改善に向けて、食生活等の指導、健康管理に関する情報提供を十分に行うこと。

（イ）保健指導は、事業者が実施するだけでなく、これに基づき労働者が自ら健康の保持に取り組まなければ予期した効果を期待できないことから、労働者は、法第66条の7第2項の規定に基づき、定期健康診断の結果及び保健指導を利用して、その健康の保持に努めること。

イ　健康教育等

（ア）法第69条第1項の規定に基づく健康教育及び健康相談その他労働者の健康の保持増進を図るため必要な措置（以下「健康教育等」という。）は、これにより労働者が栄養改善、運動等に取り組むことにより、有所見の改善に資するものであることから、事業者の努力義務であること等も踏まえ、事業者は適切に実施するよう努めること。

　なお、健康教育等は、有所見者のみならず、毎年検査値が悪化するなど有所見者となることが懸念される者についても重点的に行うこと。

　おって、健康教育等の実施においては、脳・心臓疾患関係の主な検査項目の有所見率がおおむね増加傾向にあることから、当該有所見の改善に係る健康教育等を重点的に行うこと。

（イ）健康教育等は、事業者が実施するだけでなく、これに基づき労働者自ら健康の保持増進に取り組まなければ予期した効果を期待できないことから、労働者は、法第69条第2項の規定に基づき、事業者が講ずる措置を利用して、その健康の保持増進に努めること。

ウ　留意事項

事業者は、保健指導及び健康教育等においては、個々の労働者の状況に応じて、労働者が取り組むべき具体的な内容を示すとともに、その後の労働者の取組状況を把握し、必要に応じて指導を行うこと。

また、(1)イの際、事業者は、保健指導及び健康教育等において示された労働者自身が取り組むべき事項を実施するよう労働者を指導すること。

(3) 計画的かつ効果的な実施のための取組事項

事業者が、(1)及び(2)の事項を計画的かつ効果的に実施するため、次の事項について取り組むよう周知啓発、要請等を行うこと。

ア　計画的な取組

(ア)事業者は、(1)及び(2)の事項のうち事業者が取り組む事項(以下「事業者の取組事項」という。)への取組について計画を作成するなど、計画的に取り組むこと。

(イ)事業者は、毎月、産業医が作業場等の巡視を行う日などにおいて、計画的に、健康教育等を行うとともに、(2)の事項のうち労働者が取り組む事項(以下「労働者の取組事項」という。)の実施状況を確認すること。

(ウ)事業者は、全国労働衛生週間及びその準備期間において、有所見率改善の取組を効果的に推進するため、重点的に、社内誌、講演会、電子メール、掲示等による労働者への啓発等を行うとともに、自主点検表等を活用した(1)及び(2)の事項の実施状況の点検を行うこと。

イ　取組状況の評価

事業者は、労働者ごと及び事業場全体について、実施した保健指導及び健康教育等の内容、労働者自身の取組状況、定期健康診断の結果等を基に、事業者の取組事項の実施状況及びその結果を評価し、その後充実強化すべき事項等をその後のア(ア)の計画に反映させること。その際、衛生委員会等を活用すること。

なお、定期健康診断の結果の評価においては、必要に応じて、検査値が改善傾向であるかについても評価すること。

ウ　高齢者の医療の確保に関する法律に基づく施策との連携

保健指導及び健康教育等については、高齢者の医療の確保に関する法律(昭和57年法律第80号)に基づき、医療保険者は、40歳以上の加入者に対し、生活習慣病に着目した特定健康診査及び特定保健指導を実施することが義務付けられており、平成20年1月17日付け基発第0117001号・保発第0117003号「特定健康診査等の実施に関する協力依頼について（依頼）」を踏まえ、事業者は、これらの施策との連携にも留意すること。

3　都道府県労働局等による具体的な周知啓発、要請等の方法

都道府県労働局及び労働基準監督署は、事業場において、有所見率改善の取組が促進されるよう、次の事項に取り組むこと。

(1)　特定の事業場に対する重点的な周知啓発、要請等

ア　事業場の選定等

労働基準監督署は、（ア）及び（イ）のいずれにも該当する事業場及びこれに準じた事業場に対して、当該事業場の事業者の理解を得た上で、事業者の取組事項について、重点的に、周知啓発、要請等を行うとともに、当該事業場での成果の普及を図ること。

（ア）当該事業場の定期健康診断の結果、脳・心臓疾患関係の主な検査項目のいずれかの有所見率若しくは定期健康診断の検査項目全体の有所見率が、全国平均の有所見率より高い値であること又はその増加率が全国平均の増加率より大きいこと。

なお、定期健康診断の結果の把握は、労働安全衛生規則第52条の定期健康診断結果報告書、自主点検表等を活用すること。

（イ）事業者の取組事項について、当該事業場における実施が不十分であると認められること。その判断においては、必要に応じて自主点検表を活用すること。

イ　具体的な要請等の内容

（ア）２（３）ア（ア）の計画の作成に当たり、必要に応じて労働衛生コンサルタント等の活用について助言すること。

（イ）一の事業場における事業者の取組事項の取組期間については、当該事業場における事業者の取組事項の実施状況及びその結果に基づき、２（３）イの評価を行うことが必要であることから、少なくとも

1年以上とするよう、要請すること。
（ウ）有所見率改善の取組の状況について報告を要請すること。当該報告に基づき、その取組が不十分であると認める場合は、原則として（イ）の取組期間の延長を要請すること。

ウ　要請等における留意事項
（ア）脳・心臓疾患関係の主な検査項目の有所見率がア（ア）に該当する事業場については、過重労働による健康障害防止のための対策としても位置付け、事業場に対する周知啓発、要請等を行うとともに、必要に応じて、平成20年3月7日付け基発第0307006号「「過重労働による健康障害防止のための総合対策について」の一部改正について」において示された事項についても併せて指導すること。
（イ）有所見率改善の取組の必要性及び具体的な内容を説明したリーフレット（以下単に「リーフレット」という。）等を活用し、事業場トップ等に対する働きかけを行うこと。
（ウ）他の事業場における有所見率改善の取組の参考となる成果等については、個人情報等に十分配慮した上で、他の事業場に対する周知啓発において活用すること。

(2)（1）以外の周知啓発等

都道府県労働局及び労働基準監督署は、（1）の対象の事業場以外の事業場及び業界団体等に対し、次のとおり周知啓発等を行うこと。

なお、その際はリーフレット等を活用すること。

ア　周知啓発
（ア）都道府県労働局及び労働基準監督署は、役割分担を明確にした上で、有所見率が高い事業場及び業種並びに有所見率の増加が大きい事業場及び業種等の集団に対する周知啓発を行うこと。特に、業界団体の会合等がある場合は、これらの機会を積極的に活用して行うこと。
（イ）労働基準監督署で行う個別指導等の機会を活用し、事業者の取組事項の周知啓発等を行うこと。特に、有所見率が増加している事業場、全国平均より高い事業場等については、個別指導等において、事業場トップ等に対する働きかけを行うこと。

（ウ）監督指導においては、必要に応じて、２（１）の法定事項について点検するとともに、有所見率改善の取組について、周知啓発を図ること。

（エ）定期健康診断結果報告書の受付時等における周知啓発

労働基準監督署は、定期健康診断結果報告書の受付時等において、周知啓発を行うこと。

イ　自主点検

都道府県労働局及び労働基準監督署は、役割分担を明確にした上で、事業場への周知啓発を目的に、必要に応じて、自主点検表を活用し、自主点検の実施を要請すること。

ウ　業界団体等への要請

（ア）都道府県労働局及び労働基準監督署は、役割分担を明確にした上で、脳・心臓疾患関係の主な検査項目の有所見率が高い業種、当該有所見率の増加が大きい業種等を対象として、有所見率改善の取組の促進を図ることを目的に、業界団体等に対して、（３）アにおける取組と併せて、継続的に、業界紙、講演会等による啓発、情報提供等を行うよう要請すること。

（イ）健康診断機関等に対して、（３）アにおける取組と併せて、健康診断等の機会を活用し、継続的に有所見率改善の取組の周知等を行うよう要請すること。

（３）全国労働衛生週間等における取組の促進

ア　全国労働衛生週間等における取組

有所見率改善の取組を効果的に推進するためには、有所見率改善の取組について、その必要性及び具体的な内容を十分に理解するとともに、その促進及び機運の醸成を図ることが重要であること。

このため、都道府県労働局及び労働基準監督署は、役割分担を明確にした上で、業界団体等に対し、全国労働衛生週間及びその準備期間における重点的な有所見率改善の取組への理解を深めるための講演会の開催、自主点検の実施等を要請すること。また、健康診断機関等に対しては、これらの週間及び月間における重点的な機関誌の発行、講演会の開催等を要請すること。

イ　毎月の取組

有所見率改善の取組を効果的に推進するためには、事業者が保健指導及び健康教育等を計画的に実施するとともに、これらにおいて示された労働者自身が取り組むべき事項を着実に実施するよう、労働者に指導することが重要であること。

このため、都道府県労働局及び労働基準監督署は、役割分担を明確にした上で、事業者等に対し、毎月、産業医が作業場等の巡視を行う日などにおいて、計画的に、保健指導及び健康教育等を行うとともに、労働者の取組事項の実施状況を確認するよう、要請すること。

(4) その他

ア　地域保健との連携

広域的な地域・職域連携を図り、地域の実情に応じた協力体制による生涯を通じた継続的な保健サービスの提供・健康管理体制を整備・構築する目的で設置されている地域・職域連携推進協議会等において、有所見率改善の取組に関する情報交換等を行い、効率的かつ効果的な取組の促進を図ること。

イ　支援措置

(ア) 有所見率の改善のため、業務の特性に応じた専門家による事業場指導等を行う委託事業を実施する予定であり、別途指示するところにより、本事業の活用についても事業者に対し助言すること。

(イ) 産業医の選任義務のない事業場に対しては、必要に応じて、地域産業保健センターの利用を勧奨すること。

ウ　各局の計画の作成

都道府県労働局は、3(1)から(3)までの事項を計画的かつ効果的に行い、定期健康診断における有所見率の改善を図るため、第11次労働災害防止計画の最終年度（平成24年度）までの期間を計画の期間とし、各年度において計画を作成すること。

エ　本省への報告

都道府県労働局は、有所見率改善の取組に関する指導状況等について、次のとおり、本省労働基準局安全衛生部労働衛生課あてに報告すること。

(ア) ウの計画を作成した場合は、これを速やかに報告すること。

(イ) 各年度のウの計画に基づく取組結果については、別途示すところにより報告すること。

(ウ) 有所見率の改善に寄与した具体的な取組の好事例を把握した場合は、適宜報告すること。

障害者差別禁止指針

平成27年3月25日厚生労働省告示第116号

障害者に対する差別の禁止に関する規定に定める事項に関し、事業主が適切に対処するための指針

第1　趣旨

この指針は、障害者の雇用の促進等に関する法律（昭和35年法律第123号。以下「法」という。）第36条第1項の規定に基づき、法第34条及び第35条の規定に定める事項に関し、事業主が適切に対処することができるよう、これらの規定により禁止される措置として具体的に明らかにする必要があると認められるものについて定めたものである。

第2　基本的な考え方

全ての事業主は、法第34条及び第35条の規定に基づき、労働者の募集及び採用について、障害者（身体障害、知的障害、精神障害（発達障害を含む。）その他の心身の機能の障害（以下「障害」と総称する。）があるため、長期にわたり、職業生活に相当の制限を受け、又は職業生活を営むことが著しく困難な者をいう。以下同じ。）に対して、障害者でない者と均等な機会を与えなければならず、また、賃金の決定、教育訓練の実施、福利厚生施設の利用その他の待遇について、労働者が障害者であることを理由として、障害者でない者と不当な差別的取扱いをしてはならない。

ここで禁止される差別は、障害者であることを理由とする差別（直接差別をいい、車いす、補助犬その他の支援器具等の利用、介助者の付添い等の社会的不利を補う手段の利用等を理由とする不当な不利益取扱いを含む。）である。

また、障害者に対する差別を防止するという観点を踏まえ、障害者も共に働く一人の労働者であるとの認識の下、事業主や同じ職場で働く者が障害の特性に関する正しい知識の取得や理解を深めることが重要である。

第3　差別の禁止

1　募集及び採用

（1）「募集」とは、労働者を雇用しようとする者が、自ら又は他人に委託して、労働者となろうとする者に対し、その被用者となることを勧誘することをいう。「採用」とは、労働契約を締結することをいい、応募の受付、採用のための選考等募集を除く労働契約の締結に至る一連の手続を含む。

（2）募集又は採用に関し、次に掲げる措置のように、障害者であることを理由として、その対象から障害者を排除することや、その条件を障害者に対してのみ不利なものとすることは、障害者であることを理由とする差別に該当する。ただし、14に掲げる措置を講ずる場合については、障害者であることを理由とする差別に該当しない。

イ　障害者であることを理由として、障害者を募集又は採用の対象から排除すること。

ロ　募集又は採用に当たって、障害者に対してのみ不利な条件を付すこと。

ハ　採用の基準を満たす者の中から障害者でない者を優先して採用すること。

（3）（2）に関し、募集に際して一定の能力を有することを条件とすることについては、当該条件が当該企業において業務遂行上特に必要なものと認められる場合には、障害者であることを理由とする差別に該当しない。一方、募集に当たって、業務遂行上特に必要でないにもかかわらず、障害者を排除するために条件を付すことは、障害者であることを理由とする差別に該当する。

（4）なお、事業主と障害者の相互理解の観点から、事業主は、応募しようとする障害者から求人内容について問合せ等があった場合には、当該求人内容について説明することが重要である。また、募集に際して一定の能力を有することを条件としている場合、当該条件を満たしているか否かの判断は過重な負担にならない範囲での合理的配慮（法第36条の2から第36条の4までの規定に基づき事業主が講ずべき措置をいう。以下同じ。）の提供を前提に行われるものであり、障害者が合理的配慮の提供があれば当該条件を満たすと考える場合、その旨を事業主に説明することも重要である。

2　賃金

（1）「賃金」とは、賃金、給料、手当、賞与その他名称のいかんを問わず、労働の対償として使用者が労働者に支払う全てのものをいう。

(2) 賃金の支払に関し、次に掲げる措置のように、障害者であることを理由として、その対象から障害者を排除することや、その条件を障害者に対してのみ不利なものとすることは、障害者であることを理由とする差別に該当する。ただし、14に掲げる措置を講ずる場合については、障害者であることを理由とする差別に該当しない。

イ　障害者であることを理由として、障害者に対して一定の手当等の賃金の支払をしないこと。

ロ　一定の手当等の賃金の支払に当たって、障害者に対してのみ不利な条件を付すこと。

3　配置（業務の配分及び権限の付与を含む。）

(1)「配置」とは、労働者を一定の職務に就けること又は就いている状態をいい、従事すべき職務における業務の内容及び就業の場所を主要な要素とするものである。

なお、配置には、業務の配分及び権限の付与が含まれる。

「業務の配分」とは、特定の労働者に対し、ある部門、ラインなどが所掌している複数の業務のうち一定の業務を割り当てることをいい、日常的な業務指示は含まれない。

また、「権限の付与」とは、労働者に対し、一定の業務を遂行するに当たって必要な権限を委任することをいう。

(2) 配置に関し、次に掲げる措置のように、障害者であることを理由として、その対象を障害者のみとすることや、その対象から障害者を排除すること、その条件を障害者に対してのみ不利なものとすることは、障害者であることを理由とする差別に該当する。ただし、14に掲げる措置を講ずる場合については、障害者であることを理由とする差別に該当しない。

イ　一定の職務への配置に当たって、障害者であることを理由として、その対象を障害者のみとすること又はその対象から障害者を排除すること。

ロ　一定の職務への配置に当たって、障害者に対してのみ不利な条件を付すこと。

ハ　一定の職務への配置の条件を満たす労働者の中か

ら障害者又は障害者でない者のいずれかを優先して配置すること。

4　昇進

(1)「昇進」とは、企業内での労働者の位置付けについて下位の職階から上位の職階への移動を行うことをいう。昇進には、職制上の地位の上方移動を伴わないいわゆる「昇格」も含まれる。

(2) 昇進に関し、次に掲げる措置のように、障害者であることを理由として、その対象から障害者を排除することや、その条件を障害者に対してのみ不利なものとすることは、障害者であることを理由とする差別に該当する。ただし、14に掲げる措置を講ずる場合については、障害者であることを理由とする差別に該当しない。

イ　障害者であることを理由として、障害者を一定の役職への昇進の対象から排除すること。

ロ　一定の役職への昇進に当たって、障害者に対してのみ不利な条件を付すこと。

ハ　一定の役職への昇進基準を満たす労働者が複数いる場合に、障害者でない者を優先して昇進させること。

5　降格

(1)「降格」とは、企業内での労働者の位置付けについて上位の職階から下位の職階への移動を行うことをいい、昇進の反対の措置である場合と、昇格の反対の措置である場合の双方が含まれる。

(2) 降格に関し、次に掲げる措置のように、障害者であることを理由として、その対象を障害者とすることや、その条件を障害者に対してのみ不利なものとすることは、障害者であることを理由とする差別に該当する。ただし、14に掲げる措置を講ずる場合については、障害者であることを理由とする差別に該当しない。

イ　障害者であることを理由として、障害者を降格の対象とすること。

ロ　降格に当たって、障害者に対してのみ不利な条件を付すこと。

ハ　降格の対象となる労働者を選定するに当たって、障害者を優先して対象とすること。

6　教育訓練

(1)「教育訓練」とは、事業主が、その雇用する労働者に対して、その労働者の業務の遂行の過程外(いわゆる「オフ・ザ・ジョブ・トレーニング」)において又は当該業務の遂行の過程内(いわゆる「オン・ザ・ジョブ・トレーニング」)において、現在及び将来の業務の遂行に必要な能力を付与するために行うものをいう。

(2) 教育訓練に関し、次に掲げる措置のように、障害者であることを理由として、その対象から障害者を排除することや、その条件を障害者に対してのみ不利なものとすることは、障害者であることを理由とする差別に該当する。ただし、14に掲げる措置を講ずる場合については、障害者であることを理由とする差別に該当しない。

イ　障害者であることを理由として、障害者に教育訓練を受けさせないこと。

ロ　教育訓練の実施に当たって、障害者に対してのみ不利な条件を付すこと。

ハ　教育訓練の対象となる労働者を選定するに当たって、障害者でない者を優先して対象とすること。

7　福利厚生

(1)「福利厚生の措置」とは、労働者の福祉の増進のために定期的に行われる金銭の給付、住宅の貸与その他の労働者の福利厚生を目的とした措置をいう。

(2) 福利厚生の措置に関し、次に掲げる措置のように、障害者であることを理由として、その対象から障害者を排除することや、その条件を障害者に対してのみ不利なものとすることは、障害者であることを理由とする差別に該当する。ただし、14に掲げる措置を講ずる場合については、障害者であることを理由とする差別に該当しない。

イ　障害者であることを理由として、障害者に対して福利厚生の措置を講じないこと。

ロ　福利厚生の措置の実施に当たって、障害者に対してのみ不利な条件を付すこと。

ハ　障害者でない者を優先して福利厚生の措置の対象とすること。

8　職種の変更

(1)「職種」とは、職務や職責の類似性に着目して分類されるものであり、「営業職」・「技術職」の別や、「総合職」・「一般職」の別などがある。

（2）職種の変更に関し、次に掲げる措置のように、障害者であることを理由として、その対象を障害者のみとすることや、その対象から障害者を排除すること、その条件を障害者に対してのみ不利なものとすることは、障害者であることを理由とする差別に該当する。ただし、14に掲げる措置を講ずる場合については、障害者であることを理由とする差別に該当しない。

イ　職種の変更に当たって、障害者であることを理由として、その対象を障害者のみとすること又はその対象から障害者を排除すること。

ロ　職種の変更に当たって、障害者に対してのみ不利な条件を付すこと。

ハ　職種の変更の基準を満たす労働者の中から障害者又は障害者でない者のいずれかを優先して職種の変更の対象とすること。

9　雇用形態の変更

（1）「雇用形態」とは、労働契約の期間の定めの有無、所定労働時間の長短等により分類されるものであり、いわゆる「正社員」、「パートタイム労働者」、「契約社員」などがある。

（2）雇用形態の変更に関し、次に掲げる措置のように、障害者であることを理由として、その対象を障害者のみとすることや、その対象から障害者を排除すること、その条件を障害者に対してのみ不利なものとすることは、障害者であることを理由とする差別に該当する。ただし、14に掲げる措置を講ずる場合については、障害者であることを理由とする差別に該当しない。

イ　雇用形態の変更に当たって、障害者であることを理由として、その対象を障害者のみとすること又はその対象から障害者を排除すること。

ロ　雇用形態の変更に当たって、障害者に対してのみ不利な条件を付すこと。

ハ　雇用形態の変更の基準を満たす労働者の中から障害者又は障害者でない者のいずれかを優先して雇用形態の変更の対象とすること。

10　退職の勧奨

(1)「退職の勧奨」とは、雇用する労働者に対し退職を促すことをいう。

(2)退職の勧奨に関し、次に掲げる措置のように、障害者であることを理由として、その対象を障害者とすることや、その条件を障害者に対してのみ不利なものとすることは、障害者であることを理由とする差別に該当する。ただし、14に掲げる措置を講ずる場合については、障害者であることを理由とする差別に該当しない。

イ　障害者であることを理由として、障害者を退職の勧奨の対象とすること。

ロ　退職の勧奨に当たって、障害者に対してのみ不利な条件を付すこと。

ハ　障害者を優先して退職の勧奨の対象とすること。

11　定年

(1)「定年」とは、労働者が一定年齢に達したことを雇用関係の終了事由とする制度をいう。

(2)定年に関し、次に掲げる措置のように、障害者であることを理由として、その対象を障害者のみとすることや、その条件を障害者に対してのみ不利なものとすることは、障害者であることを理由とする差別に該当する。ただし、14に掲げる措置を講ずる場合については、障害者であることを理由とする差別に該当しない。

イ　障害者に対してのみ定年の定めを設けること。

ロ　障害者の定年について、障害者でない者の定年より低い年齢とすること。

12　解雇

(1)「解雇」とは、労働契約を将来に向かって解約する事業主の一方的な意思表示をいい、労使の合意による退職は含まない。

(2)解雇に関し、次に掲げる措置のように、障害者であることを理由として、その対象を障害者とすることや、その条件を障害者に対してのみ不利なものとすることは、障害者であることを理由とする差別に該当する。ただし、14に掲げる措置を講ずる場合については、障害者であることを理由とする差別に該当しない。

イ　障害者であることを理由として、障害者を解雇の対象とすること。

ロ　解雇の対象を一定の条件に該当する者とする場合において、障害者に対してのみ不利な条件を付すこと。

ハ　解雇の基準を満たす労働者の中で、障害者を優先して解雇の対象とすること。

13　労働契約の更新

（1）「労働契約の更新」とは、期間の定めのある労働契約について、期間の満了に際して、従前の契約と基本的な内容が同一である労働契約を締結することをいう。

（2）労働契約の更新に関し、次に掲げる措置のように、障害者であることを理由として、その対象から障害者を排除することや、その条件を障害者に対してのみ不利なものとすることは、障害者であることを理由とする差別に該当する。ただし、14に掲げる措置を講ずる場合については、障害者であることを理由とする差別に該当しない。

イ　障害者であることを理由として、障害者について労働契約の更新をしないこと。

ロ　労働契約の更新に当たって、障害者に対してのみ不利な条件を付すこと。

ハ　労働契約の更新の基準を満たす労働者の中から、障害者でない者を優先して労働契約の更新の対象とすること。

14　法違反とならない場合

1から13までに関し、次に掲げる措置を講ずることは、障害者であることを理由とする差別に該当しない。

イ　積極的差別是正措置として、障害者でない者と比較して障害者を有利に取り扱うこと。

ロ　合理的配慮を提供し、労働能力等を適正に評価した結果として障害者でない者と異なる取扱いをすること。

ハ　合理的配慮に係る措置を講ずること（その結果として、障害者でない者と異なる取扱いとなること）。

ニ　障害者専用の求人の採用選考又は採用後において、仕事をする上での能力及び適性の判断、合理的配慮の提供のためなど、雇用管理上必要な範囲で、プライバシーに配慮しつつ、障害者に障害の状況等を確認すること。

合理的配慮指針

平成27年3月25日厚生労働省告示第117号

雇用の分野における障害者と障害者でない者との均等な機会若しくは待遇の確保又は障害者である労働者の有する能力の有効な発揮の支障となっている事情を改善するために事業主が講ずべき措置に関する指針

第1　趣旨

この指針は、障害者の雇用の促進等に関する法律（昭和35年法律第123号。以下「法」という。）第36条の5第1項の規定に基づき、法第36条の2から第36条の4までの規定に基づき事業主が講ずべき措置（以下「合理的配慮」という。）に関して、その適切かつ有効な実施を図るために必要な事項について定めたものである。

第2　基本的な考え方

全ての事業主は、法第36条の2から第36条の4までの規定に基づき、労働者の募集及び採用について、障害者（身体障害、知的障害、精神障害（発達障害を含む。）その他の心身の機能の障害（以下「障害」と総称する。）があるため、長期にわたり、職業生活に相当の制限を受け、又は職業生活を営むことが著しく困難な者をいう。以下同じ。）と障害者でない者との均等な機会の確保の支障となっている事情を改善するため、労働者の募集及び採用に当たり障害者からの申出により当該障害者の障害の特性に配慮した必要な措置を講じなければならず、また、障害者である労働者について、障害者でない労働者との均等な待遇の確保又は障害者である労働者の有する能力の有効な発揮の支障となっている事情を改善するため、その雇用する障害者である労働者の障害の特性に配慮した職務の円滑な遂行に必要な施設の整備、援助を行う者の配置その他の必要な措置を講じなければならない。ただし、事業主に対して過重な負担を及ぼすこととなるときは、この限りでない。

合理的配慮に関する基本的な考え方は、以下のとおりである。

1　合理的配慮は、個々の事情を有する障害者と事業主との相互理解の中で提供されるべき性質のものであること。

2　合理的配慮の提供は事業主の義務であるが、採用後の合理的配慮について、事業主が必要な注意を払ってもその雇用する労働者が障害者であることを知り得なかった場合には、合理的配慮の提供義務違反を問われないこと。

3　過重な負担にならない範囲で、職場において支障となっている事情等を改善する合理的配慮に係る措置が複数あるとき、事業主が、障害者との話合いの下、その意向を十分に尊重した上で、より提供しやすい措置を講ずることは差し支えないこと。

また、障害者が希望する合理的配慮に係る措置が過重な負担であるとき、事業主は、当該障害者との話合いの下、その意向を十分に尊重した上で、過重な負担にならない範囲で合理的配慮に係る措置を講ずること。

4　合理的配慮の提供が円滑になされるようにするという観点を踏まえ、障害者も共に働く一人の労働者であるとの認識の下、事業主や同じ職場で働く者が障害の特性に関する正しい知識の取得や理解を深めることが重要であること。

第3　合理的配慮の手続

1　募集及び採用時における合理的配慮の提供について

（1）障害者からの合理的配慮の申出

募集及び採用時における合理的配慮が必要な障害者は、事業主に対して、募集及び採用に当たって支障となっている事情及びその改善のために希望する措置の内容を申し出ること。

その際、障害者が希望する措置の内容を具体的に申し出ることが困難な場合は、支障となっている事情を明らかにすることで足りること。

なお、合理的配慮に係る措置の内容によっては準備に一定の時間がかかる場合があることから、障害者には、面接日等までの間に時間的余裕をもって事業主に申し出ることが求められること。

（2）合理的配慮に係る措置の内容に関する話合い
事業主は、障害者からの合理的配慮に関する事業主への申出を受けた場合であって、募集及び採用に当たって支障となっている事情が確認された場合、合理的配慮としてどのような措置を講ずるかについて当該障害者と話合いを行うこと。

なお、障害者が希望する措置の内容を具体的に申し出ることが困難な場合は、事業主は実施可能な措置を示し、当該障害者と話合いを行うこと。

（3）合理的配慮の確定
合理的配慮の提供義務を負う事業主は、障害者との話合いを踏まえ、その意向を十分に尊重しつつ、具体的にどのような措置を講ずるかを検討し、講ずることとした措置の内容又は当該障害者から申出があった具体的な措置が過重な負担に当たると判断した場合には、当該措置を実施できないことを当該障害者に伝えること。

その検討及び実施に際して、過重な負担にならない範囲で、募集及び採用に当たって支障となっている事情等を改善する合理的配慮に係る措置が複数あるとき、事業主が、障害者との話合いの下、その意向を十分に尊重した上で、より提供しやすい措置を講ずることは差し支えないこと。また、障害者が希望する合理的配慮に係る措置が過重な負担であったとき、事業主は、当該障害者との話合いの下、その意向を十分に尊重した上で、過重な負担にならない範囲で、合理的配慮に係る措置を講ずること。

講ずることとした措置の内容等を障害者に伝える際、当該障害者からの求めに応じて、当該措置を講ずることとした理由又は当該措置を実施できない理由を説明すること。

2　採用後における合理的配慮の提供について

（1）事業主の職場において支障となっている事情の有無等の確認
労働者が障害者であることを雇入れ時までに把握している場合には、事業主は、雇入れ時までに当該障害者に対して職場において支障となっている事情の有無を確認すること。

また、

イ　労働者が障害者であることを雇入れ時までに把握できなかった場合については、障害者であることを把握した際に、

ロ　労働者が雇入れ時に障害者でなかった場合については、障害者となったことを把握した際に、

事業主は、当該障害者に対し、遅滞なく、職場において支障となっている事情の有無を確認すること。

さらに、障害の状態や職場の状況が変化することもあるため、事業主は、必要に応じて定期的に職場において支障となっている事情の有無を確認すること。

なお、障害者は、事業主からの確認を待たず、当該事業主に対して自ら職場において支障となっている事情を申し出ることが可能であること。

事業主は、職場において支障となっている事情があれば、その改善のために障害者が希望する措置の内容を確認すること。

その際、障害者が希望する措置の内容を具体的に申し出ることが困難な場合は、支障となっている事情を明らかにすることで足りること。障害者が自ら合理的配慮の提供を希望することを申し出た場合も同様とする。

（2）合理的配慮に係る措置の内容に関する話合い（1（2）と同様）

事業主は、障害者に対する合理的配慮の提供が必要であることを確認した場合には、合理的配慮としてどのような措置を講ずるかについて当該障害者と話合いを行うこと。

なお、障害者が希望する措置の内容を具体的に申し出ることが困難な場合は、事業主は実施可能な措置を示し、当該障害者と話合いを行うこと。

（3）合理的配慮の確定（1（3）と同様）

合理的配慮の提供義務を負う事業主は、障害者との話合いを踏まえ、その意向を十分に尊重しつつ、具体的にどのような措置を講ずるかを検討し、講ずることとした措置の内容又は当該障害者から申出があった具体的な措置が過重な負担に当たると判断した場合には、当該措置を実施できないことを当該障害者に伝えること。なお、当該措置の実施に一定の時間がかかる場合は、その旨を当該障害者に伝えること。

その検討及び実施に際して、過重な負担にならない

範囲で、職場において支障となっている事情等を改善する合理的配慮に係る措置が複数あるとき、事業主が、障害者との話合いの下、その意向を十分に尊重した上で、より提供しやすい措置を講ずることは差し支えないこと。また、障害者が希望する合理的配慮に係る措置が過重な負担であったとき、事業主は、当該障害者との話合いの下、その意向を十分に尊重した上で、過重な負担にならない範囲で、合理的配慮に係る措置を講ずること。

講ずることとした措置の内容等を障害者に伝える際、当該障害者からの求めに応じて、当該措置を講ずることとした理由又は当該措置を実施できない理由を説明すること。

3　その他

合理的配慮の手続において、障害者の意向を確認することが困難な場合、就労支援機関の職員等に当該障害者を補佐することを求めても差し支えないこと。

第4　合理的配慮の内容

1　合理的配慮の内容

合理的配慮とは、次に掲げる措置（第5の過重な負担に当たる措置を除く。）であること。

（1）募集及び採用時における合理的配慮

障害者と障害者でない者との均等な機会の確保の支障となっている事情を改善するために講ずる障害者の障害の特性に配慮した必要な措置

（2）採用後における合理的配慮

障害者である労働者について、障害者でない労働者との均等な待遇の確保又は障害者である労働者の有する能力の有効な発揮の支障となっている事情を改善するために講ずるその障害者である労働者の障害の特性に配慮した職務の円滑な遂行に必要な施設の整備、援助を行う者の配置その他の必要な措置

なお、採用後に講ずる合理的配慮は職務の円滑な遂行に必要な措置であることから、例えば、次に掲げる措置が合理的配慮として事業主に求められるものではないこと。

イ　障害者である労働者の日常生活のために必要であ

る眼鏡や車いす等を提供すること。

ロ　中途障害により、配慮をしても重要な職務遂行に支障を来すことが合理的配慮の手続の過程において判断される場合に、当該職務の遂行を継続させることができない場合には、別の職務に就かせることなど、個々の職場の状況に応じた他の合理的配慮を検討することが必要であること。

2　合理的配慮の事例

合理的配慮の事例として、多くの事業主が対応できると考えられる措置の例は別表のとおりであること。なお、合理的配慮は個々の障害者である労働者の障害の状態や職場の状況に応じて提供されるものであるため、多様性があり、かつ、個別性が高いものであること。したがって、別表に記載されている事例はあくまでも例示であり、あらゆる事業主が必ずしも実施するものではなく、また、別表に記載されている事例以外であっても合理的配慮に該当するものがあること。

第5　過重な負担

合理的配慮の提供の義務については、事業主に対して「過重な負担」を及ぼすこととなる場合は除くこととしている。

1　過重な負担の考慮要素

事業主は、合理的配慮に係る措置が過重な負担に当たるか否かについて、次に掲げる要素を総合的に勘案しながら、個別に判断すること。

（1）事業活動への影響の程度

当該措置を講ずることによる事業所における生産活動やサービス提供への影響その他の事業活動への影響の程度をいう。

（2）実現困難度

事業所の立地状況や施設の所有形態等による当該措置を講ずるための機器や人材の確保、設備の整備等の困難度をいう。

（3）費用・負担の程度

当該措置を講ずることによる費用・負担の程度をいう。

ただし、複数の障害者から合理的配慮に関する要望があった場合、それらの複数の障害者に係る措置に要する費用・負担も勘案して判断することとなること。

（4）企業の規模

当該企業の規模に応じた負担の程度をいう。

（5）企業の財務状況

当該企業の財務状況に応じた負担の程度をいう。

（6）公的支援の有無

当該措置に係る公的支援を利用できる場合は、その利用を前提とした上で判断することとなること。

2 過重な負担に当たると判断した場合

事業主は、障害者から申出があった具体的な措置が過重な負担に当たると判断した場合には、当該措置を実施できないことを当該障害者に伝えるとともに、当該障害者からの求めに応じて、当該措置が過重な負担に当たると判断した理由を説明すること。また、事業主は、障害者との話合いの下、その意向を十分に尊重した上で、過重な負担にならない範囲で合理的配慮に係る措置を講ずること。

第6 相談体制の整備等

事業主は、法第36条の3に規定する措置に関し、その雇用する障害者である労働者からの相談に応じ、適切に対応するため、雇用管理上次の措置を講じなければならない。

1 相談に応じ、適切に対応するために必要な体制の整備

（1）相談への対応のための窓口（以下この1において「相談窓口」という。）をあらかじめ定め、労働者に周知すること。

（相談窓口をあらかじめ定めていると認められる例）

イ 相談に対応する担当者・部署をあらかじめ定めること。

ロ 外部の機関に相談への対応を委託すること。

（2）相談窓口の担当者が、相談に対し、その内容や相談者の状況に応じ適切に対応できるよう必要な措置を講ずること。

2　採用後における合理的配慮に関する相談があったときの適切な対応

（1）職場において支障となっている事情の有無を迅速に確認すること。

（2）職場において支障となっている事情が確認された場合、合理的配慮の手続を適切に行うこと。

3　相談者のプライバシーを保護するために必要な措置

採用後における合理的配慮に係る相談者の情報は、当該相談者のプライバシーに属するものであることから、相談者のプライバシーを保護するために必要な措置を講ずるとともに、当該措置を講じていることについて、労働者に周知すること。

4　相談をしたことを理由とする不利益取扱いの禁止

障害者である労働者が採用後における合理的配慮に関し相談をしたことを理由として、解雇その他の不利益な取扱いを行ってはならない旨を定め、労働者にその周知・啓発をすること。

（不利益な取扱いを行ってはならない旨を定め、労働者にその周知・啓発をすることについて措置を講じていると認められる例）

（1）就業規則その他の職場における職務規律等を定めた文書において、障害者である労働者が採用後における合理的配慮に関し相談をしたこと又は事実関係の確認に協力したこと等を理由として、当該障害者である労働者が解雇等の不利益な取扱いをされない旨を規定し、労働者に周知・啓発をすること。

（2）社内報、パンフレット、社内ホームページ等の広報又は啓発のための資料等に、障害者である労働者が採用後における合理的配慮に関し相談をしたこと又は事実関係の確認に協力したこと等を理由として、当該障害者である労働者が解雇等の不利益な取扱いをされない旨を記載し、労働者に配布等すること。

5　その他

これらの相談体制の整備等に当たっては、障害者である労働者の疑義の解消や苦情の自主的な解決に資するものであることに留意すること。

別表

1　合理的配慮の事例として、多くの事業主が対応できると考えられる措置の例は、この表の第一欄に掲げる障害区分に応じ、それぞれこの表の第二欄に掲げる場面ごとに講ずるこの表の第三欄に掲げる事例であること。

2　合理的配慮は、個々の障害者である労働者の障害（障害が重複している場合を含む。）の状態や職場の状況に応じて提供されるものであり、多様性があり、かつ、個別性が高いものであること。したがって、ここに記載されている事例はあくまでも例示であり、あらゆる事業主が必ずしも実施するものではなく、また、ここに記載されている事例以外であっても合理的配慮に該当するものがあること。

3　採用後の事例における障害については、中途障害によるものを含むこと。

障害区分	場面	事例
視覚障害	募集及び採用時	・募集内容について、音声等で提供すること。 ・採用試験について、点字や音声等による実施や、試験時間の延長を行うこと。
	採用後	・業務指導や相談に関し、担当者を定めること。 ・拡大文字、音声ソフト等の活用により業務が遂行できるようにすること。 ・出退勤時刻・休暇・休憩に関し、通院・体調に配慮すること。 ・職場内の机等の配置、危険箇所を事前に確認すること。 ・移動の支障となる物を通路に置かない、机の配置や打合せ場所を工夫する等により職場内での移動の負担を軽減すること。 ・本人のプライバシーに配慮した上で、他の労働者に対し、障害の内容や必要な配慮等を説明すること。

障害区分	場面	事例
聴覚・言語障害	募集及び採用時	・面接時に、就労支援機関の職員等の同席を認めること。 ・面接を筆談等により行うこと。
	採用後	・業務指導や相談に関し、担当者を定めること。 ・業務指示・連絡に際して、筆談やメール等を利用すること。 ・出退勤時刻・休暇・休憩に関し、通院・体調に配慮すること。 ・危険箇所や危険の発生等を視覚で確認できるようにすること。 ・本人のプライバシーに配慮した上で、他の労働者に対し、障害の内容や必要な配慮等を説明すること。
肢体不自由	募集及び採用時	・面接の際にできるだけ移動が少なくて済むようにすること。
	採用後	・業務指導や相談に関し、担当者を定めること。 ・移動の支障となる物を通路に置かない、机の配置や打合せ場所を工夫する等により職場内での移動の負担を軽減すること。 ・机の高さを調節すること等作業を可能にする工夫を行うこと。 ・スロープ、手すり等を設置すること。 ・体温調整しやすい服装の着用を認めること。 ・出退勤時刻・休暇・休憩に関し、通院・体調に配慮すること。 ・本人のプライバシーに配慮した上で、他の労働者に対し、障害の内容や必要な配慮等を説明すること。
内部障害	募集及び採用時	・面接時間について、体調に配慮すること。
	採用後	・業務指導や相談に関し、担当者を定めること。 ・出退勤時刻・休暇・休憩に関し、通院・体調に配慮すること。 ・本人の負担の程度に応じ、業務量等を調整すること。 ・本人のプライバシーに配慮した上で、他の労働者に対し、障害の内容や必要な配慮等を説明すること。
知的障害	募集及び採用時	・面接時に、就労支援機関の職員等の同席を認めること。
	採用後	・業務指導や相談に関し、担当者を定めること。 ・本人の習熟度に応じて業務量を徐々に増やしていくこと。 ・図等を活用した業務マニュアルを作成する、業務指示は内容を明確にし、一つずつ行う等作業手順を分かりやすく示すこと。 ・出退勤時刻・休暇・休憩に関し、通院・体調に配慮すること。 ・本人のプライバシーに配慮した上で、他の労働者に対し、障害の内容や必要な配慮等を説明すること。

障害区分	場面	事例
精神障害	募集及び採用時	・面接時に、就労支援機関の職員等の同席を認めること。
	採用後	・業務指導や相談に関し、担当者を定めること。 ・業務の優先順位や目標を明確にし、指示を一つずつ出す、作業手順を分かりやすく示したマニュアルを作成する等の対応を行うこと。 ・出退勤時刻・休暇・休憩に関し、通院・体調に配慮すること。 ・できるだけ静かな場所で休憩できるようにすること。 ・本人の状況を見ながら業務量等を調整すること。 ・本人のプライバシーに配慮した上で、他の労働者に対し、障害の内容や必要な配慮等を説明すること。
発達障害	募集及び採用時	・面接時に、就労支援機関の職員等の同席を認めること。 ・面接・採用試験について、文字によるやりとりや試験時間の延長等を行うこと。
	採用後	・業務指導や相談に関し、担当者を定めること。 ・業務指示やスケジュールを明確にし、指示を一つずつ出す、作業手順について図等を活用したマニュアルを作成する等の対応を行うこと。 ・出退勤時刻・休暇・休憩に関し、通院・体調に配慮すること。 ・感覚過敏を緩和するため、サングラスの着用や耳栓の使用を認める等の対応を行うこと。 ・本人のプライバシーに配慮した上で、他の労働者に対し、障害の内容や必要な配慮等を説明すること。
難病に起因する障害	募集及び採用時	・面接時間について、体調に配慮すること。 ・面接時に、就労支援機関の職員等の同席を認めること。
	採用後	・業務指導や相談に関し、担当者を定めること。 ・出退勤時刻・休暇・休憩に関し、通院・体調に配慮すること。 ・本人の負担の程度に応じ、業務量等を調整すること。 ・本人のプライバシーに配慮した上で、他の労働者に対し、障害の内容や必要な配慮等を説明すること。
高次脳機能障害	募集及び採用時	・面接時に、就労支援機関の職員等の同席を認めること。
	採用後	・業務指導や相談に関し、担当者を定めること。 ・仕事内容等をメモにする、一つずつ業務指示を行う、写真や図を多用して作業手順を示す等の対応を行うこと。 ・出退勤時刻・休暇・休憩に関し、通院・体調に配慮すること。 ・本人の負担の程度に応じ、業務量等を調整すること。 ・本人のプライバシーに配慮した上で、他の労働者に対し、障害の内容や必要な配慮等を説明すること。

あとがき

２００6年3月に岡田邦夫理事長主導のもと、ＮＰＯ法人健康経営研究会が設立され、12年が経過した。その間、２０１2年3月から日本政策投資銀行による健康経営格付・優遇金利制度が開始され、また、２０１3年3月には東京商工会議所より、小冊子『健康経営のすすめ』が発行されるなどしたが、同年に電通などが実施した「健康経営センサス調査」でも、「健康経営」についての認知度は3割程度にとどまっていた。

ところが、２０１3年6月に出された「日本再興戦略」で成長戦略のひとつとしての健康寿命延伸事業のなかで「健康経営」の考え方が取り上げられるなど、国レベルで「健康経営」の考え方が推奨されるに至ったことから、現在では「健康経営」は一種のブームといっても過言ではない状況となっている。そのような10年余の間の「健康経営」に関する認知度の高まりは、設立当初より理事のひとりとして同研究会に関与してきた私にとって望外の喜びである。

健康経営の定義とその目的については、本書でくり返し述べてきたが、健康経営を推進するにあたり、私自身は特に以下の3点をその基本と考えている。

1点目は、企業が事業展開を行うにあたっては、あくまで「従業員」を中核に据えてこれを行うべきであること。

すなわち、経営資源としてしばしば「ヒト」「モノ」「カネ」、さらには「情報」というものが指摘されるが、「モノ」を用い、「カネ」を活用し、あるいは、「情報」を収集・処理するのもすべて「ヒト」である。いくら優れた機械や機器を保有していてもその取り扱い方を誤れば何の価値もなく、「カネ」や「情報」についても然りである。それゆえ、「ヒト」、つまり、従業員を中核に据えて事業展開や経営戦略を検討することが求められ、また、人材の育成を継続的に行っていくことが強く求められることとなる。そして、このことは、少子高齢化にともなって労働力人口が減少していくわが国で、ますます重要性を帯びてくるものと考えられる。

次に2点目は、企業と従業員との間において、ウィンウィン（win-win）の関係を目指すものであるということ。

いくら経営的視点から考えるといっても、従業員の犠牲のもとで企業に利益をもたらすというのは、正しい経営のあり方では決してない。経営学、組織学では、経営や組織のあり方について、あくまで経営者の視点、つまり企業や組織全体の視点で物事をみる立場（方法論的全体主義）と、個人の視点、つまり企業や組織の構成員である従業員の視点でこれをみる立場（方法論的個人主義）が議論されているようであるが、最終的に企業（組織）の構成員である従業員（個人）の利益につながらないような企業はそれ自体問題であって、従業員の立場も無視されてはならない。このような意味でも、企業と従業員とをウィンウィンの関係でとらえることは、経営戦略上も重要な意味をもっている。

さらに3点目は、従業員の健康問題を単に福利厚生ないしコストの問題としてとらえるのではなく、生産性の向上や企業価値の創造のための投資というポジティブなとらえ方をすべきであること。

これまで従業員の健康問題といえば、企業にとっては、福利厚生の問題として、あるいは健康障害が発生した場合の賠償リスクの回避、企業イメージの低落リスクの回避、従業員のモラール低下リスクの回避といったリスクマネジメントの観点からの取り組みにとどまっていた。しかし、現在では従業員の心身の健康は、従業員のやる気や熱意（エンゲージメント）を高め、生産性の向上にも資するとの知見を背景に、よりポジティブに取り組んでいこうという風潮が高まりつつある。健康経営は、まさにそのような風潮を支えるものと考えられる。

ところで、２０１７年3月に「働き方改革実行計画」が公表され、各企業ともその対応に追われている。この働き方改革の目指すところは、労働者一人ひとりが意欲をもって健康で生き生きと働くことにより労働生産性を高めていくというものであり、まさに健康経営が目指すところと同じである。このような意味で、健康経営の考え方は、従業員の「健康」に焦点を当てながら、働き方改革を推進していこうというものといえよう。

冒頭に述べたように、「健康経営」は一種のブームといっても過言ではない状況にあるが、その最大の意義は、スローガン的な役割を果たすところにある。「健康経営」が今後ますます企業に受け入れられ、定着していくためには、従業員の心身の健康が従業員のやる気や熱意を高め、生産性の向上にも資するという点に関するデータ（エビデンス）をさらに蓄積し、これを経営者に提示できるかどうかが重要なポイントとなる。経営者にとっては、「費用対効果」に関するデータの裏づけこそが、経営判断を支えるものにほかならないからである。

最後になったが、本書の企画、編集、刊行全般について、株式会社あどらいぶ企画室の土田正文、武井真弓両氏にはいろいろとお世話になった。記して謝意を表したい。

健康経営研究会副理事長・弁護士　**山田長伸**

【参考文献】

・アダム・スミス『国富論』水田洋監訳・杉山忠平訳、岩波書店（岩波文庫）、２０００年
・カール・マルクス『資本論（２）』エンゲルス編・向坂逸郎訳、岩波書店（岩波文庫）、１９６９年
・細井和喜蔵『女工哀史』岩波書店（岩波文庫）、１９５３年
・岡田邦夫『「健康経営」推進ガイドブック』経団連出版、２０１５年
・Holmes, T. H., Rahe, R. H. "The Social Readjustment Rating Scale." J Psychosomatic Research, 1967 ; 11 : 213 - 218
・夏目誠・村田弘「ライフイベント法とストレス度測定」Bull. Inst. Public Health, 1993 ; 42（3）: 402 - 412
・アブラハム・マズロー『完全なる経営』金井壽宏監訳・大川修二訳、日本経済新聞出版社、２００１年
・「健康経営オフィスレポート」２０１５年度健康寿命延伸産業創出推進事業　健康経営に貢献するオフィス環境の調査事業成果報告書、経済産業省、２０１６年
・Freedman, N. D., et al. Association of coffee drinking with total and cause-specific mortality. N Engl J Med 2012 ; 366 : 1891 - 1904
・グループ一九八四年『日本の自殺』文藝春秋（文春新書）、２０１２年
・ジーン・M・トウェンギ、W・キース・キャンベル『自己愛過剰社会』桃井緑美子訳、河出書房新社、２０１１年
・岡田邦夫監修『はじめよう！健康投資』法研関西、２０１７年

編著者略歴

岡田邦夫（おかだ・くにお）

特定非営利活動法人 健康経営研究会理事長

1951年生まれ。1977年、大阪市立大学医学部卒業。1982年、大阪市立大学大学院医学研究科修了（医学博士）。同年、大阪ガス株式会社本社産業医、同健康開発センター健康管理医長。1996年、総括産業医、人事部健康管理センター所長。2003年、同健康開発センター統括産業医。2008年、大阪経済大学客員教授。2010年、大阪市立大学医学部臨床教授。2014年、プール学院大学教育学部教授、同健康スポーツ科学センター長等を歴任。2017年、女子栄養大学大学院客員教授。2018年、大阪成蹊大学教育学部教授。

主な著書に、『判例から学ぶ従業員の健康管理と訴訟対策ハンドブック』法研（共著）、『安全配慮義務』産業医学振興財団、『健康経営推進ガイドブック』経団連出版、『ストレスチェック導入・運用サクセスガイド』MCメディカ出版ほか。

山田長伸（やまだ・ひさのぶ）

特定非営利活動法人 健康経営研究会副理事長・弁護士

1952年生まれ。1975年、神戸大学法学部卒業、同年司法試験合格。1977年、神戸大学大学院法学研究科修士課程修了。1979年、司法修習終了と同時に弁護士登録（大阪弁護士会所属）。大阪大学特任教授、関西圏国家戦略特区雇用労働相談センター運営協議会委員（会長）等を歴任。専門分野は労働関係等企業法務。

主な著書に『企業買収の実務と法理』商事法務研究会（共著）、『判例から学ぶ従業員の健康管理と訴訟対策ハンドブック』法研（共著）、『知っておきたい裁判事例――産業保健のQ&A健康管理の落とし穴』臨床病理刊行会（監修）ほか。

カバー・表紙デザイン●株式会社ヴァイス
本文デザイン・組版●株式会社セイビ
編集協力●株式会社あどらいぶ企画室

なぜ「健康経営」で会社が変わるのか

平成30年6月15日　第1刷発行

編 著 者　岡田邦夫・山田長伸

発 行 者　東島俊一

発 行 所　株式会社 法 研

〒104-8104　東京都中央区銀座1-10-1

販売 03(3562)7671／編集 03(3562)7674

http://www.sociohealth.co.jp

印刷・製本　研友社印刷株式会社

0102

ISBN 978-4-86513-503-9　定価はカバーに表示してあります。